本书受到"山东政法学院学科建设经费资助",山东省人文社科项目"选择性执法现象协同共治研究"(项目编号:J15WB58)和山东政法学院思政课题"互联网时代下的'校园贷'风险防范与教育引导机制研究"的阶段性成果。

公共政策过程与绩效评估研究

来丽锋 著

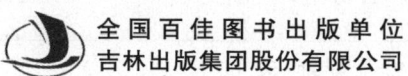

图书在版编目（CIP）数据

公共政策过程与绩效评估研究 / 来丽锋著 . -- 长春：吉林出版集团股份有限公司 , 2020.7
ISBN 978-7-5581-8840-4

Ⅰ.①公… Ⅱ.①来… Ⅲ.①公共政策 – 评估 – 研究 – 中国 Ⅳ.① D63

中国版本图书馆 CIP 数据核字 (2020) 第 118326 号

公共政策过程与绩效评估研究

作　　者 / 来丽锋著
出 版 人 / 吴文阁
责任编辑 / 朱子玉　杨　帆
责任校对 / 张洪亮
封面设计 / 优盛文化
开　　本 /710mm × 1000mm　1/16
字　　数 /233 千字
印　　张 /13
版　　次 /2020 年 7 月第 1 版
印　　次 /2020 年 7 月第 1 次印刷

出　　版 / 吉林出版集团股份有限公司（长春市人民大街4646号）
发　　行 / 吉林音像出版社有限责任公司
地　　址 / 吉林省长春市净月区福祉大路 5788 号出版大厦 A 座 13 层
电　　话 /0431-81629660
印　　刷 / 定州启航印刷有限公司

ISBN 978-7-5581-8840-4　　　　定价 /52.00 元

简 介

　　本书属于公共政策方面的著作，由公共政策过程概述、公共政策绩效评估的理论、公共政策制定的理论与实践、公共政策执行中的参与分析、公共政策评估的体系建设、公共政策终结的过程分析、公共政策绩效评估的现状、公共政策绩效评估需求分析以及我国公共政策绩效评估机制的构建等部分组成，旨在把握公共政策的总体概念，厘清其过程脉络，且在此基础上探究公共政策的绩效评估，对相关理论与实践的研究者和从业人员具有一定的参考价值。

前　言

公共政策与我们的生活密切相关，成为近几年尤为热门的话题。其会在较短的时间内迅速地兴起和发展起来，既与现代社会管理特征有关，也与公共政策自身的特征有关。现代政府所面临的已不再是个别的、单一的、简单的、基本稳定的或一再重复出现的社会矛盾和问题，而是大量相互关联、相互制约的，愈来愈具复杂性、尖锐性、普遍性、专业性、变化性和发展性的各种社会矛盾和问题。与此同时，公众所关心的问题和感兴趣的焦点，不再是抽象的理念或原则性问题，而是那些与切身利益密切相关的公共政策问题，如教育、住房、医疗以及公平正义、污染与环境保护、社会安全、社会和谐等。这些问题直接关系到人们自身境况的改善，因而人们对这类问题的关注度与日俱增，并因此产生了对政府制定公共政策的能力、程序、方式以及公共政策质量的疑问和不满。在政府所做的许多事情中，政策的制定与执行无疑是最重要的事情。现实的压力和未来的需要为公共政策学的建立与发展提供了契机与动力，包括社会科学和自然科学在内的诸多学科的不断发展为公共政策学提供了一定的理论基础和实用技术。

因此，公共政策是一种非常复杂的社会政治现象，这种复杂性提醒我们绝不能片面地去理解和认识它，而应该从多个侧面和多个角度进行观察和分析，从而有针对性地对公共政策进行研究，找到理论与实践的结合点。其研究意义在于：

第一，为了公众理解公共政策，运用政策，争取和保护自身的和公众的利益，以适当的方式向公共组织特别是公共权力组织提出政策性建议。而学习和研究公共政策是对公众进行政策教育的一种基础性的、行之有效的方式。

第二，为了改进政策系统，提高政策质量。公共政策的制定和执行是公共权力机关的基本活动，这种活动的出发点和归宿应当是人民群众的根本利益。但是，这一根本的价值取向只有通过科学决策和民主决策才有可能变成现实。一项好的政策的制定以及取得令人满意的政策结果，单凭良好的主观愿望是远远不够的，而是需要进行科学的政策分析。只有通过分析才能洞察有哪些因素影响政策的制定和执行的方向，是怎样影响的，影响的深度与广度如何，在政策系统内部做出什么样的改进就可以使政策的制定和执行获得更好的结果，等等。

第三，为了各学科的研究工作具有公共政策研究的取向。虽然推动各学科研究的根本宗旨和动力都是认识世界和改造世界，但是公共政策的学习和研究，能使人们更加自觉地认识到公共政策是联结认识世界和改造世界这二者的至关重要的桥梁，能提高我们政策制定程序的明晰度，提高政策制定的科学性、民主性，贯彻执行好党的大政方针政策，采取有针对性的措施解决社会矛盾，为和谐社会的建设、实现中国梦提供更加有力的支撑，并在实践中发挥实效。

本书《公共政策过程与绩效评估研究》旨在向读者提供一种对公共政策总体上的认识和把握，力争做到在浅显平实的语言叙述中让读者渐渐领会公共政策的知识框架，了解公共政策的基本研究领域，掌握公共政策的主体理论和方法，厘清公共政策过程的基本脉络，达到对现实社会问题理性观察与认识的目的，并且在此基础上研究公共政策的绩效评估。

本书共分九章，主要包括公共政策过程概述、公共政策绩效评估的理论、公共政策制定的理论与实践、公共政策执行中的参与分析、公共政策评估的体系建设、公共政策终结的过程分析、公共政策绩效评估的现状、公共政策绩效评估需求分析以及我国公共政策绩效评估机制的构建等方面的内容。在各章节的内容里涉及一些现实社会中的具体政策，并对相关问题进行了一定的分析与评论，如农业政策、教育政策、财政政策、人口政策等。

本书的撰写耗费了不少精力，回首撰写时光，我不仅习得了更广阔的知识，还对多年以来中国社会公共政策个案等相关研究有了更深入的认知。我感恩这一段时间以来大家对我的帮助和支持。本书在撰写的过程中参考了部分专家、学者的某些研究成果和著述内容，在此表示衷心感谢。由于时间短促、水平有限，本书不免存在不足之处，恳请广大读者、专家、学者批评指教。

目录 CONTENT

- 第一章 公共政策过程概述 ··· 1
  - 第一节 公共政策的基本理论 ································· 1
  - 第二节 公共政策过程研究的形成与发展 ······················· 8
  - 第三节 公共政策过程研究的基本内容 ························ 14
- 第二章 公共政策绩效评估的理论 ·································· 24
  - 第一节 公共政策绩效评估的内涵与类型 ······················ 24
  - 第二节 公共政策绩效评估的理论基础 ························ 27
  - 第三节 公共政策绩效评估的作用 ···························· 32
  - 第四节 国外公共政策绩效评估分析 ·························· 34
- 第三章 公共政策制定的理论与实践 ································ 41
  - 第一节 公共政策制定的基本理论 ···························· 41
  - 第二节 政府机构参与公共政策制定的途径 ···················· 46
  - 第三节 社会个体参与我国公共政策制定的方式 ················ 49
  - 第四节 大众传媒在我国公共政策制定中的作用 ················ 55
- 第四章 公共政策执行中的参与分析 ································ 61
  - 第一节 公共政策执行的基本理论 ···························· 61
  - 第二节 我国公共政策执行的现状 ···························· 66
  - 第三节 国家机构参与我国公共政策执行的途径 ················ 69
  - 第四节 公民参与我国公共政策执行的困境与对策 ·············· 73

第五章　公共政策评估的体系建设 …… 83

第一节　公共政策评估的基本理论 …… 83
第二节　我国公共政策评估的问题及对策 …… 89
第三节　我国政府公共政策评估体系构建 …… 99

第六章　公共政策终结的过程分析 …… 104

第一节　公共政策终结的基本理论 …… 104
第二节　我国公共政策终结的逻辑分析 …… 110
第三节　我国公共政策终结过程存在的问题 …… 118
第四节　我国公共政策终结的优化策略 …… 123

第七章　公共政策绩效评估的现状 …… 129

第一节　我国公共政策绩效评估的现状 …… 129
第二节　我国公共政策绩效评估的主要问题 …… 137
第三节　完善我国公共政策绩效评估的策略 …… 141

第八章　公共政策绩效评估需求分析 …… 152

第一节　政府公共政策绩效评估需求的产生 …… 152
第二节　政府公共政策绩效评估需求分析法 …… 160
第三节　我国公共政策绩效评估需求的影响因素 …… 169

第九章　我国公共政策绩效评估机制的构建 …… 176

第一节　我国公共政策绩效评估的各主体及运行模式 …… 176
第二节　设定我国公共政策绩效评估的规范化路径 …… 183
第三节　构建我国公共政策绩效评估的保障机制 …… 189

参考文献 …… 196

第一章　公共政策过程概述

第一节　公共政策的基本理论

一、公正政策定义

明确公共政策的定义是走进知识世界的第一课。公共政策是沟通理论和实践的桥梁，是公共权力机关贯彻自己的意志、改造自然和社会的基本工具。公共政策是第二次世界大战以后社会科学领域里发展迅速、影响面大、应用领域广、实践性强、社会效用明显的学科之一，也是一个与中国改革开放和现代化建设密切相关的重大实践课题。

多数人认为，公共政策是由政党和政府为处理社会公共事务而制定出的政治谋略或行为规范。它的内涵是什么，中外学者作出如下界定：

托马斯·戴伊认为，凡是政府决定做的或者不做的事情就是公共政策。

伍德罗·威尔逊认为，公共政策是由政治家，即具有立法权者制定的，而由行政人员执行的法律和法规。

国内学者张金马认为，公共政策是党和政府用以规范、引导有关机构团体和个人行动的准则或指南。其表现形式有法律规章、行政命令、政府首脑的书面或口头声明和指示以及行动计划与策略。

尽管以上著名学者对公共政策的看法并不一致，但我们仍然可以从中归纳出以下几点有益的看法。

(一) 公共政策的主体

公共政策制定的主体是掌握着公共权力，能够做出权威性决定的组织与个人。公共政策的制定是拥有管理国家、社会公共事务权力的组织对国家和社会事务的处理做出决定的活动。制定公共政策的组织有立法部门、司法部门、行政部门以及法律赋予公共权力的组织。由于政府组织是公共政策制定的主体，因此政府组织的性质就赋予了公共政策具有以下特性：

（1）公共政策的正当性。它是依照法律的规定和程序制定出来的，被广大民众普遍认可或接受的制度产出。

（2）公共政策范围的普遍性。政府的公共政策能够影响和涉及到社会上所有的组织与人员，而其他组织与团体的政策只能涉及到特定范围的人员。公共政策影响的普遍性是由于政府权力行使范围的广泛性以及所处理的公共事务范围的广泛性决定的。

（3）公共政策影响上的权威性。社会组织和社会团体也产生政策，但是它的影响力和影响的权威性是不能与政府公共政策相提并论的。法律赋予政府组织的权力是公共政策权威性的主要依据。

（4）公共政策的强制力。政府能够通过公共政策的制定与实施对社会组织与社会成员的行为进行限制，这种强制力是通过政府组织实施的强制性行为实现的，其目的是要求社会成员遵守或接受政府的管理意愿。

（二）公共政策制定过程是一种利益的分配过程

公共政策是社会团体与个人利益的反映，是政府对社会利益做出的一种权威性分配。社会团体与公民个人对自身利益的追求是社会进步的动力，在利益的追求过程中，个人利益、集体利益、国家利益之间出现冲突与矛盾是自然和正常的。政府是在承认每一个利益主体对利益追求的合理性与正当性的基础上，通过政策的制定来调节和解决人们之间的利益冲突与矛盾。因此，通过公共政策的制定来协调、综合、分配从而满足大多数人的利益，以实现社会公共利益是政府实现社会稳定与发展的重要手段。表现在以下方面：

（1）公共政策是由政府及公共组织中的少数人做出的，旨在满足多数人的公共利益。拥有制定公共政策权力的少数人的代表性、政治态度、政策偏好、行为准则、素质能力等都会影响到公共政策制定的过程与结果。为了使少数人制定的政策能够反映、综合和代表大多数民众的利益，一方面要在政治制度设计中提高政策制定者的代表性，另一方面要在政策制定过程中提高民众参与的程度。

（2）公共政策的制定是社会公共利益实现的重要手段。由政府来调节的社会矛盾与社会利益是非常复杂的，各个利益团体与个人都通过不同的渠道来反映各自的利益倾向，政府必须通过一定的政策制定程序来把那些带有普遍性的、受大多数人关注的、对社会影响重大的社会问题纳入到公共政策的制定程序中，通过政策的制定过程，来实现公共利益。

（3）公共政策是利益冲突均衡的结果。由一定个体组成的利益团体是实现利益的主要方式。所谓利益团体，是指拥有共同态度与利益的团体，它们为了团体的利益对其他团体进行某种利益表达或施加一定的影响，利益团体通过正式或非正式的形式参与和影响公共政策的制定是民主政治的重要体现。所谓公共政策，实际上就是利益团体、利益代表之间进行较量的结果，是在激烈的利益冲突中利益均衡的结果。

综上所述，公共政策的定义如下：公共政策是政府依据特定时期的目标，对社会公共利益进行选择、综合、分配和落实的过程中所制定的行为准则。

对于这一定义，需要强调五点：

（1）公共政策对利益的分配是一个动态过程。这种过程取向大致经历了四个环节：利益选择、利益综合、利益分配与利益落实。

（2）公共政策是政府的政策，是政府制定的行为准则，这些准则体现了政府的政治行为，是政府活动的产物。

（3）公共政策对社会利益的分配服从于政府的整体目标需要，或者更直接地说，服从于政府对利益的追求。

（4）公共政策对社会利益的分配过程是有时间与空间限制的。

（5）公共政策的本质是要解决利益分配问题，既包括物质利益的分配，也包括精神利益的分配。

二、公共政策研究的模型

（一）社会导向模型与国家主导模型

Mark Turner 将公共政策的模型总结为主要有两种类型：一是社会导向模式，即政策的制定是以社会团体（如阶级和利益集团）之间的权力关系为主，而决策机制所扮演的角色较小；二是国家主导模式，其价值的重点是放在国家与政府组织之中，政策制定者被赋予相当大的决策权力。现将两种主要模式类型介绍如下。

1. 社会导向模式

社会导向模式下辖公共选择模式、多元主义模式以及阶级分析模式。

（1）公共选择模式的假设是政治社会是由组织的利益团体所组成的，这与多元主义有相似之处。这些利益组织关心的是如何通过公共政策的制定来获得公共利益，其利益往往被称为"租"，即特定的团体或个人从国家那里获得某种形式的利益，如进口许可证、专属权等。

（2）多元主义模式认为"公共政策是来自于大量社会团体的冲突、谈判和联盟形成，他们组织起来保障或促进所属成员共同的利益"[1]。这是一种美国式的西方民主价值选择模式。它假定多样化的团体拥有普遍分散的权力，国家的行为主要是对民主竞争的一种仲裁，并负责回应社会的压力。

（3）价值分析模式，认为公共政策社会阶级彼此冲突的结果。国家是统治阶级进行统治的工具，而政策反映出主导阶级的利益。

2. 国家主导模式

国家主导模式下辖官僚政治模式、理性行为模式以及国家利益模式，将依次介绍。

（1）官僚政治模式。该模式将国家结构视为一个场域，公共官员在该场域中从事政治操控，以获得政策的产出。他们建立联盟、谈判、妥协、吸纳、控制信息，以及设计策略，以促使他们的个人或组织目标的达成。正如艾利森所言"你的立场取决于你的位置"。例如，健康政策的制定，是卫生部门以及相关人员的态度、立场以及互动的结果。

（2）理性行为模式。该模式把公共政策的制定看作是一种认定最终目标、转化成具体方针、以及予以排列优先顺序的过程。为达成目标而设定不同的行动方案，并进行理性选择的过程。在现实的决策过程中完全理想的理性行为是无法真正达成的，因此决策者可能采取"适可而止的"行为，他们不会去寻找资源的最佳可能运用，而是寻找那些令人满意又足够的结果即可，他们是在"有限理性"的条件下从事公共政策制定。林布隆认为，在一个复杂而多变的世界中，人类的智慧和决策能力都是有限的，这也是他为什么把"承续性有限比较"形容为明智的决策过程。

（3）国家利益模式。该模式脱离微观政治过程，而采取较宏观的途径，即"在界定公共问题的本质，并发展解决问题的方案时，国家拥有某种程度的自主性"[2]。

---

[1] GRINDLE M S, THOMAS J W. (1989) Policy Markers,Policy Choices and Policy Outcomes: The Political Economy of Reform In Developing Countries[J]. Policy Sciences, 1989: 213-248.
[2] ALLISON G T.Essence of Decision[M]. Boston:Little Brown, 1971: 176.

（二）精英主义、多元主义、统合主义、制度主义模型

对公共决策模型的划分，通常的划分方法是从反映政策制定过程中的主体、价值以及方式角度进行，因此一般又分为以下类型。

1. 精英主义

精英是教育水平高、能力强且优秀的人。精英也是人口中拥有权力、财富或特权的少数人。精英主义则是指一种由精英或少数人统治的信念或实践。[1]精英主义模型认为公共政策是统治精英的价值与偏好的表现结果。一般而言，其主要的观点为：

（1）社会可以分成极少数拥有权力的精英与多数没有任何权力的群众；精英分配社会价值，民众则无法决定公共政策。

（2）精英具有社会基本价值与系统维护的共识，在自由主义的美国社会中，这种共识是私有财产、有限政府与个人自由。

（3）非精英迈向精英地位的流动速度甚为缓慢，且须维持稳定与避免革命；非精英必须接受精英的共识才能有资格进入统治循环中。

（4）公共政策并不反映多数群众的需求，而仅反映精英的价值，因此政策的改变都是渐进的，而非革命性的。

（5）公共政策采取"由上而下"而非"由下而上"的模型；权力是采取向上流动方式，决策则是向下流动的方式。

（6）积极行动的精英几乎不受疏离群众的直接影响，精英影响群众多于群众影响精英。

2. 多元主义

多元主义的价值是：政治权力是高度分化的、分布于不同的社会团体、利益集团以及公民当中。公共政策的决定是由社会中多元的社区、团体与个人所共同决定。多元主义的观点主要体现在：

（1）权力是决策过程中个人与其他个人关系的特征表现。

（2）社区中拥有多元的权力中心与基础，没有任何单一团体可以在任何议题领域中支配决策制定。

（3）精英群众没有永远的区别，某段时间内参与决策的个人不必然会在另一时间内参与；个人进进出出决策制定的行列，成为政治区域中的积极行动者或不

---

[1] GRINDLE M S, THOMAS J W. Policy Markers, Policy Choices and Policy Outcomes: The Political Economy of Reform In Developing countries[J]. Policy Sciences, 1959: 22:220.

行动者。

（4）权力关系并不必然是持续性的；它可能基于某一特定决策而形成，但决策一旦形成后，可能被另一组新的权力关系所取代而消失。

（5）领导者之间存在着相当的竞争。因此，公共政策反映这些相互竞争领导团体之间的竞争与妥协力量。

3. 统合主义

统合主义"是一种利益代表的系统，代表利益的单位被组合成数目相当有限的单一的、强制性的、非竞争性、阶层结构次序与功能分化的团体类别，他们的地位受到国家的认知甚至颁发执照，在其相关领域中授予代表性的垄断权，以换取对于领导者选择与需求或支持表达的控制。关于统合主义的含义，在此概括如下：

（1）国家与利益集团的关系可以被组合为利益的代表系统，在这个系统中利益团体的制度化程度不一，凡是已经高度化的团体其声音就容易被政府所重视，因此就能够影响公共政策的制定。

（2）该利益团体系统拥有报酬和惩罚制度以维持系统的运作。政府赋予利益团体的垄断权，并且可以让它合法进入政策制定过程，该利益团体具有一定的权威性。

（3）每一利益团体在其专业领域中的专业知识与角色为其他团体所认同。利益团体的利益与需求必须被整合到全国性的、影响力大的团体当中，由少数的团体代表，与政府或其他团体进行谈判，以谋求该团体的最大利益。

4. 制度主义

制度主义重视政府机构的法制与正式的组织结构。其重要的观点是，政府具有合法化的权威，只有政府的公共政策才能对于社会成员产生影响力，政府的结构对于政策结果具有影响和决定作用。因此，公共政策即政府制度的产出。

（三）理性行为模式、渐进模式

从政策制定的行为方式来区分政策制定的过程及其影响，又可以分为理性行为模式与渐进模式。

1. 理性行为模式

一般而言，理性行为模式是建立在经济理论的基础之上，并具有功效主义色彩。该理论的核心是"经济人"理论，根据这一理论，公共政策制定程序有八个步骤：

（1）监视决策的内外环境资讯。

（2）问题的界定。

（3）说明决策目标。

（4）诊断问题。

（5）提出解决方案。

（6）评估各方案。

（7）选择最好的方案。

（8）执行所选择的方案。

这种决策的过程有两个基本的假设：一是有清晰明确的目标存在；二是行为者能够以理性且持续的方式进行决策。

西蒙认为，现实生活中的行政人仅具有限制理性，因为人类的理性受到许多限制：

（1）多元价值的限制：社会中的价值偏好过多且复杂，根本无法加以排列评比，因而出现所谓的不可能定理，无法出现代表社会全体福利的函数。

（2）心理限制：个别决策者不仅欠缺有关决策的所有知识与技巧，而且也欠缺澄清价值与目标的知识与信息。

（3）组织限制：纵然决策者能够克服前两重障碍，仍无法克服组织所造成的限制，如高度的专业化，造成分工过细，无法观察整体组织的问题症结，容易出现本位主义，经常以个别部门角度解决问题；由于组织信息流程复杂，容易造成错误与过时信息的充斥，无法得到正确快速的信息。

（4）情景限制：决策者不是在真空中进行决策，他受到过去惯例的影响，受制于当前有权势的既得利益者的左右，必须考虑未来民众的想法与期望，这些都构成决策的情境限制。

行政人在受到这么多的限制后，是否可以做出理性决策？西蒙的看法是肯定的，只不过他认为决策是不可能找到最佳的方案，但能够找到令人满意或足够好的方案，因此他提出"满意决策模型"。

（5）成本限制：决策所需要的资源，如时间、精力与金钱都相当有限，无法像广博理性者如此乐观。

2. 渐进模式——渐进主义模型

林布隆是渐进主义模型的代表人物。该模型理论认为：就政策制定的实际情况来看，决策倾向于在不适当的信息和了解不够深入的基础上被制定，同时不鼓励决策者采取大胆和创新的行动。因此,政策制定是一段持续且不断修正的过程,在缺乏清晰明确目标下,决策者倾向于既有的模式或框架下运作,依照先前决策的影响以及相关的信息做出决策。渐进主义模型的要点是:

(1)决策者所面对的问题必须重新界定,而非一经决定不改变。

(2)渐进决策基本上是补救性的,着眼于当前状况的改善,而非着眼于未来社会目标的实现。

(3)每一个方案评估少数有限的后果。

(4)目标的选择与手段的分析应同时考虑。

(5)任何一项问题都不存在单一的决策或最佳解决方案。

(6)决策者仅考虑与现行政策稍有不同的备选方案。

林布隆认为,渐进主义具有政治上的权宜性,容易在冲突的政治领域中达成共识,降低不确定性的风险与成本,不至于沦为"不是全部,就是没有"(all or nothing)的零和游戏。渐进主义亦具有实用性,因决策者欠缺时间、精力与智慧来收集完整的信息,仅能以最实际的态度找到改善现状的便利方案。

政府预算的编制就是渐进主义政策模型的体现。因为每年预算的渐进调适,是因为决策者没有时间、精力或信息可以检讨每年每一笔预算的每一分钱。同时,未超过目前拨款数额的政府部门,很少被要求为他们的预算进行辩护或解释,唯有数额增加才需要进行解释或说明。

第二节 公共政策过程研究的形成与发展

研究政策科学,其核心在于梳理公共政策的过程,世人对它的研究和关注是与政策科学的产生和发展共始终的。纵观公共政策过程研究的发展历程,它大致经历了两个发展时期。

一、公共政策过程阶段论时期

公共政策过程阶段论时期发轫于拉斯韦尔,止于20世纪80年代。此时期,主要是公共政策过程阶段论发展并占据主导地位的时期。所谓公共政策过程阶段论,主要是将公共政策过程划分为若干阶段(通常包括政策议程、政策规划与合法化、执行、评估、控制和终结等环节),并就每一环节具体讨论影响公共政策过程基本因素的分析模式。

作为政策科学的奠基人,拉斯韦尔(Lass well)也是最早对公共政策的过程阶段进行划分的学者。他在《政策科学》(1951)、《决策过程》(1956)和《政策科学展望》(1971)等著作中力求提供"一种能够获得关于任何集体行动的主要阶段的一般化图像的概念地图"[①]。尤其是在《决策过程》这一论著中,他将公共政策划分为七个阶段:

(1)情报:引起决策者注意的与政策事务相关的信息是怎样被收集并予以处理的?

(2)建议:处理某一问题的那些建议(或可供选择的方案)是怎样形成和提出来的?

(3)规定:普遍的规则是如何通过和由谁颁布的?

(4)行使:由谁决定特定的行为是否违犯规则或法律,并要求对规则或法律加以遵守?

(5)运用:法律和规则实际上是怎样被运用和实施的?

(6)评价:政策是如何实施的?怎样评价政策的成功或失败?

(7)终止:最初规则与法律是怎样终止的,或经修改以改变了的形式继续存在着?"[②]

在拉斯韦尔看来,这七个阶段不仅描述了公共政策事实上是如何制定的,而且描述了应该如何制定公共政策。学界普遍认为,拉斯韦尔对公共政策过程的分析主要集中于政府内部的决策过程,而没有考虑外部环境对政府行为的影响;同时拉斯韦尔把政策评估放在政策运用之后,也与现实不符,因为政策评估贯穿于公共政策过程的始终。然而,这个模型对于政策科学的发展影响很大,它将政策过程的各个阶段独立出来,减少了公共政策研究的复杂性,从而为以后的公共政策研究开辟了一条新的道路。

20世纪70年代中期,关于公共政策过程的认识又近了一步。

拉斯韦尔的学生布瑞沃在一篇题为《政策科学的出现》的论文中,循着拉斯韦尔的思路,将公共政策过程修正为六阶段论:

(1)创始:即确认问题并提出备选方案。

---

① [安德森.公共决策[M].唐亮,译.北京:华夏出版社,1990:27.
② HOWLETT M, RAMESH M. Studying Public Policy: Policy Cycles and Policy Subsystems[M]. Toronto: Oxford University Press,1995: 10-11.

（2）估价：即对每个备选方案的风险、成本和收益等进行计算，这既包括技术选择，也包括规范选择，其目的是通过排除不可行的方案，缩小可选择的范围，并根据方案的优劣对剩余方案进行排序。

（3）选择：即从剩余方案中选择一个或综合剩余方案成为一个新的方案，或不选择任何一个方案。

（4）执行：即执行已选择的方案。

（5）评估：对整个政策过程进行评估。

（6）终止：即根据政策评估的结论终止政策。布瑞沃修正了拉斯韦尔的七个阶段论，不仅"在讨论问题确认阶段时把政策过程扩展到了政府之外"，而且"澄清了用以描述政策过程各个阶段的术语"[1]。

此外，布瑞沃还把政策过程看作是一个不间断的、无限循环的过程。他认为，政策从生到死的生命周期都是相对的，大多数政策都会以不同的形式不断重复出现。

安德森是美国著名的政策学家，他把公共政策运行过程看成是一个由五个关于行动的功能范畴或环节构成的、有序的行动方式。

（1）问题的形成。政策问题是什么？是什么使它成为公共问题？它是怎样被提到政府的议事日程上的？

（2）政策方案的制定。解决问题的可供选择的方案是怎样制定的？什么人参与政策方案的制定过程？

（3）政策方案的通过。政策方案是怎样被正式通过和颁布的？政策方案的通过需要满足什么样的条件？哪些人通过了政策？经过何种过程？被正式通过的政策的内容是什么？

（4）政策的实施。什么人与政策的实施相关？在实施政策时又都采取了哪些具体的行动措施？这些行动措施对政策的内容产生了怎样的影响？

（5）政策的评价。怎样去衡量政策的效果和影响？由什么人去评价政策？政策评价的结果是什么？有无改变或废止政策的要求？[2]

此外，对公共政策过程阶段论的流行产生了较大影响的观点还有琼斯的十一阶段论，即将公共政策过程界定为由如下功能活动环节或阶段构成的过程：感知/定义、汇集、组织、表述、议程确立、方案形成、合法化、预算、执行、评估、调整/终结。

---

[1] 詹姆斯.E.安德森.公共决策[M].唐亮，译.北京：华夏出版社，1990:31.
[2] 宁骚.公共政策[M].北京：高等教育出版社，2000:207-208.

正是在这些学者的倡导和努力下，公共政策过程阶段论被广为接受。在二十世纪七八十年代，公共政策过程研究基本上都是围绕某个或某几个政策阶段而展开的，并出现了一大批政策研究的经典性论著。

公共政策过程阶段论之所以能产生如此广泛的影响并非偶然，而是由此种范式的研究优势所决定的。政策学家詹姆斯曾对此进行过系统地概括："第一，政策的制定常常伴随上述活动顺序。这样，有序的方法有助于我们把握政策过程中相继出现的活动。第二，有序的方法可以变化。例如，经验表明需要列入例外的步骤，就可能在实际分析中引进。第三，它描述了政策过程动态和发展的方面，而不是静态的平面。此外，它强调政治现象之间的关系，而非简单地列举各种要素或提出分类结构。第四，有序的方法不受'文化的限制'，它能很容易地被用来研究外交决策系统中的决策。同时，它很容易进行比较。"① 此外，就政策过程阶段论对政策科学发展的作用而言，它也有助于"使政策研究摆脱对公共行政和制度研究的严重依附……并有助于使一种与先前截然不同的问题导向的研究趋向合理化"②。

然而，受公共政策研究范式转换等因素的影响，也因为公共政策过程阶段论自身的局限性，20世纪80年代末以来，公共政策过程阶段论受到了众多政策分析家的批评。最早对政策过程阶段论提出质疑的是纳卡塞尔。他在论文《教科书上的政策过程与政策执行研究》中指出，尽管公共政策过程阶段模型被广泛接受，但其核心概念，如政策形成、政策执行、政策评估等并未得到准确地说明，进而不能清楚地描述现实发生的政策过程，因而不能成为一种"范式"。狄龙、郝莱特和冉美士则从认识论、方法论以及因果关系等角度对公共政策过程阶段论提出了全面批评。而对公共政策过程阶段论最有力的批判则来自史密斯和萨巴蒂尔。他们从以下方面对公共政策过程阶段论提出了质疑：

（1）过程阶段论并不是真正意义上的因果关系理论，它并未确认出各阶段内部以及各阶段间的因果关系；相反，每个阶段的研究都形成自身的而几乎与其他阶段无关的理论。

（2）过程阶段论没有为经验假设检验提供一个明确的基础，因此它不适于证实、改善或虚构。

---

① 魏姝. 政策过程阶段论[J]. 南京社会科学, 2002(3):123.
② DELEON, The Stages Approach to the Policy Process[M].Sabatier: ,West view Press,1999: 22.

（3）过程阶段论关于各阶段及先后顺序的描述是不准确的，"在构建一系列的阶段时存在描述不严谨的问题"。

（4）过程阶段论存在一个合法和自上而下的倾向，它关注的焦点通常是某项重要法律的通过和实施，而不是既定的政策领域内众多立法的互动。

（5）过程阶段论不恰当地将政策周期强调为暂时的分析单元，而忽视了政府间关系系统的概念。

（6）过程阶段论没有能够为整合政策分析与贯穿公共政策过程始终的政策取向研究等的作用提供一个好的工具。萨巴蒂尔等人由此得出结论，公共政策过程阶段论的积极作用很有限，有必要寻找更好的理论框架取而代之。①

二、后公共政策过程阶段论时期

到20世纪80年代末，公共政策过程研究开始进入后公共政策过程阶段论时期。在此时期，政策分析学者在批判反思公共政策过程阶段论的基础上，竞相提出了各种关于公共政策过程的新的理论框架，以期形成一种替代性的公共政策过程研究范式。较为典型的有制度性的理性选择框架、支持联盟框架、多源流分析框架、间断—平衡框架以及政策传播框架。②

（一）制度性的理性选择框架

制度理性选择不是单一的框架，而是一类框架的总称。此类框架主要吸收了新古典经济学中有关"经济人"的假设和新制度主义经济学中有关制度在经济生活中的作用的理论，如诺思的制度发展理论和米尔格罗姆等人的委托代理理论等，其主要分析工具有产权、寻租和交易成本等理论。理性选择制度主义者把制度界定为"工作规则的组合，它通常用来决定谁有资格在某个领域制定决策，应该允许或限制某种行动，应该使用何种综合规则，遵循何种程序，必须提供何种信息，以及如何根据个人的行动给予回报"③。同时，他们把政治视为"集体行动的困境"，即当每个个体采取行动以实现个人偏好的最大化时，却可能产生对集体而言为次优的制度安排。其焦点是，制度规则是如何改变由物质上的自我利益所激励的自觉理性个人的行为。制度性的理性选择框架的范围十分广泛，并且已

---

① 萨巴蒂尔.政策过程理论[M].彭宗超，钟开斌，译.北京：生活·读书·新知三联书店，2004：10.
② A.萨巴蒂尔.政策过程理论[M].彭宗超，钟开斌，译.北京：生活·读书·新知三联书店，2004：30—31.
③ 萨巴蒂尔.政策过程理论[M].北彭宗超，钟开斌，译.京：生活·读书·新知三联书店，2004：82.

经被应用到美国和其他国家重要的公共政策问题上。它是目前政策过程的新理论框架中较为成熟和较具影响力的途径。埃莉诺·奥斯特罗姆等是这一流派的主要代表。

（二）支持联盟解释框架

支持联盟解释框架是由萨巴蒂尔和詹金斯·史密斯在《政策变化和政策取向的学习》和《政策变化和学习》等论著中提出的。它关注的焦点是支持联盟之间的互动作用。所谓"支持联盟"，是指政策子系统中的系列行为者，它"由来自于各层级政府的各种公共和私人组织中的人们构成，这些人分享一系列共同的信息，并为实现这些目标而巧妙地运用规则以及政府组织的财政和人事"。支持联盟的信念和利益体系决定了它所寻求采纳的政策，但是其成功与否则决定于另外一系列因素，如问题的特征、资源的掌握、社会文化、规则、社会经济状况、支持联盟的变化等。不同的支持联盟围绕某个政策问题会产生冲突，这种冲突往往为"政策掮客"所调和，从而最终产生一个政策方案。支持联盟解释框架花了大量时间来描绘政策精英的信息系统，并分析那些可能出现的跨联盟政策取向学习的条件。

（三）多源流分析框架

多源流分析框架也即"垃圾桶模式"，它由美国学者金顿提出，此框架将在公共政策问题的确认一章作详细地说明。

（四）间断—平衡框架

间断—平衡框架最初是由鲍姆加特和B.琼斯在《美国政治中的议程和不稳定性》（1993）一书中提出的。它认为，美国的政策（制定）过程以长期渐进变迁伴随短期的重大政策变化为特征。当反对者设法形成新的"政策形象"，并探索多方面政策发生的可能性时，就会发生重大的政策变化。这一框架最初被用于解释立法变化，最近它的应用范围被扩展，开始用于分析和解释联邦政府预算的长期变化。

（五）政策传播框架

政策传播框架是F.S.贝里和W.贝里在《作为政策创新的州彩票抽奖法》（1990）和《州的税制创新》（1992）等论文中提出的。它认为，政策创新的方法不仅由政治体制的不同特点所决定，而且也受不同政策传播过程的影响。近年来，又有学者将这种途径与政策网络的文献整合在一起。目前，这种途径仅仅应用于美国的政策过程，但已被建议运用于欧盟、经合组织国家的政策过程中。

20世纪80年代后兴起的各种替代性的公共政策过程理论还应包括大规模比

较研究方法的因果漏斗框架等。这些方法着实从不同的角度揭示了公共政策过程的本质和内涵,具有开拓性和创新性。但总体观之,它们都或多或少地可以纳入政策过程阶段论所提出的某个阶段或某几个阶段的研究之中。甚至可以说,公共政策过程阶段论实际上正构建起其他公共政策过程理论发展的基础和平台。这是其他任何替代性公共政策过程理论都无法做到的。因此,公共政策过程阶段论仍是公共政策过程研究中最成熟和最具影响力的理论框架。

第三节 公共政策过程研究的基本内容

一、公共政策系统及其环境

政策系统是由政策的主体、政策客体及其与政策环境相互作用而构成的社会政治系统。当我们对公共政策过程进行研究时,首先碰到的问题便是:公共政策由谁制定并加以执行,又有谁对政策过程施以影响?公共政策发生作用的对象是什么?影响的范围有多大?这种相互作用又是在何种环境中发生的?这些都涉及公共政策系统及其环境的问题。公共政策系统是公共政策运行的载体,公共政策环境则为公共政策运行提供能量和动力,两者共同构成公共政策运行的前提。其中,在整个公共政策系统中,最重要的因素莫过于公共政策的主体和客体。因此,要研究公共政策过程,首先必须对公共政策主体、客体及环境有一个充分的了解。

(一) 公共政策过程中的主体

公共政策主体是直接或间接参与公共政策运行过程的个人、团体或组织的统称。由于政治制度、社会经济发展状况、文化传统等方面的差异,各国公共政策主体的构成要素和作用方式虽存在或大或小的差别,但总的说来都可分为直接主体和间接主体两大类。

1. 直接主体

公共政策的直接主体是指直接参与公共政策运行活动的主体,具体指那些获得法律授权,享有公共权威和公共资源,能够对社会价值进行权威性分配,并充当公共政策产品法定生产者的机关或个人。[①] 公共政策的直接主体主要由立法机

[①] 宁骚. 公共政策[M]. 北京:高等教育出版社,2000:168.

关、行政机关、执政党以及某些领袖人物组成。

（1）立法机关。立法机关是公共政策主体的基本形式。在西方它指国会、议会、代表会议一类的国家权力机构；在我国则指全国和地方各级的人民代表大会及其常委会。立法机关的主要职能是制定法律，即就那些具有稳定性、普遍性特点的政策问题制定法律，以确立政府与公民的行为准则。除此之外，在我国由于人民代表大会是最高权力机关，所以它还有对法律和政策的执行进行监控的权力。

（2）行政机关。行政机关及其官员是公共政策过程的另一重要主体。特别是在当代，随着行政权力的扩展，行政机关在公共政策过程中的地位和作用日趋重要。在西方（如美国），其行政首长在立法和政策领导方面的权威已得到空前的加强，致使政策制定、政策执行乃至整个政策效能从根本上说都取决于此。而在我国，政府作为管理机关，也是公共政策主体的一个重要组成部分。它不仅执行政策，而且也有权根据基本国策制定具体的政策法规。

（3）执政党。政党政治是现代政治的基本特征，现今大多数国家的政治统治都是通过政党途径来实现的。具体到公共政策过程中，政党特别是执政党也常因为其强有力的"利益聚合"功能而主导着政策问题的确定、政策方案的选择以至整个政策的实施。公共政策在很大程度上即可视为执政党的政策。

（4）领袖人物。无论是在政府机构中，还是在政党组织中，领袖人物都是公共政策过程中深具影响的重要主体。他们或反映政党的政治纲领及其政治倾向，或代表公共权力机关的政策立场及其价值选择。特别是在实行"行政首长负责制"的国家中，行政首长还对政府政策负有全部责任。从这个意义上说，公共政策还可以看作是行政首长（政府首脑）的政策。

2.间接主体

公共政策的间接主体是指那些没有直接参与公共政策运行活动，但由于获得了国家法律的保护或认可，能够通过压力、舆论等方式和渠道影响公共政策制定和执行的个人、团体或组织。它主要包括在野党、利益集团和公民。

（1）在野党。这是针对西方国家而言的。在西方国家，除执政党外，还有各种各样的在野党。它们没有执掌或没有参与执掌国家政权，因而其政策纲领、政策主张不能成为公共政策。但它们可以通过在议会中的合法活动（如提出议案等），通过其对执政党政策和行为的监督，间接参与或影响公共政策，使其代表的社会利益得到最大限度的实现。

（2）利益集团。利益集团又称压力集团，是指"由拥有某些共同目标并试图影响公共政策的个体构成的组织实体"①。利益集团的主要职能不在于上台执政，而在于进行广泛的利益表达和利益聚合，以影响公共权力主体的政策制定和政策执行，进而保障或增进其成员利益。在西方发达资本主义国家，利益集团是公共政策过程的一个重要影响因素，它们通过游说、宣传、捐款、抗议等合法途径深刻地影响着政策过程。在我国，随着市场经济体制的建立和完善以及利益主体多元化格局的出现，各种利益团体也将进一步形成和发展，并将对公共政策产生日益重要的影响。

（3）公民。公民是公共政策过程中最广泛的参与主体。在现代民主社会中，他们可以借助投票、社会舆论、民意测验、各种威胁性方式（如请愿、游行、罢工）等途径对公共政策过程施加影响，但这种影响和作用始终是间接而有限的。

（二）公共政策过程中的客体

公共政策客体，又称公共政策对象，是指公共政策发生作用的对象。它可以从"事"和"人"两个角度进行认识。从"事"的角度而言，即指公共政策要处理的社会公共问题；从"人"的角度而言，则指公共政策要发生作用的社会成员（目标群体）。

1. 社会公共问题

社会公共问题是社会问题的升华。要弄清社会公共问题的性质，首先就要明白什么是社会问题。美国学者詹姆斯·马奇（James G.March）和赫伯特·西蒙（Herbert A.Simon）认为，社会问题即要达到的状态与观察到的状态之间的距离。而根据辩证唯物主义的观点，社会问题则指各种各样需要解决的社会矛盾，是社会正常发展中遇到的某些偏差或重大障碍。当某个社会问题涉及相当多的社会成员并产生了较大影响时，这部分社会问题才具有公共性质，才上升为所谓的公共问题。公共政策问题则是指一种关系到大多数人的客观存在，也是一种能够为政策主体感知并认为是有必要加以解决的状况。公共政策问题仅与公共问题有关。一个公共问题只有列入公共政策问题，才能进入公共权力主体的决策视野，才有可能通过政策制定和政策执行加以解决。一般而言，公共政策要解决的社会公共问题涉及面较广，包括社会、政治、经济、文化等各方面的问题。随着社会经济的发展，人类活动范围的扩大，这部分问题还将不断增多。

---

① 宁骚.公共政策[M].北京：高等教育出版社,2000:168.

2. 目标群体

作为人们处理社会问题，进行社会控制的工具和手段，公共政策也无时无刻地在调整和规范着社会成员及其相互之间的关系，特别是其中的利益关系。公共政策的目标群体是指公共政策规范和制约的社会成员。公共政策目标群体涉及范围的大小常与公共政策发生作用的范围密切相关。党和国家的总政策发生作用的范围最广，它们几乎涉及所有的社会成员；基本政策次之；特殊部门或地方政府的政策法规发生作用的范围最窄，它们涉及的仅仅是部分成员，某个行业、某个部门或某个地区的就业者和居民。任何政策均是政策主体与政策客体（主要是政策目标群体）相互作用的结果。正确界定政策目标群体的范围，准确了解政策涉及的社会成员（目标群体）的需要、利益和心态，对于完善公共政策过程具有极为重要的意义。因为这不仅有助于制定出适应具体情况、能被人民群众普遍接受或被多数人广泛理解的政策，而且有助于公共政策的顺利执行，保证公共政策作用充分发挥。

（三）公共政策的运行环境

公共政策运行的一般环境。公共政策运行的一般环境，即公共政策系统的生态环境，它是所有作用和影响公共政策运行的外部条件的总称，具体包括自然地理环境、经济资源环境、政治制度环境、社会文化环境及国际环境等。公共政策过程的一般环境是公共政策过程运行的大环境。公共政策行动的支持和要求产生于此，同时它也源源不断地接受政策系统的转换结果，是公共政策过程主要的限制和影响因素。

1. 自然地理环境

公共政策运行的自然地理环境，是指在公共政策过程中，对公共政策运行具有重要影响的地理因素和自然状况的总和。一方面，它本身就是公共政策过程研究的重要内容，如人口增长、环境污染等历来就是世界性的政策难题；另一方面，它也对政策资源、政策行为的限制作用、政策系统产生直接或间接的影响。

2. 经济资源环境

公共政策运行的经济资源环境是指在公共政策过程中，对公共政策运行产生重要影响的各种经济因素和资源因素的总和，它包括生产力的性质、结构、水平，具体经济制度、经济体制、经济总量等。一国经济资源的总体状况对公共政策具有极为重要的影响。为保证这些政策的科学性，以政府为代表的公共权力主体必须依据本国、本地的资源状况、经济情况来制定和推行。因此，现实的资源状况、实际的经济制度和结构,也制约着公共政策的经济目标与方向[1]。

3. 政治制度环境

公共政策运行政治制度环境是指在公共政策过程中,对公共政策运行产生重要影响的所有实际或潜在的政治状态与制度因素的总和。只有在一个制度健全、执法公正、真正做到依法治国的社会里,公共政策才有可能从内容到形式都合法化,公共政策过程才有可能得到顺利地贯彻和实施。[2]

4. 社会文化环境

公共政策运行的社会文化环境是指在公共政策中,对公共政策运行具有重要影响的社会状况与文化因素的总和。在一个具有良好的伦理道德传统的社会里,目标群体的心理素质较好,公共政策过程也会较为通畅。而在构成社会文化环境的各种因素中,政治文化始终是其核心要素。

5. 国际环境

对于一个公共政策制定系统来说,不仅要冷静地面对国内环境,而且还要认真地认识和估计现实的国际环境。随着全球化、市场化、信息化趋势的加快,公共政策过程受国际环境的影响在进一步加大。

二、公共政策运行的过程分析

(一)公共政策过程的基本环节

依戴维·伊斯顿的观点,公共政策过程即"输入—转换—输出"这样一个无限循环反复的过程,政策环境把各种要求和支持传导给公共政策系统—政策系统对这些输入进行内部加工、改造和转换,即政策制定—政策系统输出政策决定、对环境产生作用,环境发生变化、产生新的政策要求,新政策要求再反馈到政治系统。这是从宏观层面上对公共政策过程的勾勒,这一点政策学家并无多大异议。但从微观层面观之,即从公共政策过程由哪些具体环节或功能活动阶段组成这一点来看,根据前面的论述,政策学家们则很难达成共识。借鉴国外学者的看法,结合我国的政策实践,我们认为,公共政策过程一般经过政策制定、政策执行、政策监控、政策评估、政策终结五大环节组成,这些环节的无限循环反复构成一个个政策的(生命)周期。

---

[1] 宁骚.公共政策学[M].北京:高等教育出版社,2003:243-245.
[2] 胡宁生.现代公共政策研究[M].北京:高等教育出版社,2000:80.

1. 公共政策制定

公共政策制定囊括了从政策问题认定到政策方案出台等一系列的功能活动过程，包括政策问题形成、政策议程确立、政策方案规划、政策抉择与政策合法化诸环节。公共政策制定阶段，是整个公共政策过程的起点和基础。其间制定的政策方案、政策目标的合理程度直接影响和决定政策执行阶段的运行效率与整体效益，决定政策监控的难度和力度，决定政策调整阶段的存在和如何调整，决定政策终结阶段的迟到或早到。公共政策的评估、执行、监控和终结都是公共政策制定阶段的必然延伸。

2. 公共政策执行

即政策方案付诸实施，进而解决实际政策问题的过程，也就是把观念形态的政策方案转化为现实形态的政策效果的过程。它包括政策学习和宣传、政策执行计划的制定、公共政策试点以及公共政策协调、监督和反馈等。公共政策执行阶段，是整个公共政策过程的中心环节和落脚点。它使公共政策制定阶段的政策方案、政策目标等得以实践、检验和发展，它的发展方向既可能是调整，也可能是终结，而且与其他几个环节密切相关，并决定其他几个环节的成败。因此，创造性地实施政策是整个公共政策过程的核心。

3. 公共政策监控

为了保证公共政策系统的顺利运行，提高公共政策制定和执行的质量，促进政策目标的实现和政策绩效的提高，我们必须对公共政策过程的各个环节加以监督和控制，这就是政策监控。公共政策监控阶段是公共政策过程中的一个特殊环节，它贯穿政策全过程。公共政策监控阶段有助于保证政策制定的合法化、科学化和民主化，保证政策内容能够尽可能广泛地综合各种利益要求，使之反映人民群众的根本利益，有助于保证政策的贯彻实施，尽可能地避免公共政策过程中发生对政策的误解、曲解、滥用、消极抵制甚至反抗，及时、准确、真实地发现政策的片面性和局限性，以便及时实现政策的调整、完善或者终结。

4. 公共政策评估

公共政策在执行过程中必然会出现各种各样的问题，决策执行者必须将相关信息反馈给制定者，使政策评估子系统能够按照一定程序，根据一定标准，对政策效果作出判断，确定其最终的效果、效益及优劣，弄清政策成败的原因。它包括确定评估对象、明确评估目的、设定评估标准和方法、实施评估、撰写评估报告等内容。

公共政策评估阶段，是公共政策过程中必要而且是相对独立的阶段。通过公共政策评估，公共政策的制定者和执行者可以较为准确地获取政策结果的统信息，获悉政策结果以及政策主体、政策方案、政策执行、政策环境之间的因果联系，并据此改进公共政策方案或随时调整各项政策资源的分配以及人事安排、工作程序、组织结构和工作方法等，以使政策目标得到更好的实现，或者尽快终止某项失败的政策。

5.公共政策终结

在政策实施并加以认真评估后，发现该政策的使命已经完成，成为多余、不必要或不起作用，采取措施予以结束的过程或行为。公共政策终结阶段，是某个公共政策过程的终结，它标志着公共政策使命的完成，是公共政策运行过程的必然结局。公共政策过程有开端就必然有终结，公共政策终结，又是新的公共政策过程的开端，开始了另一种意义上的公共政策的过程，从而形成了周而复始、环环相扣、不断上升的公共政策周期。

总而言之，公共政策过程是由制定、执行、监控、评估和终结五个基本阶段构成的完整的动态过程，各个阶段相互联结（既有直接的也有间接的），环环相扣，形成完整的链条。

（二）公共政策运行的逻辑流程

无论是作为理论形态的公共政策还是作为现实生活中的公共政策，从其提出到完成，都表现为一种过程。对于理性的公共政策过程，它发展的各个阶段通常具有内在的关联性，并表现出逻辑的完整性。一般而言，一项合理的公共政策过程会经历以下三个阶段：

1.第一阶段：公共政策问题的形成

（1）政策问题。由于外部环境的变化，特定的主体由于自我价值、经济利益等受到损害而向政府提出有关公共政策诉求，这就是政策问题的形成过程。在这里，外部环境的变化可能是自然性的，也可能是社会性的；特定的主体可能是官方的，也可能是非官方的。但是，一个政策问题（诉求）要能引起以政府为代表的公共权力主体的关注，它必须满足以下条件：一是公共政策问题必须明确表达，能够为人们，尤其是决策者所觉察、所认知；二是公共政策问题必须具有公共的性质；三是公共政策诉求必须引起公共决策者的足够重视。

（2）政策议程。它主要指政府议程。由于社会环境的复杂程度以及个人所处地位的不同，人们面临的政策问题总是千差万别的。在这纷繁复杂的社会问题和社会要求中，往往只有其中的很小一部分才能得到公共政策制定者的深切关注。我们把那些被公共政策制定者选中或为公共政策制定者感到需要对之采取行动（或不行动）的问题和要求称为政策议程。将一个政策问题纳入政策议程，是解决该问题的第一步。

（3）政策规划。这是公共政策方案的设计阶段，是指以政府为代表的公共权力主体针对复杂的政策诉求和政策问题，按照一定的原则组织有关政策问题专家，由他们根据一定的理念、运用一定的技术和方法，对政策问题进行比较研究、预测研究、可行性研究等，以此作为决策者采取行动或不行动的依据。[1] 经过多方面的综合考察，政策规划阶段往往会提出若干种可能的备选方案。

2. 第二阶段：公共政策决定

（1）政策抉择，即公共政策抉择是指公共政策制定者根据自己对政策议程的政策问题的经验判断、价值偏好以及当时的客观情势，综合权衡利弊、对比分析各种备选政策方案，从中选择出自认为最佳的政策方案。

（2）政策决定，即在经过公共政策选择后，公共政策制定者最终做出的，用以确立公共政策行动的法律地位、指导公共政策的活动方向、确定公共政策的活动内容的决定。政策决定包括了公共权力机关发布的法律、法令、命令、规章和司法解释等多种形式的决定。公共政策决定与公共政策抉择既有联系又有区别，联系是政策决定产生于政策抉择的基础之上，两者都是各种政治角色互动的过程；区别在于公共政策决定一旦作出，便无法挽回，而在公共政策抉择中政策决定者还处于犹豫和徘徊阶段，还需进一步研究形势、对比分析，做出决断。

（3）政策宣示，又称公共政策声明，是指法定政策主体依照法定权限和程序，通过法定的或约定俗成的方式，正式向公众发布政策决定，如记者招待会、白皮书、文件等。从最广泛的意义上说，政策宣示包括所有公共权力主体关于公共政策的公告。相关权力主体或由于直接参与决策的有关方面在某些政策要点上，相互对立而又愿意达成某种妥协，或由于价值判断标准上的混乱，或出于某种特殊的考虑，政策宣示有可能出现模棱两可、含糊不清，甚至自相矛盾的现象。

3. 第三阶段：公共政策实施

（1）政策执行，即政府为实现既定政策目标所采取的各种措施、方案的行动

---

[1] 张国庆.现代公共政策导论[M].北京：北京大学出版社,1997:26.

过程，是将政策宣示的内容转化为实际行动的活动的总称。如果说政策宣示是政府所"言"，是政府行为的标准和内容，那么政策执行就是政府所"行"，是政府行为的实际输出过程。因此，政府要求"言行一致"，那么政策执行与政策宣示也必须一致。但是，由于环境变迁等多种主客观因素的影响，政策主体实际所采取的行动与政策宣示的内容往往有偏差。换句话说，政府所说的未必都是政府所做的，政府没说的未必都是政府未做的。[①]

（2）政策结果，即由于政策制定和实施，而给社会和公众带来的各种影响和结果。由于公共政策主体通常享有极强的权威和作用能力，所以，它们做出的政策决定基本上都会对社会和公众产生巨大的影响。衡量一项公共政策优劣的根本标准不在于其影响的大小，而在于它对社会和公众产生何种影响：好的还是坏的，积极的还是消极的。

（3）公共政策修正，即对政策在实践中发现的错误和出现的偏差进行改正。政策修正一般不涉及政策的方向或性质，而是对原有政策进行局部的、有限度的修补。政策修正是在政策反馈的基础上进行的。所谓政策反馈，是指对政策实践中的具体执行情况进行信息反馈。它是一种积极的、有意识、有目的的政策行为。

由此可见，公共政策过程的三大阶段是环环相扣，紧密相连的。但是，理论和实践永远只能是条渐进线。作为理论形态的和现实生活中的公共政策过程虽有联系，但它们又有区别，两者并非完全一致。首先，大量的决策活动其实是很难按照常规程序进行的。这突出表现在危机决策过程中。例如，在抗洪抢险时，总指挥部一声令下，这就不仅包括政策问题和政策议程，而且也包含了政策制定、政策宣示，甚至于政策执行。再如，在现实政治生活中进行一种类似于"三峡工程"的复杂政策时，其政策议程、政策规划、政策决定往往要反复多次，其中很大部分环节是交叉进行的。有鉴于此，美国政治学家查尔斯·林德布洛姆就曾把公共政策的实际运行过程视为一个"非常复杂的分析和政治过程，这一过程既无开端，也无结尾，其界限极不确定"；"将公共政策分为几个阶段探讨，只是为了方便分析而已，而实际上的政策过程并非如此"。其次，主客观条件上的差异也决定公共政策运行的实际过程与上述逻辑流程的差距。例如，人治环境中的政策过程较之法治体制下的政策过程就会更大程度地偏离于理想的政策流程。因此，

---

① 林德布洛姆.决策过程[M].竺乾威,胡君芳,译.上海：上海译文出版社,1988:5.

在考察公共政策过程时，我们应该时刻牢记"实然"和"应然"的区别。

三、公共政策过程的运行机制

机制，它原是工程技术中的常用术语，而与机械设置以及这些装置发生作用的过程紧密相连。比如，借助于一个支点，用木棒就能将一块很重的石头撬起来，这种杠杆作用就是一种机制。后来社会科学家将其引入，用于解释和阐述社会生活中的某些领域的结构、功能，以及其动态变化过程。这里也在此意义上对其进行移植，认为公共决策机制是公共政策过程中公共政策体制、公共政策运作程序、公共政策运行规则、公共政策功能及其相互作用的总和。科学合理的政策运行体制及程序能够保证政策的有效运行；反之，政策运行体制和程序不健全或不合理（包括不按科学原则设置机构及不遵循科学程序决策等）则会严重影响政策的良性运行及其效力的正常发挥。[①]公共政策的运行机制，关系到从公共政策问题提出到公共政策规划、公共政策制定、公共政策执行、公共政策监控直到公共政策终结的整个公共政策的运行质量和运行状况。除此之外，建立一套科学有效的公共政策运行机制是公共政策良性运行的体制保障，也是公共政策过程研究的重要内容。

---

① 李汪洋.论政策运行机制[J].辽宁青年管理干部学院学报，2000(2):14-17.

第二章 公共政策绩效评估的理论

第一节 公共政策绩效评估的内涵与类型

自20世纪中期以来,在发达国家中政策评估渐渐成为了一种成长型的理论,成为监督政府公共行为,促进行政政策系统优化的系统工程。政府公共政策绩效评估一方面有利于促进政府资源的有效配置,检验政策的效益、效果、效率,从而进行及时的调整,成为改进政策的重要依据;另一方面有利于对公共政策的参与者进行有效监督加强其责任心,促进决策的科学化和民主化,从而提升公共政策的有效性。本章将对公共政策绩效评估的相关理论知识进行介绍。

一、深刻内涵

公共政策绩效评估是公共政策评估层面更为具体的领域。从现有文献看,绝大部分公共政策研究者并没有将政策绩效评估从政策评估中独立出来,而是将其等同于政策评估或内含在政策评估之中。

公共政策绩效评估的相近定义最早由哈罗德·拉斯维尔提出,他在《决策过程:功能分析的七种类别》一文中将政策评鉴功能定义为"就公共政策的因果关系做事实上的陈述";后来查尔斯·琼斯在《公共政策研究导论》一书中对公共政策评估作了进一步阐释,即公共政策评估就是政府等有关机关对政策执行情况通过说明、检核、批评、量度和分析来检验政策执行效果,及时反馈相关信息,为决定政策走向提供参考。1970年美国都会研究所从绩效评估的视角明确提出了公共政策评估的具体内容:一是衡量一项进行中的计划所达成预期目标的效果;二是根据研究设计的原则区分方案效力与其他环境力量作用的差异;三是通过执行过程中对方案的修正,使计划得以完善。这一观点为公共政策评估在美国的专业化奠定了基础,它不仅强调了公共政策评估对政策效果和绩效的评估,还强调了对政策实施过程的评估。这种通过不断评估去发现问题,进而改进政策实施状况的政策评估分析,得到了各国诸多学者的接受。例如,德国学者沃尔曼认为,公共政策评估是一种政策分析工具,其首要任务就是为评价政策绩效提供政策过程和结果的信息,同时它是政策循环中的一个重要阶段,通过将评估得到的信息回馈给政策制定者来改善政策实施过程。陈振明在《公共政策分析》一书中也指出,公共政策评价是依据一定的标准和程序,对政策的绩效、效率及价值进行判断的一种评价行为,目的在于取得有关这些方面的信息,作为决定政策变化、政策改进和制定新政策的依据。

如果将公共政策绩效评估与公共政策评估区分开来,那么从逻辑上看,可以将公共政策绩效评估视作基于绩效导向的公共政策评价。一般认为,政府公共项目、公共部门、公共政策与政府整体绩效评估构成现代政府绩效评估的框架体系。与公共政策评估不同,公共政策绩效评价是指对公共政策行为对目标群体需要、价值与机会的满足程度的评价。公共政策绩效是在一定时期内政府政策在特定施政领域的成绩与效益,它与政府整体绩效、公共部门绩效、公共项目绩效共同组成现代政府绩效的内容体系。相对于政策评估,公共政策绩效评价更加强调结果导向,更加关注政策目标群体的满意程度;其实质是用绩效标准来衡量公共政策工作量或投入量的成果,比较政策的实际成就与原来希望的理想水平,衡量政策是否产生了预期成果。

综上所述,公共政策绩效评价作为我国绩效预算改革的重要组成部分,它的概念,必须包括如下几方面的内涵:

第一,公共政策作为反映政府执政能力的一项重要工具,在公共政策绩效评价中,应重点体现公共政策实现国家意志、政府行政目的的程度。

第二,公共政策绩效评价,是以确保公共资源合规、安全、有效为目的的一项制度安排。在一般情况下,公共政策所反映的公共资源,大多数体现为财政性资金。

第三,公共政策绩效评价必须运用计量经济学的方法,按照一定的标准,来测量其目标的实现程度和公共资源合规、有效、安全程度,并作出相关的优劣判断。

第四,由于公共政策的目标是权力双方通过博弈形成的,它是不是符合先进生产力发展的方向,是不是符合先进文化的发展要求,是不是符合最广大人民的根本利益，在公共政策出台和执行过程中，需要通过相关的评价手段来进行评估。因此，公共政策绩效评价的最后一项任务，是在分析公共政策的效率、效能、效益等技术问题的基础上，还需要对公共政策本身的价值进行评判。

因此，我们认为，公共政策绩效评价，包括了三个层面的绩效评价：一是针对政策方案进行的绩效评价，即通常所说的事前绩效评价；二是对政策全过程的绩效评价，是贯穿于整个政策过程的功能性活动，也可以称之为事中绩效评价；三是针对政策效果进行的绩效评价，也可称之为事后绩效评价。

二、多样类型

按照不同的标准划分，公共政策绩效评价可以划分为如下几大类：

（一）非正式绩效评价与正式绩效评价

这是按绩效评价组织的活动形式进行的分类。所谓非正式绩效评价，是指对绩效评价者、绩效评价形式和绩效评价内容不做硬性规定，对绩效评价的最终结论也没有严格的要求，团体和个人可以根据自己所掌握的情况和信息，对政策的各个方面加以分析和评价。其具体表现形式有：领导者的公开视察和微服私访、平民百姓的街谈巷议和公开呼吁、媒体的宣传报道和相关建议，等等。所谓正式绩效评价，是指法定的绩效评价者依据事先制定的绩效评价方案，严格按照规定的程序要求，对政策效果所做的绩效评价。正式的绩效评价有人员、经费和设施方面的保证，能够掌握较为充分的绩效评价材料，绩效评价条件和程序要求较为严格，是公共政策绩效评价中最主要的形式。

（二）内部绩效评价与外部绩效评价

这是从绩效评价机构的权力、地位角度进行的分类。所谓内部绩效评价主要是指由公共部门，特别是政府部门内部的绩效评价者对政策进行绩效评价。它又可以分为由具体执行人员自己实施的绩效评价和由专职绩效评价人员进行的绩效评价两种形式。外部绩效评价主要是指由公共部门，特别是政府部门以外的绩效评价者对政策进行绩效评价。它最主要的形式就是委托绩效评价，被委托的对象可以是研究机构、学术团体、咨询机构、高等院校、著名专家等。

（三）前绩效评价和后绩效评价

这是从公共政策绩效评价在政策过程中所处的阶段进行的分类。前绩效评价又称预绩效评价，是政策制定过程中进行的带有预测性质的公共政策绩效评价。前绩效评价的重要作用是将绩效评价从单纯的事后检测变为事前控制。它主要对两种情况做出预测：一是实施这项政策会有什么结果；二是不实施这项政策会有什么结果。后绩效评价，是指在公共政策执行期间和执行结束后进行的绩效评价，它对于及时发现政策误差、提高政策实施效果，有着十分重要的作用。

第二节 公共政策绩效评估的理论基础

一、理论渊源

任何理论都不是一蹴而就的，在其形成与发展的背后，凝聚着各个时代理论思想的精华，探究理论渊源能够更好地把握公共政策绩效评估理论的特点，发掘其继承与创新之处。其理论渊源包含以下三点。

（一）政府绩效管理理论

绩效管理的观念是在传统人事考评的基础上发展起来的，形成于20世纪70年代，最早在西方国家企业管理中得到广泛的应用。绩效管理的重要特征是应用性；基础环节是绩效计划；循环过程通常包括绩效计划、绩效辅导、绩效考核、绩效反馈。绩效管理强调组织目标与个人目标的一致性，体现以人为本、共同参与管理及实现共同发展。20世纪70年代末，随着绩效管理在企业管理中的成功实践，以及当时行政体制改革发展的现实需要，在西方公共管理领域中逐渐形成了一种新型的行政管理模式，即政府绩效管理。它借鉴工商企业管理方法，在公共部门建立绩效管理体系，运用绩效管理方法、模式等对其战略规划、人力资源、财务预算等多方面进行管理。其中，"绩效"强调的是组织的期望，是组织为实现其目标而达成的多方面的有效输出，因此绩效管理是在组织明确界定绩效目标的前提下进行的。例如，政府绩效管理要实现"管制型"向"服务型"的转变，首先就需要组织和成员共同确立为公众服务的绩效目标。

政府绩效管理自20世纪70年代末兴起至90年代达到高潮，西方国家形成了较完善的政府绩效管理理论研究与实践体系。研究政府绩效管理，首先要明确政府绩效的内涵。卡普兰和诺顿设计的"平衡记分卡"包含了四个维度：财务、顾客、内部过程、创新和学习。针对政府绩效管理，Baker在对美国公共卫生部门的绩效管理调查中提出了一个四因素模型，包含绩效标准、绩效测量、发展报告和质量改进。在实践中，以英美为代表的西方发达国家在中央与地方政府的共同推动下，以顾客至上和公众满意度为价值取向，明确绩效目标，实现绩效评估主体的多元化，以及绩效管理体系的法制化、制度化。例如，英国雷纳评审计划等。

在我国，随着行政改革的发展和深入，绩效管理理念与管理方法在政府管理中得到越来越广泛的应用。我国政府绩效管理研究主要从西方国家的绩效管理经验入手，综合政府绩效管理的理论知识，有效推动试点工作的进行。同时我国主要从政府绩效管理价值，政府绩效评估体系构建、评估方法、结果应用等方面进行研究，更多地关注实践现象解释，未能将西方国家政府绩效管理理念与我国国情相结合，缺乏实证研究和原创性的理论研究，因此指导实践的功能作用受到局限。

政府绩效管理是综合目标管理、绩效评估、激励管理等基础之上的统一系统管理，也就是对公共部门人力资源、财务资源以及公共政策实施效率进行绩效管理。总的来说，是在目标管理的前提指导下，运用绩效管理的方法，如平衡计分卡、360度绩效评估方法等，采用绩效管理模式，如部门绩效、个人绩效、政策绩效，以绩效评估作为手段工具，不是单纯为了评估而评估，通过评估发现问题，更多关注于绩效管理的过程，包括绩效目标、绩效计划、绩效考核、绩效反馈等，以更好地实现公众满意。

（二）民主行政理论

民主行政理论研究的是在行政领域如何贯彻和保证民主的问题。民主行政所反映的政府与公民之间的关系是：政府的权力来源于公民的委托，因此，从理论上说，政府与公民之间是一种服务关系，而不是统治关系；是一种双向合作关系，而非单向管理关系。因此，要实现民主行政则必须开通公民表达利益要求的民主渠道，建立相应的民主行政模式。很久以来，民主理论在公共行政的理论发展进程中是被忽视的，传统行政理论几乎不研究民主问题。以奥斯特罗姆为代表的一些公共行政学者提出了公共行政的思想危机，对传统行政提出了批判，并提出"民主行政"的概念来重建行政学的典范。在最近的20多年间，民主行政理论取得了长足的发展。自新公共行政理论出现以来，新公共管理理论、新公共服务理论都为民主行政理论的发展做出了贡献。公民参与地方政府绩效评估所依赖的公民本位和公民意志在公共管理中居于决定性地位的思想，实际上就是把民主因素全面引入公共管理领域的一种新型政府管理思维模式。也正是基于此，这些理论成为公民参与政策评价的重要理论支撑。

(三) 公共选择理论

公共选择理论产生于20世纪40年代末期，其基本原理和理论框架形成于20世纪五六十年代。在公共选择理论中，市场经济中的理性经济人被认为会采取各种手段以实现自身的利益最大化，这些手段其中就包括联合起来组成利益集团，通过集团这种"扩音器"形式发出自己的利益诉求。在公共政策过程中，利益集团涉入政治，形成"政治利益集团"，这些政治利益集团"具有更加强烈的利益意识，因此，影响政府决策的目的也就更加明确；而另一方面，不管是利益集团还是政府部门及其他组织，都是由个人组成，作为普通的理性经济人，他们都会关心新的政策到底能在多大程度上给自己带来利益，同时他们会思考因此要付出的代价。这种个人的所谓的理性经济人的行为在一定程度上影响了政府的决策行为。与此同时，当政府的利益与其他群体的利益不一致甚至发生冲突的时候，政府显然也会基于理性经济人的假设去维护自身的利益"。政策评价的主体公众与政府都会基于自身利益的角度对公共政策作出评价，而评价的依据往往是依据自身利益的得失，以经济人角度去评析公共政策。

二、发展演进

随着政策实践与理论研究的发展，对公共政策绩效评估研究也不断深入，政策评估的理论和方法也在不断发展和创新。政府随着对社会、经济事务的干预和政府管理理念的转变，逐步认识到政策评估的重要性。对于政策评估的发展阶段学术界没有统一的划分。李瑛等、余芳梅等梳理了一些学者对政策评估发展的研究成果，以政策评估在不同时期关注的核心内容为标准将其划分为四个阶段，即四代评估阶段划分法。

（一）第一代：效果评估

19世纪末至第二次世界大战前夕，这一评估是政策评估发展的最初阶段，关注效果的政策评估，强调的是政策实施的效率和政策目标的实现程度。由于受当时管理科学思想的影响，而且政府刚刚从"守夜人"转型为广泛参与社会问题解决的政府，因此政策评估的重点是行政投入、行政过程、行政产出和部门效率，而不是政策所产生的结果。政府职责的扩大和管理事务的增加使得政府的评估焦点放在了效率上，并且认为效率越高，结果的实现程度和公民的满意程度越高，政策结果成了效率的附属品，从而忽略了政策结果和政策有效性问题。对此，美国学者托马斯·戴伊认识到了提出了对政策评估的更深入的理解。他认为，政策评估是探寻法律通过后会发生什么。他以美国的政治体制为分析基础，研究政策评估，指出过去人们认为的政策一旦由法律通过，投入了人力、物力、财力进行实施，那么政策效果就是可以预期的，也是可以感觉到的，但事实并非如此。因此政策评估是必需的，它的作用是了解公共政策的各种效果。戴伊为此提出了"政策效用"概念，即政策效用就是政策对现实世界产生的所有效果，包括对目标群体或现状的作用、对目标群体或状况以外的溢出效应、对未来情况的作用、直接和间接成本（含机会成本），而且戴伊强调政策效用与政策输出不同。

（二）第二代：使用取向评估

第二次世界大战至20世纪70年代初，关注的是评估结果的价值和实用性分析。20世纪60年代以来，美国在"伟大的社会"口号下出现了许多政府项目，使政策评估出现了发展的高潮期。但是虽然评估投入了许多人力和费用，其研究结果在政策过程中利用率并不高。70年代出现了政策的评价危机，因此人们把政策评估的焦点转向了评估结果的利用。这一时期的政策评估理论有D.帕勒姆鲍和D.纳茨米亚斯的"理想的政策评价理论"，探讨政策评估取得预期效果的理想范式；M.帕顿的"以利用为中心的评价理论"，对"为了获得实际可用的评估结果应该怎么做"的问题进行研究，提出了以利用为中心的评估过程、评估核心和评估前提。帕顿在他的著作中强调评估的终极目的在于利用，从而唤醒了人们对评估结果的利用的重要性的认识。E.戈尔顿波格在他的"关于政策评估目的的理论"中对政策评估的目的进行了研究，认为政策评估的目的因政策活动的不同会呈现不同的目的，政策评估是通过关于政策效果的评价来改进政策，因此要充分理解政策评估活动的本质。

（三）第三代：批判性评估

20世纪70至80年代中期，关注的是政策价值取向即政策所体现的社会公平、公正问题。针对过去的政策评估由于过分关注政策效率而忽视了社会民众真正的需求，造成了政策在解决公共问题的同时使得公民受益不均，出现了分配不公、贫富差距拉大的现象。20世纪70年代，以罗尔斯的《正义论》为标志，开始对传统的政策评估合理性提出质疑，进而对政策目标的合理性、正当性进行了深入讨论。这一阶段的代表学者有豪斯。豪斯认为："政策评估的本质，基本上是一种政治活动。其在为决策者提供服务的同时，主要目的是推动资源与利益的再分配。评估不但是真实的，更应该是正义的。正义应该成为政策评估的一项重要标准。"从罗尔斯的观点出发，认为政策评估的首要任务是评判公共政策的公正性，在公正的前提下再去衡量效率和效能。

(四)第四代：回应性建构主义评估

20世纪80年代中期以后，关注的是政策评估过程中的多方需求、多元互动，综合了对政策效率、政策公正性的共同关注，以及多种评估技术和方法运用的综合性评估。以库巴和林肯的"第四代评估"理论为代表，他们认为以前的评估理论都缺乏对政策的价值、目标、内容、过程、方法的深刻思考。他们提出的第四代评估，即回应式评估，又叫建构主义的评估，在方法论上采用注释型方法，强调复述、分析、批判、再复述、再分析等不断的辩证，期望能产生案情的共同建构。库巴和林肯的"第四代评估"理论实质上是批判的评估理论的进一步发展，在批判理论基础上强调围绕评估的政策方案产生的多元认识向共同认识的转变，转变的过程就是批判性评估的过程。第四代评估全面考虑政策涉及所有利害关系人的、政治的、社会的、文化的以及其他各种相关的因素，重视对利益相关者的利益要求的回应，强调结合评估者和政策相关者，并在彼此互动和相互协商中进行评估。

综上可以看出，政策评估从评价政府的工作完成能力和效率开始，针对评估出现的问题一直处于不断的改进中。随着评估理论的发展，评估越来越关注利益相关者的参与和赋权评估方法，各方价值观掺杂其中，评估者关注客户和利益相关者的利益和焦虑。但是，当客户和其他利益相关者各自的价值观相互冲突时，到底谁的价值观可以成为评估者评判项目和方案质量的标准？对此，评估者并没有达成共识。弗里曼和瓦斯康塞洛斯等人认为，评估的目标是为了增进社会福祉，促进社会公正、意识形态特别是民主的发展。于是，他们提出了批判社会理论评估，执行过程中应采取价值坚持和价值批判的立场，并拥护政治民主理念；与此同时，在社会价值观方面与利益相关者批判性地衔接，综合运用多种方法进行评估，如响应式评估、参与式评估、民主审议评估等。批判理论评估为评估个体与社会结构、制度惯例之间的关系提供了一个新的研究视角。它坚持理论与实践的结合，强调评估的社会责任，也扩大了评估对话的范围和在社会中的角色及作用。

第三节 公共政策绩效评估的作用

公共政策绩效评估是政府绩效评估体系最重要的内容之一。加强公共政策绩效评估，有利于检验政策的效果、效率、效益，有利于实现政策资源的有效配置，是进行政策调整、提出政策建议的重要依据。加强公共政策绩效评估，不仅能总结经验教训和及时纠正政策失误，有利于提高决策的科学化和民主化水平，还能对公共政策参与人员起到重要的间接监督作用，增强相关人员的责任心，从而提高公共政策的有效性。

一、确保政策合法的前提

公共政策的制定作为公共行政行为的一种，合法性是其必须具备的前提条件。公共政策合法性，可理解为公共政策获得公众的同意、认可、接受和遵从。从政府运行的实践来看，一些大的公共政策要递交各级人民代表大会及其常务委员会审议通过，从法律意义上可视作经公众授权后的同意或认可。但目前在诸多的政府决策行为中，仅有少数公共政策通过法律程序获得公众的认可，大多数还是缺少相关的法律程序。一些政策是现任领导或领导集体研究后作出的决定，一旦人事出现调整或机构职能发生变更等，公共政策就会产生变异或终止，无法确保公共政策的延续性。一些政策制定、中止随意性较大，执行易发生偏差，甚至出现政策间相互矛盾、相互冲突的情况，令广大公众无所适从，公共政策失去其应有的严肃性，严重影响公共管理的有效性，损害政府的效能和权威。对于没有经过人民代表大会及其常务委员会通过的政策，不仅在制定过程中要进行必要的科学论证，而且应在政策实施过程中进行绩效评估，确保政策的合法性。因此，公共政策绩效评估是监督政策制定和执行的必要手段。客观公正的政策评估能有效防止政策制定和执行人员不负责任的做法，促使他们在确保政策合法性的前提下，科学制定和有效执行公共政策。

二、检验政策成效的途径

公共政策绩效评估是检验公共政策的效果、效益和效率的基本途径。一项政策在执行后究竟取得了怎样的效果，有时候并不能一目了然，表面的观察与实际的状况可能存在很大误差。为了避免政策实施的盲目性，有必要通过公共政策绩效评价这一工业，及时对政策效果进行分析和评价。评估工作密切关注政策执行的动向，搜集相关的资料和信息，加以科学的分析、论证，得出可靠的结论，以确定该政策是否有好的效果，执行过程是否效率很高以及其效益所在，并明确政策的缺陷，全面检验公共政策的成效。

三、调整公共政策的依据

公共政策绩效评估是进行公共政策调整、提出政策建议或制定新政策的重要依据。由于客观环境和人的主观价值的不断变化，政策在执行了一段时间后应何去何从，是否应该继续、改善、扩展或缩减，都要依据政策评估所提供的结论。公共政策绩效评价是决定政策未来走向的主要依据政策走向一般分为三种：一是延续，二是调整，三是终止。无论采取哪种走向，都必须做到有理有据。而客观、准确的理由和依据只有通过公共政策绩效评价这一工业对政策执行效果进行全面、系统的分析和科学、合理的评价。显然，无论是政策的继续、调整，还是终结都必须建立在科学、系统、全面的政策绩效评估基础之上。

四、合理配置资源的手段

公共政策绩效评估是合理配置资源的有效手段。由于存在政策资源的有限性，所以必须明确各项政策要素的价值，确定资源投入的优先顺序和比例，以寻求有效的资源配置。只有通过政策绩效评估，才能确认每项政策的价值，并决定投入各项政策资源的优先顺序和比例，以寻求最佳的整体效果，有效推动政府各个方面的活动。同时，通过政策绩效评估，也可以对照以往的政策资源分配情况，看其是否合理，总结经验，吸取教训，使政策活动优质高效地进行。总之，公共政策绩效评价的实施正是出于这样的目的：一方面，公共政策绩效评价可以使决策者从整体和全局角度出发，使有限资源产生更大效益；另一方面，可以防止因过多考虑局部利益所带来的资源过度投入。

五、提高民主参与的要求

在现代民主国家的政府行政过程中，民意即群众性利益的输入与表达，是政治系统正常运作和做出合理输出行为的基本前提条件。公共政策是公共部门履行公共职能的重要工具。随着社会条件的不断变化和政府活动的日益复杂，那种无跟踪、无反馈、一劳永逸的政策模式已经不可能再为公众所接受。要建立科学、民主的政策模式，就必须大力加强制度建设，完善政策程序。而公共政策绩效评价，就是一种从外部弥补公共政策制度缺陷，是公共政策科学化、民主化的一项制度保证。从公共政策制定的过程来看，政府是公共政策制定的主体。但政府制定公共政策的权力来自人民的让渡，并不能百分之百保证代表公共利益；加之政府部门与社会公民之间立场的不同、视角的不同，及所掌握的信息程度的不同，决定了政府公共政策有可能不完全从公共利益出发。因此，在公共政策的制定过程中，完全有必要让群众进行参与，通过绩效评估环节对公共政策进行参与和监督。

六、优化公共关系的渠道

公共政策绩效评估是构建良好公共关系的有效策略和渠道。不同的政策评估动机会有不同政策评估措施和效果。有的政策评估与政策实施状态信息的获得过程无关，它可能使政策评估活动营造政府、公民、大众传播媒介与投资者之间的环境氛围，给政策评估对象提供一个交流信息与发表建议的场所。显然，这样的政策评估重心在于处理评估主体与社会公众之间的关系，使政策评估成为构建良好公共关系的有效策略，以便提高政策的认同感，加快政策的执行频率与提高执行的速度。

第四节 国外公共政策绩效评估分析

公共政策绩效评价兴起于20世纪60年代，90年代达到高峰，发展至今，发达国家关于公共政策绩效评价的理论研究和实践探索都已渐趋成熟。"见贤思齐焉，见不贤而内自省也"，学习他国经验，为我所用，考虑各地区的政治、经济、文化因素，特此选取美国（代表美洲）、法国（代表欧洲）、日本（代表亚洲）三个代表性国家进行分析并对其经验加以总结。

一、国外公共政策绩效评价实践

（一）美国

20世纪60年代，林登·约翰逊总统上台并发动了"大社会计划"和"对贫困宣战计划",在此期间大量项目仓促上马,为了检验项目的有效性和评价执行这些项目的政府部门的行为,约翰逊总统颁布行政命令批准联邦机构招募人员从事计划、分析以及项目发展的工作。这些人员对联邦政府的最高决策者负责,直接为这些机构的政策问题进行全面规划。在行政命令的强烈刺激下,政策分析取得了长足的进步:一方面出现了一些新的分析技术,另一方面为适应新的工作需要还使得一大批政策分析人员得到了专业培训。[1]

到了70年代,政策评价的水平得到了更显著的提高,其中国会关于项目评估的立法被认为起到了重大的作用。这些法律要求促使各级政府提高人员素质、增加人员数量,这样各州当地政府的政策评价人员大大增加。大量的评价活动要求各级政府机构寻求私人咨询的帮助,这样又促进私人部门大量参与评价活动,并最终形成了评价产业。

1992年,克林顿总统上台后大张旗鼓地提出要"再造政府",于1993年国会通过了里程碑式的《政府绩效与成果法案》,政府绩效被首次提到国家法律的高度。在讨论该法案的过程中,公共政策绩效评价受到了广泛的关注,《参议院政府事务委员会关于政府绩效及成果法案的报告中提及》:"目前,国会的政策制定、支出政策执行以及总体政策因为缺少足够精确的项目目标和充足的项目绩效信息,受到了严重的制约。联邦管理者也由于缺少明确的目标和有关结果的信息,在试图提高的项目效益和有效性的过程中处于不利的地位。"[2]

1993年还成立了"国家绩效评议委员会",专门对联邦政府的政策制定框架和政策绩效进行评价。到2003年9月,美国政府正式颁布了《政策规定绩效分析》,对实施公共政策绩效评价作了系统、全面的规定,其目的是为了预测和评价政策规定实施效果,帮助政府部门分析政策规定绩效,尤其是分析政策规定的经济效益。目前来说,全美2.5万人以上的城市中,绝大多数都有从事公共政策绩效的人员,一半以上的州政府以政府经费支持至少100项政策评价计划。

在美国,从事公共政策绩效评价的既有政府机构,如总统命令设立的一些委员会:水资源委员会、高等教育委员会、对外经济政策委员会、政府关系研讨会、执行与司法委员会、少年犯罪研讨委员会等。某些重要职位,如担任考核、评价联邦政府各个单位预算执行情况的联邦审计局,其首长任期长达15年,即

---

[1] 费希尔.公共政策评估[M].北京:中国人民大学出版社,2003:5.
[2] 财政部财政科学研究所《绩效预算》课题组.美国政府绩效评价体系[M].北京:经济管理出版社,2004:21.

是为了维持其在评价时的稳定性和评价的独立性。

民间机构亦是重要的公共政策绩效评价主体。布鲁金斯学院、兰德公司、外交政策学会等著名智库作为相对稳定且独立于政治体制外的政策研究和咨询机构,在政策绩效评价中起的作用越来越大,已成为影响政策决策和推动社会发展的不可忽视的力量此外,各利益团体也颇能发挥政策评价的功能,也常对影响其团体利益的政策作评价活动。①

(二)法国

法国的公共政策绩效评价被法律明文规定保障更早于美国,法律条文也更加细化。例如,1985年法国政府颁布的《研究政策与技术开发的评估》,对科技评价做出明确规定,其中指出:"法国研究与技术开发研究计划需根据各自的指标受到评价,而在计划实施之前,评价的指标和方法都要确定,公共研究机构必须定期按照评价的程序实施绩效评价。"②1989年成立的法国国家研究评价委员会,要受到16个法律条款的约束,对其机构职能、人员组成、评价费用乃至出差旅费都有明文规定。

从评价主体来看,以政府机构为主,民间评价不似美国普及,主要有国会、国家和地方两级审计法庭、专门的公共政策评价机构,以及中央和地方的各级政府部门等,评价人员构成以公务员、民选议员和专家学者为主。评价机构各有不同的侧重方向,如法国计划总署主要负责经济政策的规划和评价修正;国会下属的科技选择评价局专注于科技公共政策的评价;跨部门的政策评价,则由全国评价委员会来担当。

政策评价从业人员的选择极其严格规范,必须接受资格认定,普通的大学毕业生要在专门的政策评价培训学校受训,接受严格的考核后才能成为正式的评价师,同时须对其评价行为承担法律责任。因此,法国的政策评价师社会认可度非常高,一经做出评价行为,大多会得到政府、社会的认同。

从评价方法看,法国的公共政策绩效评价体现了定性分析为基础,定量分析为手段,十分注重细化指标设计的特征。例如,为提高行政办公效率,国家审计学院为政府设计了40大使命,下面又细分不同计划,每个计划设5个目标,每个目标又设有2~3个具体指标,并明确具体任务的承担人。而各部门在做政策绩效评价时,只需根据评价需求,在众多的目标中选择几个做,继而接受定性与

---

① 张国庆.公共政策分析[M].上海:复旦大学出版社,2004:407-408.
② 吴长兴.对法国公共政策评估的初步探讨[J].国家行政学院学报,2005(6):85-87.

定量相结合的评价和检查。需要特别提及的是,法国的公共政策评价方式因政府行政级别不同而有区分。中央公共政策,由国家级的评价机构组织实施;大区公共政策,一般采用大区自己的集体评价机构,如大区评价委员会;省级政策,省政府下设评价处;中小城市,一般界定为5万人以上,则设评价专员。[①]

(三) 日本

日本在政策评价过程中坚持"以地方实践为先导"的基本方针,地方自治体是引入政策评价的先行者,其中三重县、北海道、静冈县三地最为突出。1997年,时任首相桥本龙太郎在中央引入"再评价制度",并要求与公共事业有关的六省厅(北海道开发厅、冲绳开发厅、国土厅、农业水产省、运输省、建设省)就所掌管的公共事业进行评价。

1999年4月,日本内阁会议制定《关于推进中央省厅等改革的基本方针》,《方针》将总务省的行政监察局改为行政评价局,评价局行使政策评价职能,对内阁和政府各部门实施的各项政策进行评价,并对内阁和政府部门实施的政策评价进行再评价。2001年1月,日本政府通过了《关于政策评价的标准方针》,对政策评价的客体、评价主体、评价视角和评价方式都作出了具体规定,同年12月发布的《政策评价基本方针》,拉开了日本政府政策绩效评价制度建设的序幕。2002年4月,《关于行政机关实施政策评价的法律》(以下简称《政策评价法》)发布实施,对政策评价的目的和宗旨、范围和范畴、原则、评价主体、评价流程、评价标准、评价方式、评价结果应用都作了明确规定,标志着日本的政策评价制度正式走向成熟。早在2012年,日本所有47个县级政府(一级行政单位)、17个政令指定都市(人口超过50万,并在经济和工业上有高度重要性的主要都市)、782个(约占43%)市町村(二级行政单位)都已开展了政策评价活动。[②]

日本采用以自评估为主的模式,《政策评价法》确立了三个不同层面的政策评价机制,分别为各政府部门自主评价、总务省综合评价和国会的政策评价监督。因此评价主体主要有以下四类:

(1)内阁及政府各部门,日本政策评价首先在部门内进行,由政府部门成立的评价机构进行评价。

(2)行政评价局,总领内阁和政府部门的政策评价,并对政府部门已实施的

---

① 奚长兴.对法国公共政策评估的初步探讨[J].国家行政学院学报,2005(6):85-87.
② 庞宇,崔玉亭.日本的政策评估体系和实践及其对中国科技评估的启示[J].中国科技论坛,2012(3):148-155.

政策评价实施再评价。

（3）独立行政法人评价委员会，本来是对独立行政法人的政策实施进行评价，后来发展成为相对重要的独立政策评价机构。

（4）政策评价和独立行政机构评价委员会，该委员会于2001年1月成立，由民间的独立专家组成，对行政评价局实施的政策评价进行必要协调，并将意见呈交总务省和国务厅等部门，行使行政调查、行政监察的职责。[①]

评价方式主要有事业评价、绩效评价和综合评价三种，各部门根据政策的特点和不同领域对政策评价的不同要求，而选择相应的评价方式。具体方法的采用由评价对象的目标所决定，如关于满意度的调查多选用调查问卷法。事实上，《政策评价法》对此没有明确规定，由评价主体视评价项目的特点而决定，方法虽然不定，但却始终贯穿量化评价的理念。

二、国外公共政策绩效评价的经验启示

（一）评价主体

发达国家的政府公共政策绩效评价在评价主体上体现了如下特点：

首先，有一个政策评价主管部门，总领政策绩效评价全局。例如，美国的"国家绩效评议委员会"，专门对联邦政府的政策制定框架和政策绩效进行评价；法国的全国评价委员会，负责领导跨部门的评价工作；日本的行政评价局，负责对内阁和政府部门的各项政策实施全面深入的绩效评价，同时对政府部门已实施的政策评价实施再评价。有一个专门进行政策评价的主管部门，能增强政策评价的组织保障，从而避免政策评价成为政府部门运动式或阶段式的活动，使政策绩效评价工作趋于连续，并使评价的权威性得到保障。

其次，政策绩效评价的从业人员的高素质。美国的政府和大量大学政策研究机构，使一大批政策分析人员得到了专业培训；法国政策评价从业人员的选择极其严格规范，必须接受资格认定，普通的大学毕业生要在专门的政策评价培训学校受训，接受严格的考核后才能成为正式的评价师。从业人员的高素质使政策评价的能力和水平日益提升，发达国家的政策绩效评价活动逐步走向了专业化和职业化的道路，并逐渐发展成为一个成熟的政策评价产业。

第三，评价主体的参与多元化，注重保障民间意志的表达。发达国家的政策

---

① 王林生，张汉林.发达国家规制改革与绩效[M].上海：上海财经大学出版社，2006:155.

评价活动中，参与者除了纯官方的政府部门外，其余有半官方组织（政府部门提供资金支持，如美国兰德公司）、完全独立的民间组织（如美国布鲁金斯学院等）。在政策评价的过程中，除了专业政策评价从业人员外，都会积极吸纳民间人士的参与，使政策评价不再局限于精英阶层，公众意志得到充分表达和尊重，而这恰是我国目前公共政策绩效评价中最欠缺的地方。例如，法国的大区委员会由公务员、民选议员和评价专家组成；日本的政策评价和独立行政机构评价委员会，从全国专家学者和名望较高的人中选出5000名作为委员。政策评价主体的多元化，使更多的主体参与到了政策评价活动中来，而民众政策参与的扩大，使公众的诉求得到充分表达，从而提升政府公共政策绩效评价的科学性和民主性。

（二）评价的法律保障

为了保障公共政策绩效评价的顺利进行，多数国家都制定了一系列的相关法律、法规来规范公共政策评价过程。美国的《政府绩效与结果法》，规定每个机构都应提交年度绩效规划和报告；法国的《研究政策与技术开发的评估》，对科技评价做出明确规定，法国国家研究评价委员会，要受到16个法律条款的约束；日本《关于行政机关实施政策评价的法律》（政策评价法），更是对政府政策绩效评价的评价主体、评价的目的和宗旨、范围和范畴、原则、流程、类型、评估结果使用和公开等各个方面都做了明确而细致的规定。这些法律、法规一方面给政策绩效评价提供了强有力的法律支撑和保障，使政策绩效评价得以顺利进行，使之避免成为空中楼阁；另一方面，法律、法规的规定使政府政策绩效评价活动趋于合法化、规范化和常态化，对评价主体、评价流程、评价目的及应用等的明文规定，杜绝了评价过程中可能存在的随意性和评价滥用等问题，而使政策绩效评价得到科学地开展。

（三）评价程序和评价方法

发达国家的政策评价工作十分重视程序化，对政策评价工作的步骤一般都有明文规定，细化的绩效评估流程，对有力推进政策执行起到了很好的助力作用。

美国的政策评价在实施之前首先会进行相关的意见咨询，与政策目标群体、政策评价专家进行意见交换；然后对得到的相关资料进行公开透明的分析，确定政策绩效评价的方法，使有权参与的第三方和感兴趣的公众能及时知晓政策绩效评价的进程；最后政策评价结果出来后，通过绩效评价报告、新闻媒体报道和政府网站公布等方式第一时间对外公开。

评价方法上，法国公共政策绩效评价以定性分析为基础，定量分析为手段；

美国的评价以定量分析为主，定性分析辅助；日本也为达成政策评价目标而设计了一系列明确而细致的指标，从而方便量化分析。总体上，发达国家的政策绩效评价方法虽然更为注重数据的量化分析，但是绝没有将定量分析的方法当作政策评价目的，从而偏废定性分析法。更多的是根据评价对象的具体情况，选择恰当的方法和技术，将定量分析和定性分析相结合，事实分析和价值判断相结合，科学的评价方法则大大促进了评估结论的客观性，提高了评价的有效性和针对性。

第三章 公共政策制定的理论与实践

第一节 公共政策制定的基本理论

新时代，新思想，研究任何科学理论，都要立足于本国现实，以中国本位思想为中心，指导实践，故此本节主要阐述我国公共政策制定的相关理论，包括政策议程、方案规划以及政策合法化三方面，在此逐一加以阐述。

一、政策议程

（一）种类

社会向政府提出了大量的需要采取行动的要求，而在这成千上万的要求中，只有少量要求受到政策制定者的注意，那些被决策者所关注并感到必须加以处理的问题被提上议事日程。"那些被决策者选中或决策者感到必须对之采取行动的要求构成了政策议程。"政策议程就是将政策问题纳入政治或政策机构的行动计划的过程，它提供了一条政策问题进入政策过程的渠道和一些需要给予考虑的事项。由此可见，政策议程就是将政策问题提上政府议事日程，纳入决策领域的过程。

在政治系统中存在多种政策议程，可以从不同的角度对它们加以分类。琼斯在《公共政策研究导论》一书中，将政策议程区分为两种基本的议程，即政府议程和系统议程。

政府议程是由那些引起公共官员密切而又积极关注的问题所组成。政府议程是行动的程序，是决策机关和人员对有关问题依照特定程序予以解决的实际活动过程，它比系统议程更具体、更明确。政府议程的项目可以区分为旧事项和新事项两类。旧事项是那些以某种常规的形式出现在政策议程上的事项。例如，公务人员工资的增加，社会保障的增加，以及预算拨款。官员们对这些问题较为熟识，而且处理这些问题的方案在一定程度上也已成型。新事项是由于特定的情境和事件而产生的，也可能因社会上越来越多的人要求政府对某些问题采取行动而引起。旧事项被认为常常能从决策者那里获取处理的优先权。

系统议程是由那些被政治社区的成员普遍认为值得公众注意，并与现存政府权威中的立法范围内的事务相关的一切问题所组成。系统议程本质上属于讨论议程，表现为众说纷纭的情形。可以从大众传播媒介甚至从平时的谈话中了解人们对国家大事和各种社会问题的意见。但这并不是说问题就进入了系统议程，因为问题还未受到政府的关注，基本上还处于一种社会的广泛的讨论当中。但恰恰由于这种社会的广泛讨论，才形成了一股强大的社会力量，使政策制定者注意和认识到这些问题，经过政策分析把它列入自己的议事日程。这是政策议程的第一个阶段。

（二）建立政策议程的模型

美国学者罗杰·科布在"比较政治过程的议程制定"中，根据政策问题的提出者在议程中的不同作用以及扩散其影响力的范围、方向和程序，把政策议程的模型划分为三种类型，即外在提出模型、内在提出模型以及动员模型。

1. 外在提出模型

外在提出模型适用以下情况：

（1）政策问题的察觉和提出者是执政党和政府系统以外的个人或社会团体。

（2）它表达或提出了某个要求。

（3）企图把问题扩散到社会上的其他团体之中，使该问题获得系统议程的地位。

（4）给决策以足够的影响力，使问题能够进入正式议程，以引起决策者的慎重考虑。

根据这种模型建立的政策议程一般需要经历较长的时间，但是政策问题列入正式议程的议事地位，并不意味着就是政府的最后决定，更不能说明实际执行的政策就是提出者最初所要求的。

2. 内在提出模型

内在提出模型的主要内容是：

（1）政策建议或政策方案起源于执政党和政府内部的某个单位，或者起源于接近执政党和政府的某个团体。

（2）问题扩散的对象是与这个团体或单位有关的团体或单位，而不是一般公众。

（3）问题扩散的目的，是形成足够的压力或影响，促使政策制定者将问题列入正式议程。在整个议程建立和政策形成的过程中，社会大众的直接参与不多，这是因为提出者不希望把问题列入公众议程中，而希望凭借自身的力量直接将问题纳入正式议程。

3. 动员模型

政策议程的动员模型所描述的主要是政治领袖自己提出政策问题，并把它列入政策议程的过程。当政府宣布一个新政策时，就等于将这个问题列入了正式议程，而且它也可能就是政府的最后决定。在此，政策已被决定，之所以还要建立政策议程，是为了寻求社会大众的理解和支持，以便更好地贯彻实施政策。动员模型旨在说明决策者为了执行行政命令，如何将问题从正式议程扩散到公众议程的意图。

二、方案规划

方案规划是政策制定过程中的一个最重要的环节。政策问题一旦被提上议事日程，便进入分析研究并提出解决办法的方案规划阶段。

（一）含义

所谓方案规划，指的是对政策问题的分析研究并提出相应的解决办法或方案的活动过程，它包括问题界定、目标确立、方案设计、后果预测、方案抉择五个环节。

方案计划有如下几个特征：

第一，方案规划的目的是为了解决既定的政策问题。

第二，方案规划的基本内容是方案设计和方案择优。

第三，方案规划既是一种研究活动，又是一种政治行为。

（二）原则

政策方案的规划必须遵循如下五条原则：

1. 系统协调原则

任何事物都处于普遍联系之中，不仅政策本身可以看成是一个系统，而且它也不是孤立存在的，总是与其他政策相联系，处于一个政策体系之中。在方案规划时，要从系统论的观点出发，进行综合分析。要注意各项政策之间的相互联系、影响、制约关系，既要考虑到不同层次政策之间的纵向协调，又要考虑到相同层次政策之间的横向协调，从而使各项政策成为一个有机整体，以产生尽可能好的整体效应。

2. 现实可行原则

政策总是要付诸实施的，要实施就得具备实施的现实条件，即具有可行性。而政策问题的决策，包含了诸多复杂的因素，只有通过综合、全面的可行性分析，才能得出方案是否可行的结论。为此，要对方案进行各方面的可行性分析，从而使方案建立在牢固的现实条件的基础上，使方案的实施具有较强的可操作性。否则，无视现实条件与可能，即使再好的政策也会因无法实施而缺乏实际价值。

3. 信息完备原则

信息是方案规划的基础和依据。方案规划实际上就是一个与政策有关的信息输入—处理—输出的过程。政策的科学性是与信息的全面性、真实性成正比的。信息越全面越准确，方案规划就越具有科学性。现代社会是信息社会，信息在政策制定中的地位越来越重要。充分、及时而准确地占有信息，是方案规划活动成功的根本保证。

4. 科学预测原则

方案规划是面向未来的，具有明显的预测性。对事物未来的发展趋势及其结果的正确与否做出判断，在很大程度上决定着政策的成败。没有预测或预测不科学，必将导致盲目或错误的决策。随着现代科技进步和经济的高速发展，社会生活日益纷繁复杂、变化莫测，方案规划中只有运用科学预测原则，对于未来条件变化、方案执行结果及其影响等方面进行预测分析，才有可能制定出正确的政策，避免政策失误。

5. 稳定可调原则

政策要有一定的连续性和稳定性，要考虑与原有政策的衔接或过渡。但是，任何方案规划系统又都是一个开放系统，环境变化了，政策也必然随之做出相应的调整与变动。现代社会一个问题的决策，往往涉及众多的相关问题；一个细节的疏忽，往往造成重大的影响。因此，在方案规划时要给政策留有余地，具有弹性，并针对未来情况做好相应的准备措施。

三、政策合法化

（一）概念

尽管政策合法化是西方公共政策家讨论政策制定过程的一个重要方面，但是他们却很少给政策合法化下严格的定义。从字面上看，合法化作为动词，意为"使具有合法性，给予法律力量，使具有权威性、核准或批准"。

我们认为，所谓的政策合法化是指法定主体为使政策方案获得合法地位而依照法定权限和程序所实施的一系列审查、通过、批准、签署和颁布政策的行为过程。

（二）地位与作用

政策合法化在政策过程中占有举足轻重的地位，在实践上也具有重要意义。这主要表现在以下几个方面：

（1）政策合法化是政策制定过程的重要阶段，又是政策执行的前提。在民主、法治的社会中，政策合法化是政策过程必经的一个重要阶段。

（2）政策合法化是决策民主化、科学化和法制化的具体体现。离开政策合法化，谈论所谓决策民主化、科学化和法制化都只能是一句空话。

（3）政策合法化是依法治国的需要，依法治国是现代国家的基本标志。强调政策合法化，正是强调健全法制、依法治国。

（三）主体及其权限

1. 主体

政策合法化的主体是依法有权使政策方案获得合法地位的国家机关。主体与权限，是一个问题的两个方面。谁有权使政策方案合法化，谁就成为政策合法化的主体。换言之，成为政策合法化的主体，必须具有相应的权限。

政策合法化的主体具有两个显著的特征，即宏观上的广泛性和微观上的特定性。

（1）宏观上的广泛性。宏观上的广泛性是指从总体上看，政策合法化的主体是相当广泛的。有权使政策方案获得合法地位的国家机关，都可以成为政策合法化的主体。它既包括国家立法机关（权力机关），又包括其他国家机关；既可以是中央国家机关，又可以是地方各级国家机关。因此，不能把政策合法化过程局限于立法过程甚至议会的立法过程。这一点，政策合法化与政策法律化有所区别。政策法律化是政策向法律的转化，也叫政策立法，实际上是一种立法活动，其主体只能是享有立法权的国家机关。政策合法化具有更大的外延，它仅要求政策方案获得合法地位，具有执行效力，并不要求把所有政策都转化为法律。"合法"不等于"立法"。"合法"的内涵是合乎法律规定，甚或包括符合法律原则和法律精神。"立法"的内涵是制定法律，甚或包括认可、补充、修改和废止法律。

（2）微观上的特定性。微观上的特定性是指每一项政策方案的合法化主体是特定的。尽管总体上政策合法化的主体是广泛的，但这并不意味着任何一项政策方案的合法化活动都可以随便由哪个国家机关来进行。应该注意的是，不能把政策合法化主体的特定性理解为每一项政策的合法化主体都是单一的。对于有些政策，批准机关和发布机关不同，其合法化主体也就分属两个机关，如国务院组成部门或者省级人民政府制定的某些规章，报国务院批准后，又由制定机关发布施行。其批准机关是国务院，发布机关是国务院组成部门或省级人民政府。显然，两者都是政策合法化的主体。这种情况并不少见，如全国人大及其常委会审议通过的法律，公布权在国家主席，法律由国家主席公布后才能发生法律效力。政策合法化的主体不仅指批准或通过政策方案的国家机关，也包括公布政策的国家机关，也就是批准机关，有时也不止一家。政策合法化主体如何确定，关键看法律对国家机关的权限如何规定。

2.政策合法化主体的权限

法律针对不同的国家机关规定了不同的职权，政策合法化的主体必须在各自的法定权限内使相应的政策方案合法化。超越法定权限就不能制定和颁布政策，所颁布的政策应视为违法无效，主体也应承担违法后果。这也正是政策合法化的意义之所在。

总之，作为政策合法化的主体，应当始终明确自身的权限，恪守法定的职权范围。作为监督部门，更应依法履行监督职责，维护法律的权威。

第二节 政府机构参与公共政策制定的途径

政府机构作为公共政策的主体，在公共政策制定过程中起主导作用，因此以政府机构为研究对象更有利于发现问题、分析问题以及解决问题，在此选取检察机关与人民政协为代表。

一、我国检察机关参与公共政策制定的途径

立法活动对任何一个国家来说都是十分重要的，立法往往表现为特定的立法主体依其法定职权的行为，遵循一定的程序制约，体现了将特定阶级意志转化为国家意志并对社会公共利益、资源等的分配过程，是对国家的法律及其他规范性法律文件的制定、认可、修改、补充及废止等一系列活动。广义上，立法包括一切拥有立法权的主体制定各种规范性法律文件的活动。我国是单一制国家，立法体系呈现一元多层的现象。

依据我国宪法、法律的规定，最高人民检察院享有提案权，可以向全国人大或者全国人大常委会提出法律议案，并分别由主席团决定列入会议议程；由委员长会议决定列入常委会会议议程（或先交有关专门委员会审议、提出报告，再决定列入常委会会议议程）。对于其中向全国人大提出的法律议案在全国人大闭会期间可先向常务委员会提出。依照常务委员会立法程序中规定的有关程序，常务委员会会议进行审议之后，决定提请全国人大审议，由常务委员会向大会全体会议作出说明或由提案人向大会全体会议作出说明。通过上述规定可以看出，作为我国最高检察机关的最高人民检察院享有较为充分的提案权，其提出法律议案参与立法活动创制公共政策（法律）是有法律与制度性保障的。

在我国，检察机关还应着重维护我国法制和法律适用上的统一。最高人民检察院在监控、评估公共政策实施过程中，如果认为行政法规、地方性法规、自治条例和单行条例同宪法或法律相抵触，可向全国人大常委会书面提出进行审查的相关要求，并由常委会工作机构分送有关专门委员会进行审查、提出意见。我国学者张友连认为司法审查与违宪审查是两个内涵与外延有重叠但又有差异的概念。司法审查制度广义上包括法院对立法机关和行政机关的行为是否符合宪法和法律所作的审查，狭义上则专指法院进行的违宪审查，且其进一步说明基于单向制约宪政体系之下，最高人民法院对立法机关行为的正当性或者行为的合法律性是不能产生有力影响的，也无法通过违宪法审查去创制公共政策，但可以对行政机关行为合法性进行审查来创制公共政策。但对于我国检察机关来说，与人民法院相比还有着其特殊性。广义上的司法审查可以理解为并非单一的违宪审查，广义的司法审查应该包括审查主体对立法、行政等机关行为是否符合宪法、法律的规定的审查内容。

例如，上海市检察机关的金融检察创新实践，其中对检察院金融检察部门进

行创新性构建设置,并对金融检察案件办理范围进行广义界定,对移送审查起诉的案件进行整合归类调整。对一些已办理的典型案例,以发布金融检察白皮书的形式定期通报金融犯罪案件相关情况并提出具有建设性意义的对策建议,并与上海市金融纪工委联合建立金融从业人员犯罪预防教育基地。上海市检察机关根据金融领域犯罪预防和惩处的需要在司法实践中创制区域性检察政策(区域性公共政策),且通过将典型案例以金融检察白皮书的形式发布更为明确了其创制区域性检察政策(区域性公共政策)的部分具体内容。经过较长时间的司法实践,已呈现出辐射影响全国的态势,国内不少上海市以外其他地方的检察机关也随后进行了相应的金融检察方面的创新实践。

二、我国人民政协参与公共政策制定的途径

一般而言,制定一项公共政策必经由公共问题转化为政策问题,再提升到政策议程,通过政策议程制定出合法化的公共政策这样一个过程。可见,公共政策制定是指为解决某个社会问题而提出的一系列可接受的方案或计划,在政策分析的基础上,进一步论证和审查备选方案,最后形成正式政策的一个过程。这是一个动态的行为过程,一般包括政策问题的确认与政策议程的构建、政策方案的规划、政策形成(合法化)等几个环节。在此主要从政策问题的确认与政策议程的构建、政策的规划两个环节来探讨人民政协在公共政策制定中发挥的作用。

(一)参与政策问题的确认与政策议程的构建

政策始于问题,一般来说,公共政策总是针对特定的公共问题——或者已经发生,或者处于潜在状态。公共部门在发现或意识到问题后,通过调查、分析等对问题的性质、类型、影响范围、产生原因等进行研究,作出是否需要加以解决的明确界定。对确定需要采取政策措施加以解决的问题,将其纳入近期通过政策手段打算予以解决的议事进程。于是,公共问题便进入了政策议程。所谓政策议程,通常是指"某些已引起深切关注并确认必须解决的公共问题,且被纳入正式商讨、规划、研究的议事程序中,以决定政府是否需要对其采取行动、何时采取行动、采取什么行动的政策过程。"其本质是政策问题提上政策议事日程,纳入政策领域的过程。在公共政策过程中,政策议程构建是政策制定过程中起始阶段的功能活动,在整个过程中居于重要地位,直接影响着政策的性质和质量。然而,由于社会公共问题纷繁复杂,人们的认识和判断受各种主、客观因素的制约和影响,导致很多已经发生的、对社会影响较大的社会问题没有被纳入到公共部

门的视线之中,使这些社会问题长期得不到关注,也就没有相应的公共政策加以解决。在这种情况下,人民政协作为党委、政府联系广大人民群众的"桥梁"和"纽带",作为人民群众表达利益诉求、反映愿望和要求的重要平台,往往能够及时发现问题,并通过提出提案、报送调研报告、反映社情民意等形式来引起公共部门对该问题的重视,推动相关政策议程的构建。

(二)参与公共政策的规划

大量的社会公共问题通过人民政协"外部输入"的方式进入政策议程,之后便是公共部门进行政策规划,拟定切实可行公共政策的过程,以有效解决这些问题。"政策规划也称政策拟定,是指政府决策机关为解决某个政策问题而提出一系列备选的政策方案或计划,并在比较评价的基础上做出政策抉择的过程。"它包括政策目标的确定、政策方案的设计、政策的评价与择优、政策方案可行性论证等环节,直接影响到公共问题解决的程度和效果。一般情况下,由于公共政策的内容是复杂多样的,它涉及和影响到社会各个阶层、各个群体的利益调整,在政策规划过程中,往往需要进行深入细致地研究、规划与审查,使政策方案具备前瞻性、针对性、可行性和系统性。由于人民政协的地位超脱、智力密集,因而人民政协参与政策规划,有助于政策目标确定精确和政策方案设计完善。

第三节 社会个体参与我国公共政策制定的方式

本节将详细分析社会个体在我国公共政策制定过程中起到的作用。每一个公民作为社会成员,都属于社会个体,其多利用大众传媒参与和影响公共政策制定,在此以微博为例,进行分析,彰显参与我国公共政策制定的普遍性。除此之外,科学合理的公共政策是国家推进公共管理活动的重要手段,重点分析科学家作为参与主体所采用的方式,更能体现我国公共政策制定的专业性。

一、国家公民参与方式

公民参与是政治文明不可分割的一部分,是公民进入公共生活、参与治理、对那些关系他们自身生活质量的公共政策施加影响的基本途径。一方面,随着信息社会的到来和互联网的发展壮大,公众通过更多、更便利、更畅通的渠道得到各种信息,通过试图控制各种信息资源来获取自身需求、实现利益诉求。这种控制信息资源的可能性,为公民的有力参与提供了技术化的基础;另一方面,人们开始在选择市场和政府的同时努力尝试着寻求第三种力量,即公民社会的力量"积极的公民资格"被广泛提出,富有积极能动精神的公民,被看作是表达自身利益、影响公共政策、参与社区治理的有生力量。

在公共政策过程中,微博渐进式地改变了传统的话语交流方式,用其特有的低门槛、低身份限制、高传播效率等优势赋予普通公民话语权,为各个社会阶层表达个人观点、介入公共事务提供了强大的议事平台,影响着政策制定过程。更为喜人的是,微博在草根阶层的发展壮大以及运作技术的领先,也吸引着政府部门的目光,促使其利用这个非官方的协商平台,将其作为政策规划、社会管理的有力工具,将其作为吸纳民意的窗口,听取公民的利益诉求;微博也激励着政府采用这一新展示平台,建立政务微博,褪去以往神秘的光环,营造全新的政府形象,利用政务微博发布公共政策信息,指导公众生活,加强与民众的沟通,提高政策问题的回应效率。微博成为了网络时代政府执政方式的新选择,公权力机关和广大民众都对政务微博的良性运行寄予厚望与希冀。

(一)微博影响政策问题的确立

第一,揭露和反映社会问题。每个微博中的用户都充当着社会问题监察员的角色,实时捕捉着社会生活领域出现的各种情况。微博构建的网络空间里,便充斥、漂浮着大量的新闻事件、突发状况和问题。

第二,增加问题的提出数量。政策制定过程实质上是一个政治过程,其中充满了人们(包括政府、利益团体与普通市民)在利益、价值和政策诉求问题上的冲突和斗争。在政策制定的最初阶段,问题的发现便是推动政策活动的首要一环。政治系统理论认为,政策行为源于问题及环境中的冲突,这些问题、冲突再由一些群体、官员和其他一些人转入政治系统。但是在实际运作过程中,社会问题的发现显然不能仅仅依靠少数的政府专门人员,精力和人力的不足没有办法及时挖掘全部的社会问题。对于以往传统的大众传媒,人们常常抱怨媒体对公共事务的报道存在偏见;对于突发事件的报道显得过于滞后,更有甚者认为政府官员管理与操纵着新闻。[1]传统媒体在技术、结构、传播机制上的限制,使大多数社会问题无法第一时间呈现在公众、政府的面前。微博却有力地扭转了这一局面。社会问题的提出数量大幅度增加,人们甚至对问题的泛滥产生了危机感。微博对

---

[1] 安德森.公共政策制定[M].北京:中国人民大学出版社,2009:46.

话语编辑能力的低要求使大量原始的、极具时效性的事件与问题得到提出，这也极大提升了整个社会的信息透明度，对政府的反应能力也提出了更高的要求。

（二）微博产生公共政策问题

微博"孵化"公共政策问题。如何从大量呈现的问题里凸显出可以被政府关注、被政府真正解决的公共政策问题。

公共政策问题必须具有公共性，那些与社会大部分公众的利益紧密相关的问题总是能率先呈现出来，与社会主流价值观相左的问题总是会得到更多人的关注，如社会公平、维护正义、环境保护、犯罪、人身自由等。微博通过话题的形式聚合这一类高频关键词，通过"热门话题""热门转发""热门评论""头条微博"等形式加快这些特定问题的传播，促使公众对这些焦点问题的讨论升温，从而凝聚公众的注意力，形成公共性的话题。这些讨论从微博蔓延到现实生活中，致使线上、线下越来越多的公众关注和讨论这一话题。问题影响力的加深会促进主流媒体将该问题进行报道，从这个阶段开始，公众不再是单一性地讨论问题事件本身，而是开始围绕着问题的出现原因、危害、解决办法等展开深入的讨论，甚至辅以材料用以佐证自己的正确性。这些褪去感性色彩的观点一经呈现，便为政府如何解决这类问题提供了参考资料，使这类问题转化为公共政策问题成为了可能。微博就如同孵化剂一般，推动着公共政策问题的产生。

（三）重新建构公共议程体系

公共议程就是公众对在某个时点上的许多问题进行的等级排列。一个议题在媒介议程上的位置对其在公共议程上的显著性具有决定性的作用。[1]学者马尔科姆麦库姆斯和唐纳德肖在此基础上提出了议程设置理论的新假设，在《个人、社群和议程融合：社会分歧论》一文中，首次提出了新议程融合的六个阶段，它们分别是：寻求社群阶段、寻求社群的议程阶段、寻求引导的阶段、寻求引导传播媒介阶段、大众传媒议程设置的初级阶段和大众传播媒介议程设置的高级阶段。在微博空间中，这一假设得到了实现。公共议程不再仅仅只受到媒介议程的影响，微博的个人议程设置功能开始影响社群。在最初的阶段，微博用户根据呈现的问题发布微博信息，设立起个人议程，希望获得公众的关注，这里的公众便可以理解为社群。在公众的广泛讨论过程中，那些一致的、得到广泛支持的意见开始彰显，不负责任的、极端的言论慢慢消沉，具有核心价值的意见形成，社群议

---

[1] 罗杰斯.传播概念.Agenda-Setting[M].上海：复旦大学出版社，2009:192.

程建立起来。在这之后一个阶段，主流媒体介入议程，对微博中引起高度关注、广泛争议的问题事件进行挖掘和报道，寻求引导和寻求引导传播媒介阶段开始进行。在这个过程中，由于议程设置是开放式的，大量新的意见开始涌入过程中的各个环节，丰富了议程内容，推进了议程发展。其中大多数时候，微博是作为传统媒体的新闻来源之一，但是在这过程中，微博也不断吸收着传统媒体对事件的报道意见。在微博里，每个人都有可能成为某一事件中的意见领袖，激发公共议程的建立。

（四）微博有助试探民情民意

政策问题一经提上政策议程，政府会根据其重要性和严重性，选择性地向公众公布政策目标。包括社会集团、大众传媒、公众个人等，都通过获得政府公布的政策目标进行公共政策的非官方参与。从政策科学的角度来看，每项政策的制定出台，都需要上万计的备选方案数量作为基础。微博对方案选择空间的拓宽使公众能够根据自己的知识和经验对公共政策目标发表评论，指出政策方案中的缺陷，提出对政策目标的修补建议。伍德罗·威尔逊认为，"对基本政策的制定进行监督时，公众的批评是重要而且有益的，是完全不可缺少的，公共舆论发挥着权威的评论家的作用。"[①] 因此，通过对微博民意的试探，政府能够对政策方案进行改进，以切合民意。

二、科学家参与方式

党的群众路线要求我们遵循"从群众中来，到群众中去"的原则，随着我国经济水平的日益提高，我国的民主化进程也越来越高，公民越来越关注民生、关注社会、关注自身的利益，他们有需求参加到公共政策制定中去，有广大公民的加入，公共政策的制定也会越来越贴近社会、贴近实际生活、利于社会价值的公平分配，更加符合最广大人民的根本利益。同时政府需要公民广泛的献言献策，制定出符合绝大多数人民利益的政策，从而政府能更好地追求社会公平，强化公民参与性，利于公共政策的合理性和合法性。

但是公民参与公共政策缺乏有序性，随着信息传播业的飞速发展，信息的渠道更加多元化，我国公民接收到的信息的数量和形式也越来越多元化，很多公民会很容易因此受到不良信息的诱导做出不利于发展的行为，这会导致科学家不能

---

① 夸克. 合法性与政治[M]. 北京：中央编译出版社，2002:37.

很好地深入社会了解民情，阻碍了科学家更好的选择政策目标，阻碍了政策的民主化进程。

由此为公民寻找正确的价值坐标，建立正确的价值取向变得尤为重要。由于科学家掌握先进的科学技术，他们的言论对公民的影响力很大，大部分公民还是相信权威、相信专家，所以科学家的发声还是会间接影响公众。科学家应通过正确的倡导，强化公民参与意识，通过彼此的合作改变社会不公正的现象。

（一）科学家在政治系统中充当政治角色

科学家进入到政治体系的方式是多种多样的，这与国家的政治体制有着密切的关系。科学家可以通过民意选举进入其系统，或者是因为其自身的身份地位和杰出成就而被归入其政治系统中去，然而在科学家参与到政治活动中去的时候他就已经发展成为了观点辩护者[1]，所谓政治观点辩护者就是在科学家进入整治活动中去的时候，已经选择了一个利益倾向，然后把科学与决策者相结合，从而努力参与到决策中去。

我国著名科学家钱学森就是一个很好的例子，他在1946年至1949年任美国麻省理工学院航空系副教授、空气动力学教授，回国担任中国共产党第九至十二届中央候补委员，第六、七、八届全国政协副主席等职务。科学家一旦进入政治体系内部，就拥有了更多的机会提请问题，列入议程，方式更加地直接，议题变为决策的时效性就会更加的明显，对社会的作用就会更大。例如钱学森回国后，就立即上书周恩来总理，提出了发展中国导弹技术的设想。1954年，周恩来为钱学森提出的中国导弹技术的议题召开了中央军事委员会。同年10月，钱学森被任命为新中国第一个导弹机构研究院的院长，先后联合完成了原子弹的成功爆炸，新中国第一枚核武器导弹的完成和1970年举世瞩目的东方红卫星的发射完成。

（二）科学家参与学术会议

科学家们通过论坛式的学术会议形式，就特定的政治议题进行广泛讨论，达成共识，由此来影响公共决策，这是一种科学家间接参与政策的方式。例如，中国国际金融学会学术峰会暨2013年《国际金融研究论坛》（春季）；再如每一年度的年度中国十大宪法事例发布会暨学术研讨会，每一年都在中国人民大学举行，会议会邀请全国各地高效的专家学者出席，大会集结每一年度的中国十大宪

---

[1] PIELKE.The honest Broker-Making Sense of science in Policy and Politics[M].Cambridge University Press,2007:19.

法事例,来进行处理分析讨论。① 再比如,由中国科协科普部与中国科学调宣部主办的以"全球视野下的食品安全"为主题的会议,会议召集了中国工程院的科学家、中国食品科学技术学会的专家、世界卫生组织食品安全专家等来进行关于转基因食品等一系列关于食品安全问题的讨论,从而集合世界各国科学家的建议,为健全我国的食品安全体系提出一些可实施的新举措。

(三)科学家担任行政职务

所谓科学家的行政任职就是科学家在某专业领域成为标杆之后,逐渐担任起各种与科学研究无关或者关系较少的行政职务,有的科学家因为杰出的科研才能与政治才能,担当起了科研系统或者其他的管理者;有的直接成为了政策的决策者;有的更是站在了政治体制中心,成为了一名国家官员。然而成为一名科学家是相当不容易的,科学家的社会认可和科学发展的独立性都经历了一段很长的时间。在如今的大科学时代,科学逐渐形成产业,规模逐渐庞大,以至于科学事业的内部分工也越来越精细。政治家有时候已经不能胜任如此专业系统的管理工作,这就让那些精通于管理又拥有着杰出的科学素质的人踏上了政治的舞台,成为了一名科学的管理人员。在我国,由于科学发展和科学家群体背景比较特殊,在中国传统仕途文化的影响下,同时在我国科研体制的允许和鼓励下,会依据科学家的个人意愿,对那些有卓越行政管理才能和政治治理才能的科学家予以行政任职。当代世界各国政府官员中有许多具有科学家背景,如中国科学院院士是我国杰出科学家的典型群体,对我国院士行政任职的调查结果显示:基础研究领域中的我国杰出科学家有八成以上曾经担任过行政职务或正在担任行政职务,人数众多,比例可观。②

在当今世界趋近走向一体化的大环境下,政府公共政策制定环节的参与者逐渐从政府决策者的单一状况发展成为了参与人员更加多元化的模式,合理的公共政策和法律制度更显重要。科学家在公共政策制定的过程中也扮演非常重要的角色。公共政策决策中引入科学家的意义,在于利用其专业知识和技术的优势,优化和科学化公共政策,贯彻科学执政。科学执政就是要严格按照规章制度,需要一种精神层次的科学化,一种态度上的科学化,一种体制上的科学化与方法上的科学化。

---

① 汝鹏.科技专家与科技决策:"863"计划决策中的科技专家影响力[M].北京:清华大学出版社,2012:67-79.

② 徐飞,汪士.杰出科学家行政任职对科研创新的影响——以诺贝尔奖获得者与中国科学院院士比例为例[J].科学学研究,2010(7):981-985.

第四节　大众传媒在我国公共政策制定中的作用

大众传播媒介通常称为大众传媒，包括报纸、广播电台、电视台、互联网络等，由于这些媒介在传递新闻中的作用，又泛称为新闻媒介。"作为一种公众舆论的载体，新闻媒介所要表达的不仅仅是它所代表的某个阶层或阶级的观念，还必须表达一定的公众利益，具有一定的公众立场。它的作用主要体现在信息的流动和沟通对社会和公众的影响上"。[①]

公共政策制定，是现代社会许多国家政治决策体系中重要的组成部分。大众传媒对公共政策制定的影响不容忽视，可万事万物具有双面性，本节将具体介绍大众传媒在政策制定过程中所起到的积极及消极作用。

一、积极作用的表现

（一）政策议程设定层面

1. 揭示社会问题

依据公共政策理论，政策问题在进入公共政策议程之前，一般都会经过社会问题——公共问题——进入政策议题——公共政策问题的发展过程。发现问题是政策活动的起点。社会中存在的"问题"很多，但并不是所有的"问题"都能被政策制定者发现并及时将其纳入政策议程。西方公共政策研究者在总结社会问题如何能被列入政府政策议程的方式时提出了四种情况：政治领导者的决定、某种危机或突发事件、抗议活动、特别问题引起大众传媒的注意。[②]

任何公共政策所要解决都是社会问题、公共问题或政策问题。大众传媒通过发现社会问题并且提出问题，不仅为决策者了解现实的公众需求，在决策时分辨轻重缓急提供了重要基础；通过提供真实现象，反映情况，可以促使决策者更加了解真实情况。

2. 正准的社会舆论导向

所谓舆论导向，即大众传媒导向民众传播公共政策，对民众的观念和行为加以引导，同时将民众反馈的信息传递给政府，促使立法和管理等部分考虑需求，

[①] 刘华蓉. 大众传媒与政治[M]. 北京：北京出版社, 2001:1.
[②] 格斯顿. 公共政策的制定[M]. 重庆：重庆出版社, 2001:173.

对政策体系进行调整和完善,已达到公共政策权威性分配利益的原则。

公共政策的本质就是对社会利益进行集中再分配的过程,这就意味着公共政策过程不是一个单纯的技术或者逻辑过程,而是一个社会价值的再分配、一个公共利益的协调分配过程。从一定程度上来看,它具有政治性的本质,"实际上的公共政策过程是各种政治力量各自施加影响和相互讨价还价的过程,是一个充满冲突、分歧与妥协、折中的政治过程。"[①]

在日益发达的市场经济条件下,社会利益也日益分化,公众利益诉求的差异也越来越大,因此在政策制定过程中,不同的利益群体为了使本群体在政策出台以后得到更多的利益,会在政策制定中千方百计地把自己的利益需求转化为公众的利益需求,利用社会舆论的压力,来迫使政策制定者偏向对自己利益群体有利的政策。但是一项公共政策的制定,总会出现偏向一部分人的利益,而忽视一部分人的利益,而现代民主中政府作为公益的产物,必须体现和代表最广大人民的利益,这就势必会造成不同利益群体之间的争夺,延迟公共政策的制定。

3. 促使社会问题进入政策议程

随着社会的快速发展,社会中需要解决的问题也迅速增加,但政府及时掌握信息和政策输出的能力是有限的,这就势必会造成公共政策需求与公共政策供给之间的矛盾,同时会随之出现一部分问题能顺利地进入政策议程,一部分则不能进入政策议程的这种现象。因此,及时发现社会问题且将其纳入政策议程,是公共政策制定过程中不可缺少的重要环节。

由于大众传媒具有涉及面广、信息容量大和传播速度快的特点,如果一个社会问题经过大众传媒的报道,使社会公众能很快就能了解这个问题,并在社会上产生很大的影响、形成强大的舆论力量,必然会引起社会公众特别是政策制定者的注意,从而使社会问题进入政策制定者的政策议程。

(二)政策规划层面

1. 为公民参与政策制定提供了途径

就目前来说,普通公众的要求和意见的表达大致有这样几条渠道:公众间的交流、通过信访反映给政府官员、政府进行民意调查、借助大众媒介公开表达等。公众个人之间的交流只是一种情绪宣泄,无法到达决策者及影响决策的人,从而使相关问题无法进入政策议程。

---

① 刘熙瑞.公共管理中的决策与执行[M].北京:中共中央党校出版社,2003:23.

随着公民民主意识的提高，越来越多的公民愿意参与公共政策的制定，并把自己的意愿和要求表达出来。大众传媒因此成为了社会公众反映个人意见的最有效渠道。

大众传媒既是社会公众行使民主权利的有效工具，也是体现公民民主权力的重要阵地。大众传媒以其广泛性的影响和丰富的内容弥补了政府部门可能存在的不足，同时通过真实的报道反映社会中不同群体的利益需求，并通过公开报道的方式使某些问题引起社会民众的积极讨论和广泛关注。

尽管大众传媒的政治性十分复杂，人们对其政治功能的认识也存在很大的差异，但有一定可以确定，那就是大众传媒已经成为了国家政策制定过程中不可缺少的重要环节和重要途径。

2. 增强公共政策的民主性

在公共决策中，任何人的利益在公共政策决策议程中都应该被公平的对待，也可以说决策面前人人平等，所有的利益主体的意愿都可以表达，并在结果中得到平等的体现。因此，提高公共政策决策过程中公民的参与程度，在一定程度上，对增强公共决策的民主性有着重要的作用。大众传媒把分散的潜在的公众意愿和要求转化为明确的集中的政策要求，同时给社会公众提供了一个自由的讨论平台，通过这个平台，把自己的意愿和诉求表达出去，引起公共政策决策者的关注。

任何一项公共政策都是为了解决社会问题而人为设计的，它与广大人民群众的利益是切身相关的。在这种情况下，大众传媒必须能够有效地介入，通过对政策的相关报道，引导社会公众的广泛参与讨论，进而在社会中形成强大的舆论压力，迫使这些决策部门改变初衷，终止或者修正原有方案。

3. 政府负面功能地避免

公共政策的制定过程是各方利益博弈的过程，在前面论述中指出政府也具有一定的自利性，政府在进行政策决策时也会自觉不自觉地做出偏向己方利益最大化的政策方案，这就需要大众传媒全方位的参与公共政策制定过程，从而尽可能地弥补政府人员的有限理性、防止政府官员的投机主义等。因此，大众传媒通过其强大的舆论监督能力，为公共政策制定的合理与完善，提供一种有力的保障。

例如政府官网的推广宣传，其开放性和高透明度，打开了公民参与、公民监督的一扇窗口。特别是近些年来，引起社会热议的一些现象，无一不展示着微博监督的强大。

(三) 政策合法化层面

1. 提高公共政策的知晓度

大众传媒的宣传报道，不仅有助于提高公众对决策的认识和理解，还能使他们在心理上更容易接受某项根据现实需求做出的决策，进而在公共政策的执行中采取参与和支持行为。[1]

大众传媒对政策的宣传，不仅可以提高民众对政策的知晓度，同时可以通过典型宣传动员全社会共同支持和执行某项政策，从而有助于形成执行政策的源动力。"要让公众都能理解政策，并积极贯彻政策，就必须做好说服教育工作，让公众从小团体的狭隘圈子中跳出来，认识政府制定和贯彻的具有科学性、合理性的政策是为了大多数公众的根本利益和长远利益服务的，公众才能自觉维护政策、积极贯彻政策。"[2]

例如微博，通过政务微博发布政策信息，使公众了解政策制定状态，通过官方宣传影响公众对公共政策的认知和态度。政务微博不仅仅作为发布信息、收集民意的平台，还作为政府决策者进行政策解释的平台，引导公众了解、支持和遵守既定政策，加强民众对政策的认同感。

2. 增强公共政策公共利益的表达

公共政策体现的是社会中各方利益，它是对社会各利益群体的利益分配，不是为了增强某一个利益群体的利益，也不是减少某一个利益群体的利益。公共政策所要表达的是社会全体成员的利益。由于利益分配很难存在绝对的公平，因此大众传媒在对公共政策的宣传时，势必会及时引起社会各方利益群体的关注，从而引起以利益争夺为目的的思想讨论，这虽然在一定程度上会延长公共政策的制定，却增强了公共政策公共利益的表达。

由于公共政策体现的是社会各层的利益，相对社会中强大的利益集体，弱势群体表达利益的渠道是很少的，对于这些弱势群体来说，大众传媒是唯一适合他们的表达渠道。

大众传媒好不扭曲且高效率的传输社会各方利益诉求，使政策制定者及时地了解到最广泛、最真实地社会公众的意见和要求，实现公共政策和公共利益的真正融合。

---

[1] 张隆栋. 大众传播学总论[M]. 北京：中国人民大学出版社, 1995:308.

[2] 胡宁生. 现代公基政策研究[M]. 北京：中国社会科学出版社, 1999:191.

3.促进公共政策的调整与完善

任何一项政策都是为了解决社会问题而人为设计的,在前面提到,作为政策制定者的政府本身具有一定的自利性,对自身的监督往往因为权力系统内的利益关系而受到影响与限制,从而造成政策脱离原有的目标。代表公众对公共政策的制定执行进行监督,是大众传媒重要的政治功能之一。大众传媒通过对政策制定过程各个环节的报道,在一定程度上促进了公共政策的调整与完善。第一,纠正政策制定中的偏差。在各级政府中,以权谋私、作风散漫等一些现象仍有存在,大众传媒通过对这些现象的报道,披露个别不法事实,增加政策制定的透明度,不仅可以防止政府腐败的衍生,还可以使政策制定更具科学性。第二,反馈政策修正信息。由于政策制定所涉及的社会利益是多方面的,在政策执行时,势必会引起那些利益受损者的强大阻力,也会引起那些利益得益者的各种评价。政策制定者为了使政策执行时所受到的阻力有所减弱,必然会对这些反馈信息进行整理,据此对原有的政策做出适当的调整与完善。

二、消极作用的表现

长期以来,社会综合环境的制约和严格的新闻管制使媒体缺乏独立性和自主性。媒体对公共政策制定的消极作用主要表现在:弱化政府舆论把关的力度,影响公共政策的制定过程,影响政府对决策过程的主导。

(一)媒体弱化政府舆论把关的力度

在信息传播途径上工作的编辑、记者、制作人员等,充当着微观层面的"把关人"的角色[①],通过采编、汇总、过滤来控制信息的传播。而新兴媒体如互联网,是高度开放的空间,特别是当今网络信息的传播是多方向、发散式的,信息准入的标准太过宽泛,超链接、搜索引擎等服务的提供者由于信息量太大而无法进行传统意义上的"过滤性把关",再加上各级"把关人"对网络信息的控制能力参差不齐,从而导致政府"把关"的力度明显减弱。新兴媒体弱化了政府舆论把关的力度,造成舆论包罗万象、真假难辨,使政府对舆论信息的准确度、可信度很难识别,从而在一定程度上干扰了政府的决策,对公共政策的制定过程造成一定的影响。

针对公共政策的制定过程,大众传媒的不准确报道和对政府的负面报道会弱

---

① 王传宏,李燕凌.公共政策行为[M].北京:中国国际广播出版社,2002:87.

化政府权威，丑化政府形象，使政府和大众传媒之间产生不和，造成尴尬局面。而关系的不和所带来的过度政治控制会造成信息传递过程中出现不同程度的扭曲，容易导致社会系统内各主体错误的判断和行为选择，给政策制定带来隐患。

（二）影响公共政策的制定过程

新兴媒体如网络，会造成舆论包罗万象、真假难辨，这给政府甄别舆论信息的准确度、可信度带来一定的困难，也在一定程度上干扰了政府决策，影响到公共政策的制定过程。

举例而言，微博的节点传播模式使微博作为公共议事平台的作用得到突显，海量的议题在这一平台上得到释放。然而，由于其对信息发布的限制，微博的内容使所呈现的文本碎片化，导致内容的空洞。在一秒可以刷出成百上千条信息的微博平台上，信息的形式大多是松散无组织化的，信息的内容多是自说自话类的碎片化语言，许多信息的利用价值并不大，对于现实问题的解决没有实际性的作用。

（三）影响公共政策制定的舆论环境

网络具有表达情绪化等特点，要求政府采取相应措施，净化复杂多变的舆论环境，对媒体舆论进行正确引导监督。碎片化信息，需要及时梳理清楚，对众说纷纭的情绪化表达进行理性沉淀，否则会严重影响社会的和谐稳定。美国学者凯斯·桑斯坦在《网络共和国——网络社会中的民主问题》一书中提出了"群体极化"这个名词，认为"群体极化"是指团体成员一开始即有某种偏向，通过个体间的相互作用而进一步加强，并使观点朝着更加极端的方向发展，保守的会更保守，激进的会更加激进，最后形成极端的观点。他认为，网络论坛损害了民主，因为我们在网络世界里更愿意寻找持有相同思想的人们，从而强化我们的观点，而不是通过选择不同的观点来挑战自己。例如，在微博直观、碎片化的信息面前，人们很少进行深入理性的思考，凭借着经验、价值观等标准对微博信息进行着选择，对微博议题具有普遍的逆反或是迎合心理。微博给转型社会中的大众提供了宣泄的平台，大量带有个人倾向、情绪倾向的信息在微博中蔓延。

第四章 公共政策执行中的参与分析

第一节 公共政策执行的基本理论

一、政策执行的含义

政策方案一经合法化过程并公布之后，便进入政策执行阶段。政策执行是在政策制定完成之后，将政策所规定的内容变为现实的过程，是为实现政策目标而重新调整行为模式的动态过程。

何谓政策执行？公共政策学者从不同角度对此加以界定。

有的学者认为，执行是一系列指向使一个项目生效的行动，其中尤为组织、解释和应用三种活动为要。还有学者认为，可以将政策执行视为这样一种过程，即用法律、上诉法院决定、行政命令，或用议会决定、内阁政令的形式，实施一种基本政策决定的过程。

综合各家观点，我们认为，可以把政策执行界定为一个动态的过程，它是政策执行者通过建立组织机构，运用各种政策资源，采取解释、宣传、实验、实施、协调与监控等各种行动，将政策观念形态的内容转化为实际效果，从而实现既定政策目标的活动过程。

二、政策执行在政策过程中的地位与作用

毛泽东同志早就说过："如果有了正确的理论，只是把它空谈一阵，束之高阁，并不实行，那么这种理论再好也是没有意义的。"正因为政策执行有如此重要的意义，有的政策学者才说，在实现政策目标的过程中，方案确定的功能只占10%，而其余的90%取决于有效的执行。

政策执行是政策实施过程中的中介性环节。一方面，政策决策者要根据政策执行过程中实际情况的变化来修正和完善政策，以提高政策的可行性和有效性；另一方面，任何政策都有时效性，它只能在一定的时空范围内起作用，超过这一范围，这个政策就失去效用或完成了它的使命，就要被新的政策所代替。制定新政策要以事实为依据，尤其要以前一项政策执行后的反馈信息为基本依据。

政策执行是检验政策正确与否的唯一标准。一项政策的正确与否，最终必须由实践来检验，因为实践是检验真理的唯一标准。凡是经过贯彻执行，促进了社会进步和生产力的发展，并得到群众拥护的政策就是正确的政策，否则就是错误的政策。

三、政策执行过程

政策执行过程主要包括政策宣传、政策分解、物质准备、组织准备、政策实验、全面实施、协调与监控等环节。

（一）政策宣传

政策宣传是政策执行过程的起始环节和一项重要的功能活动。政策执行活动是由许多人员一起协作完成的。要使政策得到有效执行，必须首先统一人们的思想认识。政策宣传就是统一思想认识的一个有效手段。执行者只有在对政策的意图和政策实施的具体措施有明确的认识和充分了解的情况下，才有可能积极主动地执行政策。政策执行对象只有知晓了政策，才能理解政策；只有理解了政策，才能自觉地接受和服从政策。因此，政策执行机构要利用各种宣传工具，大力宣传政策的意义、目标，宣传实施政策的具体方法和步骤。只有这样，才能为正确有效地执行政策奠足坚实的思想基础。

（二）政策分解

政策分解就是通常所说的制订计划，它是政策实施初期的另一项功能活动，是实现政策目标的必经之途。一般说来，一项政策的推出往往只是指出实现政策目标的基本方向，比较抽象。要使政策执行顺利进行，就必须在这些基本原则指导之下，对总体目标进行分解，编制出政策执行活动的"线路图"，明确工作任务指向，使执行活动有条不紊地进行。制订执行计划，应注意客观、适应环境、全面和目标一致。

（三）物质准备

物质准备是保证政策执行顺利进行的经济基础，是政策执行必不可少的环节。物质准备主要是指必需的财力和必要的物力两方面的准备。只有做好充分的物质准备，才能为有效执行政策创造有利条件和环境。

（四）组织准备

组织准备是政策具体贯彻落实的保障机制，组织功能的发挥情况直接决定着政策目标的实现程度。要有效地进行管理，必须善于实际地进行组织工作。组织准备不只是为了解决组织形式问题，而且包括建立精干高效的组织机构、配备胜任称职的领导者和一般的政策执行人员、制定必要的规章制度，使人、财、物得到最合理的利用，其中包括"确定政策执行机构""制定必要的管理法规制度""选人用人"三部分。

确定政策执行机构是组织准备中首要的任务。常规性、例行性政策的执行应由原执行机构继续承担，不必另建机构，但有时也可用提高原机构地位的方式或者改组机构的方式来保证政策顺利进行。如果遇到非常规性或者是牵涉面较广的政策，则可组建临时办公机构，以确保政策的有效执行，一旦政策目标实现，即行撤销。

制定必要的管理法规制度主要有以下几点：①目标责任制。主要确保每个执行者都能够明确自己在贯彻执行政策过程中应该做什么、怎样做、做到何等地步和遇到问题怎么办等。落实目标责任制有利于政策目标的实现。②检察监督制度。检察监督制度是目标责任制发生效用的联系环节，严格的检察监督制度是目标责任制得以落实的保障机制。③奖励惩罚制度。这一制度的建立使整个管理制度形成良性循环，保证整个管理制度稳步进行。

选人用人是组织准备工作中的一项重要内容。因为人是组织中最能动、最活跃的因素，是组织行为的主体，德才兼备是选人用人的基本原则。政策执行者的素质要求侧重于专业管理方面的知识技能和实践经验，要求具有较强的政策理解能力及沟通、协调能力；具有宽广的胸怀，善于处理人际关系；讲求工作效率，善于从实际出发，采取机动灵活、随机应变的方式方法，有步骤、有次序地推行政策实施。对于一般执行者来说，应具有本职工作的业务知识和管理经验，忠实有效地执行领导指示，保质保量地完成政策任务。

（五）协调与监控

政策的协调与监控贯穿政策实施全过程。协调完成得好，才能使人员做到思想观念上的认识统一和行动上的一致，保证执行活动的同步与和谐，提高工作效率。监控是政策实施过程的保障环节。在实际的政策实施过程中，常常出现对政策理解失当或者政策执行偏离政策目标等问题，因而必须对整个实施过程加强监督和控制，以保证政策的全面贯彻和落实。

（六）全面实施

全面实施是政策实施过程中操作性、程序性最强，涉及面最具体、最广泛的一个环节。全面实施政策要求严格遵循政策执行的基本原则，充分发挥政策执行的功能要素，以保证政策目标的圆满实现。

（七）政策实验

对于涉及全局关系的重大政策、非常规性政策，特别是带有风险性的政策以及受各种因素制约、难以进行精确定量分析的政策，缺乏政策经验、结果难以预料、后果影响深远的政策，都要经过一定的政策实验。政策实验一定要按照科学方法来进行，实验步骤大致包括选择实验对象、设计实验方案和总结实验结果三个阶段。

四、政策执行的基本手段

政策执行活动的复杂性，决定了政策执行手段的多样性。概括说来，政策执行的基本手段主要有以下四类。

（一）行政手段

行政手段是指依靠行政组织的权威，采用行政命令、指示、规定及规章制度等行政方式，按照行政系统、行政层次和行政区划来实施政策的方法。

行政手段具有显著的特点：第一，强制性。强制性就是指行政主体所发出的命令、规定、条例等都必须执行，更有甚者是要求无条件地绝对服从。这同法律所具有的普遍约束力那种强制不尽相同。第二，权威性。采用行政手段的上级政府机关或上级领导和下级政府机关或工作人员之间是垂直领导关系、下级服从上级的关系。行政手段依靠强制性的权威将国家的各项方针、政策准确无误、坚决有力地推行和落实。第三，对象的有限性和时效性。行政指示、命令的内容和发布的对象是具体有限的。不仅如此，行政指令还有时效性，即它只在特定时候对特定对象有效，而不像行政法规那样，适用范围具有广泛性。行政命令是法律的具体化、细目化，它弥补了法律的不足。

行政手段构成任何一种政策执行必不可少的基本因素。行政手段具有较强的约束力，带有强制性，任何单位和个人都必须执行，否则就要承担一定的行政责任，受到一定的处罚。因此，在政策执行中使用行政手段容易做到协调统一，令行禁止。特别是用此方法便于解决一些特殊的、紧迫的、突发性的问题，有利于扭转政策执行中的不利局势，保证政策的顺利运行。但行政手段对上级机关的要求甚高，上级如有失误将会导致连锁反应。另外，下级的被动地位也不利于充分发挥下级的积极性和创造性。

（二）经济手段

经济手段是指根据客观经济规律，利用各种经济杠杆，调节政策执行过程中的各种不同经济利益之间的关系，以促进政策顺利实施的方法。

经济手段运用价格、工资、利润、利息、税收、资金、罚款以及经济责任、经济合同等来组织、调节和影响政策执行者和政策对象活动。经济手段不同于行政手段和法律手段，它有如下三个特性：第一，间接性。它不像行政手段那样是直接干预，而是利用经济杠杆的作用对各个方面的经济利益进行调节来实行间接控制。第二，有偿性。与行政手段下的无偿服从不同，经济手段的核心在于贯彻利益原则，注重等价交换。各方在获取自己经济利益的权益上是平等的。第三，关联性。一种经济手段的变化不仅会引起社会多方面经济关系的连锁反应，还会导致其他各种经济手段的相应调整，它不仅会影响当前，而且会波及今后。

实践证明，在政策执行过程中，只有按客观经济规律办事，给人以内在的推动力，才能充分调动人们执行政策的积极性和主动性，使政策目标得以实现。各种经济手段的功能是不同的，应根据不同情况采用不同的经济手段。在政策执行过程中，应注意把经济手段与行政手段、法律手段有机结合使用，这样才可以取得更佳的效果。

（三）法律手段

法律手段是指通过各种法律、法令、法规、司法、仲裁工作，特别是通过行政立法和司法方式来调整政策执行活动中各种关系的方法。

法律手段除了与行政手段一样具有权威性和强制性外，还具有稳定性和规范性的特点。稳定性是指行政法规一经立法和颁布，就将在一定时期内生效，不会经常变动，更不允许任何机关、社会团体和个人随意更改。规范性是指行政法规对一般人普遍适用，对其效力范围内的所有组织和个人都具有同等的约束力。

法律手段是政策执行活动得以进行的根本保障，依法行政不仅具有权威性，而且具有科学性和客观性。法律手段的使用范围比较广泛，尤其适用于解决那些共性的问题。

（四）思想诱导手段

思想诱导手段是一种以人为中心的人本主义管理方法，它通过运用非强制性手段，诱使政策执行者和政策对象自觉自愿地贯彻执行政策，而不从事与政策相违背的活动。

常用的思想诱导手段有：制造舆论——在政策形成时就大力宣传，使政策的内容深入人心；说服教育——对少数不按政策执行或抵触的对象进行深入细致的思想教育工作，做到以理服人；协商对话——在政策执行出现困难的情况下，决策者和执行者应就政策深层次问题商淡协议，尽可能在补充政策中作适当调整；奖功罚过——对政策执行好的单位和个人给予精神和物质上的奖励，而对违抗政策的对象给予惩戒。

思想诱导手段的最大好处在于通过有计划地循循善诱，使政策执行者和政策对象自觉地采取某种行为，这样不仅可以节省许多人力、物力，而且更由于这种行为是出自心悦诚服的自觉自愿，因而能够牢固而持久；而其他行政手段的弊端则是"以力服人"，其结果很可能是"口服心不服"。

第二节 我国公共政策执行的现状

在改革大潮中，我国在经济领域取得了重大的成果，即建立了社会主义市场经济体制，为我国经济社会的进一步发展打下了坚实的基础。同时由于经济的发展，我国社会的政治、文化等各方面都获得了巨大的成就，在政治民主化和公民社会化的过程中，我国公民已经有了公民主体的意识，积极主动地参与到国家和社会生活的治理当中。

公民参与公共政策的情况也有所变化。主要体现在以下四方面：

一是公众参与由原来的被动参与变成了主动参与。随着我国政治民主化建设的加快，公众参与主要是自主性地参与，改变了过去以政府动员为主的参与模式，关注公共政策的过程，表达自己的意愿，行使自己的民主权利。

二是公众参与的途径变得具有多样性。尤其是在网络化的今天，越来越多的人通过网络发表自己的建议，和政府进行对话，政府也顺应局势，建立了电子政务，微博、和国家领导人进行网上交流等新途径的开发也进一步满足了公众参与公共政策的要求。

三是公众参与由原来的违法参与变成了合法参与。我国公民的参与开始走上合法化的道路，公众开始在法制的基础上自主地参与公共政策当中，通过合法手段来影响公共政策从而维护自身的合法权益，使公众参与公共政策走上了合法的道路。

四是公众参与的效能感明显增强。改革开放后，我国公民的参与热情高涨，一半以上的人相信自己的参与行动会对改进公共政策产生一定的作用。

但是，作为上层建筑的政治体制改革还明显滞后于经济发展的步伐，很多公共政策出台以后，却在政策的执行过程中遇到重重阻碍，出现种种问题，严重影响了经济、政治、社会的协调发展。。现就公共政策执行中存在的问题进行分析，以便更好地对症下药。

一、政策执行者的弊病

（一）相关人员自保，办事得过且过

这种情况多表现为在政策的执行过程中，为了维持现状或保持既得的利益，害怕因为差错丢了"乌纱帽"，政策执行者只是做表面文章，并未采取可操作性的具体措施，而或政策执行者在政策实施的过程中总是被动的静观其变，等待上级机关的态度，能拖则拖，不能拖再说。这种人缺乏激情和进取意识，更多的是因循守旧，不求有功，但求无过。这种作风直接影响了改革的纵深发展和公共政策的有效执行。

（二）层层联系受阻，政策无法落实

在我国行政机关里，还存在这样一种现象：高层辛苦，即高层领导为制定、贯彻、执行公共政策而殚精竭虑，日理万机；中层梗阻，即中层干部在公共政策执行中却行政不作为或者敷衍了事，拖拉甚至因为地方或个人利益而拒不执行，导致公共政策执行受阻；基层人员在政策执行中出现官僚主义、形式主义，工作缺乏热情服务意识，甚至推诿，导致公共政策无法顺利有效地执行。

（三）政绩大过效益，升迁尤为重要

有些政策的执行者为了个人利益和升迁，在公共政策执行中，并没有按照上级部门的要求办事，而是利用手中的权力大搞"形象工程"，为个人升迁捞政绩，为"前程"铺平道路。这些行为既扭曲了政策制定者的愿意，又浪费了有限的政策资源，同时又未达到预期公共政策目标，大大影响了政策执行。

（四）下层阳奉阴违，致使政策失效

有些地方或部门，不是从国家的大局出发，而是为了地方或部门利益，在政

策执行过程中，以各种理由为借口，断章取义，不是系统有效地执行原有的政策，而是人为地"发展"、"创新"了既定的政策，致使公共政策失效，难以在各地统一贯彻执行。

（五）工作利益至上，实践变形走样

这种情况与各种利益无关，政策执行者也不缺乏工作激情，他们工作认真、积极主动、服从上级领导，也有大局意识。但是由于自身的文化水平、政治、业务素质、能力问题，执行过程中对政策的精神实质吃不透、领不会、拿不准，而导致"变形"、"走样"等问题。这种人"全心全意为人民服务"，但往往却事与愿违。

二、公民的弊病

第一，从深层次看目前我国的公众缺乏"公民资格"，许多公众缺乏"公民资格"意识，"公民资格"即特定社区中公民权利与义务界定的地位与角色。公民资格意识的缺乏表现为公民对自己享有什么样的权利和义务认识不清，进而导致疏忽或者放弃公民的义务和权利，造成公民参与政策执行的可能性大大降低。

第二，公众参与政策执行的技能和资源缺乏。公众要参与政策执行中首先需要掌握信息资源，信息是公众参与公共政策的前提。我国目前的公共政策信息是由政府向社会发布，政策执行过程中的公众参与大多是政策执行后才来采取公众参与，这样就造成公众参与公共政策缺乏信息资源，导致只有少数人参与公共政策执行。同时，公众要参与公共政策需要掌握一定的参与技能，这样才能对政策执行后的结果进行评估，提出既能符合实际、又能保障公共政策顺利实施的建议。而我国现实的情况是公众对政策信息缺乏了解，对政治系统的运作成本等各方面知识欠缺，缺乏政策技能，因而难以提出保障公众利益的政策主张，使公共政策的预期政策目标难以达到。

第三，公众参与公共政策执行在制度上存在短时间难以克服的难题。我国政策执行属于直线网络系统，政策的执行必须按照一定的规则来，下级必须严格执行上级所做决策，维护上级政策的严肃性和权威性，有意见需要按照正规的渠道和方式进行反映，而且必须按上级规定的时间和方式进行执行，在实际中这是政策执行的最高准则。在我国经济转轨过程中，已逐渐形成了政府部门职能化、部门职能权利化、权力部门利益化、利益部门私有化的格局。这样的利益机制导致各部门演化成相对独立的利益主体，政策执行过程中很多部门都是先从本部门的

利益出发,借助手中的权力,追求自身利益,罔顾公共利益。造成政策执行与政策目标发生了偏差,上有政策、下有对策,断章取义,对自己有利就执行,无利就不执行,严重损害了公众利益。

总而言之,政治民主化和公民社会化过程是与时俱进、不断发展的,公民意识亦在培养中,我国现在虽有诸多弊端,但已经发现问题,阐释分析利于有的放矢地解决问题。

第三节　国家机构参与我国公共政策执行的途径

本节在公共政策过程这一理论框架下,重点以我国检察机关、人民政协在公共政策过程的多种重要阶段环节中所开展的活动为切入点,阐述我国国家机构参与我国公共政策执行的途径。

一、检察机关参与途径

(一) 一般途径

检察政策过程本身就是一个公共政策过程,可归属公共政策过程的范畴,检察活动过程又可归入公共管理活动过程的范畴之中。在广义上公共管理活动过程既包含公共政策过程又包含检察活动过程,公共政策过程和检察活动过程又存在共同的交集检察政策过程及互不相同的其他内容的情形。从广义的角度来对检察机关检察活动过程进行界定,检察机关的检察活动过程较为完整地呈现了检察机关参与公共政策实施的途径。在检察活动中,从检察管理的角度来看,检察政策创制后面临着具体实施的问题,这样才能实现检察政策目标。在检察机关的业务管理、检察决策、检察队伍管理以及检务保障等活动的实施过程中,虽然较多环节呈现在内部管理中,但无疑各类检察活动的开展均需要依据宪法、法律的规定进行,要依照相应检察政策来实施。而检察政策过程是可以直接归属公共政策过程的,其从本质上来说就是一个公共政策过程,所以从某种程度上来看,我国检察机关在检察活动过程中充分体现出了参与公共政策实施的属性特征。我国检察机关积极参与实施的公共政策包括检察政策及其他公共政策主体制定的诸多公共政策。检察机关还对公共政策主体参与公共政策实施的过程展开广义上的法律监督、对公共政策实施中的动态运行进行评估、监控与规范指引。也就是说检察政策过程和检察活动过程均可反作用于公共政策过程和公共管理活动过程，对其进行法律监督。其中涉及对广义公共政策（包括检察政策及其他公共政策）的实施和广义公共政策主体（其中涉及相关广义上的组织及个人，如上所述此处包含检察机关及其工作人员）的行为起到的相应规制作用的情况，反映出检察机关参与公共政策实施的其他特定途径，这也从侧面反映出检察机关参与公共政策实施的现实可行性。

有时一些司法机关、行政机关、国家权力机关在公共政策的实施过程中往往需要检察机关的协作配合，此时检察机关积极配合的过程也可以说是其与其他组织联合实施公共政策的过程。我国广义检察权主要有检察侦查权、批准和决定逮捕权、诉讼监督权、公诉权等检察权及体现在检察机关履行法律监督职能过程中的检察建议权、司法解释权及其他一些新的检察权形式。这些广义检察权行使的过程及其所实施的诉讼监督等法律监督活动的开展也是我国检察机关参与实施公共政策的体现。当然，检察机关对其他组织（广义）及人员实施公共政策的监督的本身也即为实施了相应的公共政策。

（二）检察职能对公共政策实施的影响

在实践中，我们应对我国检察机关作为法律监督机关的法律监督职能属性有着清楚的认识。这与其他一些监督是存在本质区别的，如一些具有行政权性质的监督与检察机关的法律监督不能混同。我国检察机关的法律监督具有特定性，其权力本源出自国家权力机关的直接权力分配，有别于一般意义上的监督。同时，我们也注意到我国检察机关的检察权并非严格意义上的一般监督性质的检察权，但这不影响检察机关对公共政策的实施依法履行法律监督职能并通过加强内部监督制约，自觉接受外部监督制约来提升其自身履行法律监督职能的司法公信力。

广大人民群众大都希望检察机关在检察活动中能够全面履行法律监督职能，惩治犯罪确保司法公正，及时对一些侵害人民群众利益的行政执法行为进行纠正，更希望在一些具体的个案中检察机关能够加强诉讼监督力度，确保个案公正。在具体的公共政策的实施过程中，检察机关作为国家的法律监督机关在我国法治国家建设及现阶段司法改革的大背景下，理应充分发挥检察职能，强化对司法权的监督与制约，明确检察职能的内涵与外延，优化职权配置，注重检察职能的合法合理、有限度的延伸。在检察机关诉讼监督职能的履行过程中，对于公共政策的实施影响较大。其中，检察机关尤其要结合自身检察职能的特点，开展对立案及侦查的监督。检察机关应进一步完善立案监督程序增加可操作性，对侦查机关在立案中存在的问题应及时依法履行立案监督。对于在侦查监督中，检察机关注重对侦查的引导，并强化纠正违法行为的力度。依据司法实践的现状，当前对于诉讼中的涉案款物检察机关应施行动态的监督。

审判活动的监督与检察机关公诉职能的联系较为紧密，但现在一些学者主张检察职权（或职能）二元论的观点，认为应将公诉职能从法律监督职能中分离出来，另外设置专门的监督机构来进行监督，履行法律监督职能。二元论的观点有其理论依据但也将面临公诉职能中国家追诉权履行的过程中基于二元论观点设置的监督机构的监督效能的综合评价问题。但无论是一元论还是二元论的观点，具体负责对审判活动监督的主体在整体上看仍然是检察机关，在对审判活动进行监督时，应重点积极参与量刑建议活动的开展和改革活动，规范量刑裁量权，约束司法自由裁量权，确保相关法律及措施的正确实施。在司法实践中，检察机关公诉裁量权对公共政策的实施也是能产生较大影响的，检察机关在对其他机关进行法律监督的同时，亦应注重对自身的内部监督与制约。除了在注重使用纠正违法通知（诉讼监督）的方式外，检察机关还应注意到检察建议、检察意见及其他建议类法律文书等的使用对公共政策实施所可能产生的良性影响。

（三）检察机关内外部监督制约与公共政策实施

从公共政策过程的角度来看，检察机关内外部监督制约涉及检察机关对自身参与公共政策过程的内部监督制约及其他监督主体对检察机关的外部监督制约。这里不仅体现出检察机关对监督制约所需机制体制的创制，即检察政策（公共政策）的创制，检察机关内外部监督制约往往更为强调在公共政策（包括检察政策）创制好后的实际实施效果，体现在公共政策实施中的评估、监控等活动过程，而检察政策（公共政策）的终结也需要依公共政策具体实施的情况而定。

检察机关的内部监督制约机制常见的主要有基于检察一体化的上级检察机关对下级检察机关的监督制约，以及在检察机关内部的各部门之间的监督制约。此外，在检察机关内部，纪检监察部门的纪律监督及检察机关检务督察活动的开展对检察活动的监督制约也属于检察机关的内部监督制约。在我国，检察机关的外部监督制约机制主要有党、人民群众、人民代表大会对检察机关的监督制约，以及人民法院、公安机关与检察机关分工合作、互相配合、互相制约中对检察机关的监督制约。此外，有学者指出诉讼当事人应划为一类检察机关的监督制约主体范围而予以充分重视。显然，无论对检察机关的内部监督还是外部监督，都可能会对检察机关在实施公共政策（包括检察政策）的过程中产生影响。比如，我国检察机关外部监督中人民监督员制度的创建体现了权力制衡的理念，人民群众可以通过人民监督员来实现对检察机关检察活动的监督制约。在实践中，人民监督员可对检察机关在办理一定范围案件中实施公共政策（检察政策）的过程进行监督制约，人民监督员制度显然有可能使检察机关最大限度地杜绝司法腐败、司法不公现象的产生。

二、人民政协参与途径

全国政协和地方各级政协牢牢把握团结和民主两大主题，围绕国家和地方的大政方针，涉及政治、经济、文化和社会生活中的重要问题，人民群众普遍关心的热点问题，通过召开政协全体会议、常委会议、主席会议、专门委员会会议、专题协商会议、界别联组会议和提出政协提案、建议案，以及开展视察、考察、调研等活动，积极履行政治协商、民主监督、参政议政职能，充分发挥人民政协协商民主功能，参与国家和地方一系列公共政策的制定、执行、监控，在提升公共政策科学化、民主化水平，促进经济平稳较快发展和社会和谐稳定等方面发挥了重要的作用。

一般而言，政策执行大致包括政策宣传、制定计划、组织落实及政策实验、实施和协调等几个步骤。在此以政策宣传、政策协调两个环节来探讨人民政协参与公共政策的执行。

一是参与公共政策宣传。政策宣传就是通过政府部门或大众传媒把有关政策的目标、目的和内容用公共所能理解的语言传达给各种社会主体，促进执行者、执行对象及一般社会公众对政策内容和意义的理解和认同，从而自觉自愿地执行政策、接受政策和支持政策的活动。对于政策执行者来说，只有充分理解和准确把握政策的目标、意义、内容和精神实质，才能积极主动、及时准确地执行政策，避免政策在执行中扭曲走样；对于政策对象（政策执行的目标群体或利益相关群体）来说，只有充分认识到一项政策与自己切身利益的关系，认识到政策是在维护公共利益，才能在心理上产生认同并理解政策，进而采取政策顺从行为，更加自觉地维护与支持公共政策。人民政协利用联系广泛的优势，对公共政策进行宣传，能够起到其他宣传方式无法替代的作用。

二是参与公共政策协调。政策协调是指在政策执行中采取适当方法，调整各种政策要素的分配、比例、组合，调节各种政策执行行为，以解决或消除各种矛盾与冲突，引导各政策执行主体之间或者各政策对象之间互相配合，和谐一致地实现政策目标的一系列行为。由于执行主体之间职能交叉或职能重合，客观上造成多头管理、争权夺利或推诿扯皮，导致政策执行效能低下，协调性被严重破坏。因此，任何公共政策的执行过程都不可缺少协调环节。在公共政策执行过程中，人民政协协商民主的协调功能不容忽视，它有利于促进公共部门之间团结和谐，减少和避免资源内耗，避免工作脱节或者重复，还可以发挥集体智慧，群策群力，提高工作质量，促进公共政策高效执行。

第四节 公民参与我国公共政策执行的困境与对策

一、多重困境

我国公众参与公共政策执行存在着多重困境。这些困境的产生不仅是因为监管不力，还存在更深层次的原因，这些原因使中国的公众参与公共政策陷入僵局，并非一朝一夕能解决。

（一）政治困境

公民参与公共政策的目的就是要通过参与为自己带来一定的利益，他们关注公共政策，试图最大限度地参与到与自身利益相关的公共政策当中。但是，中国目前的现实是参与制度不完善，制度参与渠道堵塞，导致很多公众想方设法从非制度途径来获得参与的机会。由于正式制度的作用的发挥失灵，我国公众偏向从非制度化的渠道参与公共政策，这种情况在现今的社会生活中普遍存在。

（二）管理困境

从管理角度来讲，公众参与公共政策执行存在两方面的问题，一是社会非政府组织的薄弱，二是决策体制的不科学。

公众参与公共政策的方式可以分为个体参与和组织参与，个体参与是说公民可以根据自己所掌握的政治知识、政治技能以及自己的个人偏好自由地选择参与的形式，如讨论政治、公民个别接触等方式直接的表达和反映自身利益要求，但由于知识、信息、能力等方面的限制，个人的力量在强大的政府组织是微弱的，个人影响往往微不足道，个人的意见和行动常会受到来自组织强大的压力，公众要实现较高水平的参与需要付出高昂的社会成本。在这种情况下，个体化的公众参与在功能的发挥上是软弱无力的；反之，如果公民能够将个人力量整合起来，运过组织化的方式参与公共政策就可以扩大公民在政府决策中的影响力，使公众的声音被政府重视，从而增强公众参与公共政策的效能感，增强公民参与的兴趣。有组织的公众参与相对于个人参与是更为现实和合理的，它能够在公众参与的过度分散与参与不足之间求得适度平衡。特别是在中国社会的转轨时期，寻求社会组织团体的保护具有更高的实现自己的利益的可能性，公众由个体参与向组织参与转变也逐渐成为解决社会发展过程中出现的社会问题的最好选择，这种以组织化的方式参与公共政策的重要载体就是社会自治组织。

目前，虽然我国的社会自治组织有一定的数量，并也能够通过各种手段和渠道来积极地介入政治生活中，但总体来讲，我国的公民社会尚不成熟，社会自治组织在规模和功能的发挥上还有很多不足，主要表现在以下两个方面：一是社会自治组织数量少而且不规范，远不能满足当今中国社会由于社会阶层分化所带来的多元利益主体参与公共政策的要求。虽然在新的利益分配形势下我国已经形成了各种形式的自治组织，如协会、学会、联合会、研究会、基金会，商会等，但是这些自治组织仍不能覆盖社会所有的阶层，如城市中的农民工、服务于外企的管理技术人员等还得不到相应组织对其利益的保护。并且即使这些组织已经成立并运作，但是这些自治组织在与政府的沟通、交流方面还没有达到规范化、制度化的程度，并不能完全充分地反映群众的医院的意愿。二是我国社会自治组织参与公共政策的能力尚弱。在西方发达国家，社会团体影响公共决策方面并有效地发挥着重要的功能历史悠久，但是我国的社会自治组织由于在经济上的非独立性和功能上的非自主性，其在公共政策执行过程中的作用尚未完全得以发挥。从目前的情况来看，我国存在的社会自治组织大多是与政府有着密切联系的，甚至很多都是在政府的扶植下建立起来的，如工会，妇联、共青团等，这些自治组织一定程度上就是政府建立的制度性表达渠道。这些自治组织的经费主要来源于政府拨款，其功能也主要以宣传政府的政策为主。尤其是在传统政治文化的影响下，这些组织只是在维护国家既定方针政策的基础上向政府提出建议，根本不可能像西方的社会团体那样真正影响政府去做某事。我国的社会自治组织明显具有官方色彩，在公共政策过程中显然缺乏自主性，受政府影响严重，不能独立地发挥作用，这就使公共组织化参与公共政策只具有形式上的意义而缺乏实际效能。

在公共管理方面，公众参与公共政策执行的困境还在于我国这种自上而下的不科学决策体制。一个能够达到政策预期的政策执行首先必须要有一个科学合理的决策，在公共政策执行的过程中也涉及很多层级的决策，正是这些决策形成了公共政策的执行过程。而决策体制的科学与否决定了政策执行的效果。这里所说的决策体制就是决策权力在决策系统内部的结构和功能的配置，它决定公共政策的运行方式。它实质上就是一种权力运行过程，在不同的层面上，决策体现着不同的权力归属和程序结构。目前，我国实行的是自上而下的决策体制，这种体制的最大特征就是决策权的过分集中，绝对权力容易导致绝对腐败，决策权的过分集中必然导致决策中的官僚主义，决策者违背决策程序，盲目地进行决策，主观主义泛滥，决策前缺乏缜密的调查研究和分析论证，决策时完全凭借自己的经验和感受，个人独断专行决策，决策者随意滥用决策权，大劳民伤财的"政绩工程"、"形象工程"的现象时有发生，这样高度集权的决策体制具有根本的弊端，它是造成决策中官僚主义现象的根源。在社会转型期，公共政策执行中的决策呈现艰巨性和复杂性，传统的决策体制也很难适应新形势、新任务提出的新要求，阻碍了公众参与公共政策执行。

（三）经济困境

经济基础决定上层建筑，没有一定的经济基础，不仅不可能实现经济上的腾飞，也不可能有高度的政治民主。亨廷顿等西方政治学家曾就经济发展与政治参与程度做出的分析，提出："社会经济发展促进政治参与的扩大，造成参与基础的多样化，并导致自动参与代替动员参与。"[①] "高水平的政治参与总是与更高水平的发展相伴随，而且社会和经济发达的社会，也趋向于赋予政治参与更高的价值。"[②] 经济的发展和民主发展是互相联系的，经济的发展水平制约公共政策参与的发展。经济发展一般和公众参与呈正相关的关系，经济发展水平越高，公众参与公共政策执行的热情就越高。这主要是因为：第一，经济发展为公众参与提供了机会和基本的物质条件。"经济增长虽然只是民主化的因素之一，但显然是举足轻重的一部分……国家如果能够提高公民生活水平和教育程度，便为民主结构打下了基础，使争取民主的努力制度化和合法化的可能性增加"。[③] 第二，经济的发展提供了公众参与需要的最基本的交通、通信等基础设施和公众参与需要的基

---

① [美]缪尔·P·亨廷顿.变化社会中的政治秩序[M].王冠华，刘为，译.北京：生活·读书·新知三联书店，1989：69.
② [美]缪尔·P·亨廷顿，琼·纳尔逊.难以抉择——发展中国家的政治参与[M].王晓寿，吴志华，译.北京：华夏出版社.1989：171.
③ [美]摩·马丁·利普赛特.对民主政治的社会条件的比较分析——民主的再思考[M].北京：社会科学文献出版社，2000：100.

本的文化水平，同时经济的发展也刺激了多元化的利益发展，使公众越来越感觉到争取自身利益的重要性，促使公众更加愿意参与到公共政策的各个环节中去。但是这种参与比起社会发展的程度还是不够的，虽然公民的经济条件和教育条件比起改革开放前有所好转但还是存在很多问题，经济发展不够充分，存在城乡差距大、东中西部地区差异大等特点。经济发展中还存在很多问题由此也制约了公众参与公共政策过程。美国政治社会学家安东尼·奥罗姆指出："处于较高社会经济地位的人参与政治的比例要比处于较低社会经济地位的人们高些，这种差别确实可以反映出那些处于较低社会地位的成员在各方面的不利条件，诸如仅享有较低级别的信息和较少的闲暇时间。"①

"社会经济地位（SES）和政治参与之间存在着相当明确的关联。就是说，一个人在社会分层等级中折合为SES的地位越高，他的政治参与比率越高。因为这个SES反映了一个人的职业地位，受教育的水平和家庭收入的数量，而这三者又无不折射着经济地位对政治参与的影响。"②

实际上，我国的经济发展和教育的发展都还存在较大的问题，比起发达国家还存在很大差距，在今后很长的一段时期内还需要努力。公众参与主体平均水平不高，政治参与的认知能力和行为能力偏差多少是由于经济不平等造成的，经济不平等造成的公众参与的不平等在很长一段时期内还将继续存在。

（四）法律困境

公众参与公共政策执行需要遵循法律的程序进行，只有依照法律法规的程序进行，才能在保障政治系统的稳定性的同时达到解决政策问题的效果，公众参与公共政策需要法律对其进行约束和规范。然而，我国目前的公众参与的相关法律建设进程缓慢，使公民参与公共政策缺乏法律依据和法律保障。公众参与公共政策执行的法制化水平较低。主要体现在：第一，公众参与公共政策法律依据缺乏，在公众参与的现行法律制度下仍然存在很多漏洞，很多参与的内容、途径、方式等并没有明确的规定；第二，公众参与公共政策流于形式，并没有真正地落实到实践中，政策执行者往往只重视结果而忽视了执行过程中程序的合法性；第三，政策执行主体法律素养低下，执行者往往还是按照"人治"时期的思想来执

---

① ［美］东尼·奥罗姆.政治社会学——主体政治的社会分析[M].张华青，孙嘉明，译.上海：上海人民出版社，1989：290-291.

② 蔡双根，张光辉."三个代表"与社会主义政治文明的内在逻辑学理分析[J].苏南科技开发，2006（3）:47.

行政策，执法犯法，掌握决策权的政府官员，不懂法或者是即使懂也始终认为法律是用来约束老百姓的，法治是用来治理别人的，法律对他们来讲形同虚设。

（五）心理困境

公众参与的文化是一种公民社会需要的文化，涉及的就是人们的政治心理，长期的政治心理的积淀形成政治文化，政治文化的形成是长时间政治行为的心理反映。公民参与需要的是一种具有主人翁意识的政治文化，公众参与的心理是具有责任意识、角色意识的，但我国传统行政文化体现出的政治文化是消极被动的，在公众的心理上造就的是服从和攀附权贵的心理，强调"官"的权威，认为公共政策只能接受和服从。这种消极的政治文化不利于中国公众参与公共政策的发展。作为政策的执行者往往也缺乏尊重公众的心理，很多时候认为自己是权力的代表，公众在政策执行中就只应该扮演服从者的角色，很少征求公众意见。这种传统的官本位的政治文化在执行过程中的显现使公众和政府之间出现裂痕，同时使公众将参与政策变成是实现其它目标的手段，违背了原本参与公共政策的初衷。"多数公民都没有意识到参与公共政策过程的重要性，有相当一部分公民参与意识偏低，只是为了保护自己的利益而进行一些问题性参与，且处于自发状态。动员型参与仍是一种较为普遍的现象，多数公民还没能把参与作为一种目标来追求或者至少是当作目标之一来追求，而是把参与当作实现其他目标的手段。"[①]

二、解决对策

所谓"兵来将挡水来土掩"，解决问题的前提是发现问题。现如今，问题已然初露端倪，只需端正态度，积极应对，选择行之有效的政策，问题便可迎刃而解。

（一）加快政治体系民主化

在现代民主制国家，公民参与公共政策执行过程需要靠一整套健全的制度来实现。民主化重要的一点就是需要有公众不同程度的参与政府政策，充分表达自己的意愿。民主化的实现需要制度的支撑，制度化是实现公众参与常规化的必然途径，公众参与需要制度化来规定公众参与的组合程序等各种问题，以保证公众参与的长期性和有效性。从制度层面建立相应的对策才能真正保障公众有效参与公共政策执行。

---

① 汪潇.我国公共政策过程中的公民参与的限制因素与突破策略[D].长沙：湖南大学政治与公共管理学院，2006.

1. 优化权力分配

我国目前的政府组织体系是各级政府以及构成各级政府的职能机构。实践中公共政策执行过程中政府的组织体系有时候会成为公共政策执行失败的主要原因，政府组织体系存在着职权配置不合理的问题。解决这一问题应该从以下方面做起：首先，要定位好各级政府的职能，改变政府什么都管的"大家长"管理模式，将政府职能设定为"掌舵"，适当地放权给下级，并尝试新途径将更多的权力授予非政府组织，减少政府负担，同时培养"公民社会"。其次，应该理顺政府和企业的关系，涉及企业的部分应该由市场机制来调节，国家实行必要的宏观调控，主要职责是给企业建立一个有序、法制的环境以促进经济发展，加快国有大中型企业的改革，让其参与到市场经济当中，实行以市场机制为主，政府调节为辅的机制。最后，应该调节中央和地方的关系，地方服从中央，在某些涉及国家利益的领域由中央接管，地方做好相应的地方事务，明确二者的职责，既保障中央的主体地位又不剥夺地方的自主权。科学的职责划分能够保证组织机构运行的效率，防止职能不清、多头领导、互相扯皮现象的发生，从而保证公众有效地参与公共政策执行中。

2. 要加快制度化建设

在我国，公民参与公共政策主要是通过制度来完成的，目前的制度包括人民代表大会制度、政治协商制度，目前这两个制度的运行状况还存在很多漏洞，同时在实践中也暴露出我国公众参与的具体制度不够完善的事实，严重影响了公众参与公共政策的积极性。随着政治民主化进程的加快，需要一系列具体的制度来保障公众参与公共政策过程。完善选举制度、健全政党制度、发展听证制度和建立信息公开制度。选举权是我国公民的重要政治权力，是公众表达自己意愿的重要制度，通过选举代表自身利益的代表来参与国家和社会的管理。完善选举制度要求加强选举的透明性和公开性，保证公众的候选人的提名权，使公众在选举过程中了解所有代表的基本情况，选出德才兼备且能够代表自己意愿的代表。在这个过程中，可以通过建立人大代表接待日制度、人大代表热线、职工代表大会和工会制度等来保证选民与代表的沟通。健全政党制度要求是在中国共产党的领导下共同管理国家和社会事务，使得社会各界人士通过民主协商参与公共政策中，以保证公共政策真正代表公共利益。健全政党制度的重点在于真正发挥民主党派的作用，从法律上保障民主党派的参政议政权，将这个权力落到实处。

发展听证制度一方面可以使公众充分发表自己的意见和建议，另一方面政府可以从中获得公共政策执行的最新信息,保证公共政策的顺利实施。发展听证制度重点在于要明确公众参加听证的范围、组织者、程序等实践性的问题的界定,以法律法规的形式确定相关问题,保持听证制度的严肃性和合法性。此外,还应该建立信息公开的制度。

(二)提高管理技巧

公众参与公共政策执行在公共管理领域的困境在于我国现行的自上而下的决策体制和我国公民力量弱小,从管理上必须要从这优化公民参与的途径和借助非政府组织力量的方向来克服它们带来的消极影响。

1.优化公民参与的途径

我国现行的组织体系是自上而下,理论上下级有建议权。但是,在实际运作中下级基本都是奉命行事,把公众参与排除在外,为了解决这个问题,应该优化公众参与公共政策的途径,使公众有机会进入执行过程,起到参与监督的作用。在公共政策执行过程中,不同情况下,针对不同的公共政策问题的执行,应该考虑选择不同的途径,以保证达到公众参与政策执行的效率要求。比如,公民通过网络参与公共政策执行、举行听证会或者公民咨询会等正式的方式来化解矛盾等。

2.发展非政府组织

公众参与公共政策时希望自己的意见被重视,但是现实中个人向政府相关部门反映问题时往往被相关部门忽视,这时就需要借助组织的力量。社团作为一个有正式结构组织比起个人来讲拥有一定的政治资源,这时团体的力量通常大于个人的力量,影响力度也更大。非政府组织一定程度上充当政府和公众的中介的角色,他们替政府进行相关民意调查,汇集公众关于公共政策的信息反馈给政府,也可以就某个问题向政府提交政策建议、意见,担任政府决策部门的顾问等等。因此,促进非政府组织的发展,可以保证公众参与公共政策的效力。同时,在现实生活中,公众利用组织来反映自己的利益诉求更有影响力,避免了个人在政府面前的相对弱势。依赖一定的组织来将利益诉求告诉管理者是公众表达意见的较好的方式。因此,促进非政府的发展,使其发挥代表和反映公众要求的作用,并把要求提供和反馈给政策主体,促成政策的顺利实施在现实中具有无可取代的效果。总体来说,非政府组织可以说是公众和政府之间架起的一座既实现政策民主、又提高政策效率的桥梁。

(三)完善相关法律

公民参与公共政策的执行要求是在法制化的基础上进行,非法的参与会影响政治系统的稳定性，破坏社会秩序，法制化基础上的公众参与要求公众在参与公共政策时严格按照法律的规定进行。在法律的制度框架下进行公众参与，加快公众参与公共政策的法制化进程，使公众参与在尊重宪法和法律的前提下进行，建立健全公民参与的相关法律，这对于加快我国政治民主化进程具有重要意义，在公众参与公共政策执行过程中，应让公众有法可依，让执行者有法必依，让违法者承担相应的后果，以实现公众参与公共政策的制度化和法制化。

1. 重视法治宣传

法律是为人所设置的法律，人在法律框架下进行活动才能使社会井然有序地发展，违背法律精神往往会导致社会的失控。在公共政策执行的体系中不管是行政人员还是普通公民都要具有法律知识和法律素质，懂得法律的原则和精神，通过普法教育可以提高公民的法律知识和素质。普法也是提高公民法律知识和素质有效途径，没有必要的法律知识，就有效合法地参与公共政策执行，因此加大全国范围内的普法力度是十分必要的。尤其是在公共政策执行过程中，参与的公民需要具备一定的法律素质，执行人员更应该具备较高的法律意识，自觉做到依法办事。

2. 加快相关立法进程

公众参与公共政策执行需要遵照宪法和法律的规定，实现公众参与的法制化才能保证公众参与公共政策执行长期有效地进行。实现公民参与的法制化，首要的任务就是建立完备的法律规范体系，保证所有公民在参与过程中有法可依。加快相关立法进程，完善公民参与公共政策的法律法规，建立公众参与的法律体系，这种法律体系要保护公民的民主权利能够正当行使，还要依法对违背法律、法规意旨的行为进行惩处，维护法律的权威性和严肃性。

（四）营造参与型政治文化

在公众参与公共政策执行的过程中，会形成一种对政治的态度与心理，这些态度或者心理指引着公众的参与行为，这种关于政治的思想、心理和道德习惯规范等的总和就是政治文化。这里所说的参与型的政治文化说的就是公众通过参与和影响公共政策的制定和执行等各个公共政策的环节所形成的政治文化。民主社会中需要的是公民具有积极主动参与公共政策的心态，要求具有主人翁意识和公民意识。公共政策执行作为公共政策的重要环节，要求具有参与型的政治文化，要求公众参与公共政策执行过程，通过有效方式积极参与公共政策执行过程中，以自己独特的方式影响公共政策执行活动。"在政策执行过程中，人们通过参加社会事务和国家事务的管理,并通过参与基层组织的活动,可以为政府管理不断注入新的活力,有利于政府政策的顺利贯彻","提高对国家的责任感和政治体制的宽容精神","在参与过程中感受到自己的人格和价值,提高自己的权利义务意识,增强政治责任感"。①

1. 培养公民意识

我国长期以来实行的是人治的政治制度,虽然现今这种旧的政治制度已经瓦解,但是它留下来的影响是深远的,这种传统文化中的臣民意识现今仍然滞留在人们的思想领域中,对当今社会的公众产生了一定影响。这种意识与现代民主政治所需要的公民精神相差甚远,造成我国公民意识缺乏,严重阻碍了公众参与公共政策执行的积极性。这种心态表现在公众参与公共政策中就是随大流、走形式,公众消极参与或者非制度参与,在公众参与公共政策执行的过程中需要具有公民意识的公民,因此提高全民的政治参与素质,构建良好的公民文化,彻底摆脱臣民文化,成为一个现实而紧迫的问题。通过公民教育培养具有公民意识的公众,加强公民的法律教育、平等公平教育和民主意识的教育,让公民有能力参与国家和社会的管理,行使自己的参政议政权,从而在每次参与公共政策的实践中积累经验,培养公民"政治人"的人格特征,使公民的政治参与在现有体制框架内进行,真正由政治冷漠的旁观者转变为积极参与者。

2. 普及政治参与文化

我国过去实行的是自然经济,自然经济具有自给自足的特性,这种经济形式具有封闭性,它使社会成员长期与外界隔离,严重影响了我国公民对政治系统的认知。这种封闭式的经济制度也造就了中国人封闭自守、依附心理极强的政治文化。社会成员常常以置身事外的态度来认识和理解政治现象,形成消极的政治态度。进入现代社会,改革开放使我国的市场经济开始取代自然经济,再加上传媒和网络的出现开阔了我国公民的视野,为公民参与公共政策提供了相应的文化支持和技术支持。公众可以通过网络、电视等媒介获取相应的政治知识和政治信息,为公众进行有效的政治参与提供条件。同时它们向公众传播某种政治观念、政治态度和政治情感,强化了社会成员之间的认同感,从而推动社会和政治一体化,同时也引导政治文化的发展方向。特别是今天信息技术的发展让人们可以利用互联网来参与公共政策,中国网民的力量在数量和质量上都在扩大,它具有的

---

① 杜刚建.公民参与在重塑政府中的作用[J].新东方,1999(1):65.

便捷性和互动性的特点使其克服了成本、信息、距离等诸多方面的限制，为公众提供了新的民意环境和表达渠道，加强了公众之间的互动，也使政府和公众之间的互动交流变得更直接和频繁。参与型政治文化的形成不单单需要在一个方面努力，因为一种文化的形成是跟当时的社会的政治、经济等各方面因素有关的，它的形成需要漫长的政治和经济转变的积淀。

总之，公众参与公共政策过程是社会民主发展过程中的重要组成部分。我国要建立民主化的社会，就必须在公共管理的各个领域加强民主化建设。公共政策作为公共管理的主要手段，在这个过程中必须实现民主化。本节主要对公众参与公共政策执行进行了研究，分析了公众参与公共政策执行的理论基础，总结了公众参与公共政策执行过程中所取得的成绩和面临的问题，建设性地提出了公众参与公共政策执行的政治、管理、经济、心理、法律的困境并提出建立议政机制、回应机制、监督机制和沟通机制来保证公众有效参与公共政策执行。最后结合现实，分别从政治、管理、经济、法律、心理领域提出了具体的对策。在此尤为强调，要解决公众参与的问题是一项长期而艰巨的工作，更多的是应结合我国的国情，探索出一条适合我国国情的道路，真正让公众参与国家和社会的管理。

第五章 公共政策评估的体系建设

第一节 公共政策评估的基本理论

一、政策评估的概念

学者们对于政策评估概念的界定见仁见智,归纳起来主要有以及下四种观点:

(1)政策评估的着眼点应是政策效果。

(2)政策评估主要是对政策方案的评估,属于政策评估中预测评估的范畴。

(3)政策评估是对政策全过程的评估,不仅包括对政策方案的评估,还强调对政策执行以及政策结果的评估。

(4)政策评估就是发现误差,修正误差。这些定义各有千秋,但后面三种定义的不足之处较为明显。我们倾向于第一种观点,将主要政策评估看作对政策结果的评估。

因此,可以给政策评估下这样的定义:政策评估是依据一定的标准和程序,对政策的效益、效率及价值进行判断的一种政治行为,其目的在于取得有关这些方面的信息,作为决定政策变化、政策改进和制定新政策的依据。

二、政策评估的类型

从不同的角度,依据不同的标准,可将多样化的政策评估分为不同的种类。从评估组织活动形式上看,可分为正式评估和非正式评估;从评估机构的地位看,可分为内部评估和外部评估;从政策评估在政策过程中所处的阶段看,可分为事前评估、执行评估和事后评估。

（一）正式评估和非正式评估

从评估组织活动形式上看，政策评估可分为正式评估和非正式评估。非正式评估指对评估者、评估形式、评估内容没有严格规定，对评估的最后结论也不作严格的要求，人们根据自己掌握的情况对政策作出评鉴的评估。正式评估指事先制定完整的评估方案，并严格按规定的程序和内容执行，并由确定的评估者进行的评估。它在政策评估中占据主导地位，其结论是政府部门考察政策的主要依据。

（二）内部评估和外部评估

从评估机构的地位看，政策评估可分为内部评估和外部评估。内部评估是由行政机构内部的评估者所完成的评估。它可分为由操作人员自己实施的评估和由专职评估人员实施的评估。外部评估是由行政机构外的评估者所完成的评估。它可以是由行政机构委托营利性或非营利性的研究机构、学术团体、专业性的咨询公司，以及大专院校进行的，也可以是由投资或立法机构组织的或由报纸、电视、民间团体等其他各种外部评估者自己组织的。内部评估和外部评估各有利弊，因此在实践中应把内、外评估进行结合，取长补短。

（三）事前评估、执行评估和事后评估

从政策评估在政策过程中所处的阶段看，政策评估又分为事前评估、执行评估和事后评估。事前评估是在政策执行之前进行的一种带有预测性质的评估。执行评估是对在执行过程中的政策实施情况的评估。事后评估是政策执行完成后对政策效果的评估，旨在鉴定人们执行的政策对所确认问题实际达到的解决和影响程度，辨识政策效果成因，以求通过优化政策运行机制的方式，强化和扩大政策效果的一种行为。它在政策执行完成后发生，是最主要的一种评估方式。

三、政策评估的标准

政策评估是一种紧紧围绕政策效果而展开的活动。为了了解一项政策的效果究竟是好是坏，是否实现了预期的目标，首先必须建立一套评估标准，即进行价值判断的尺度。而且这些标准是"所要分析问题的核心所在"，由此可见标准在评估中的重要地位。此外，较早说明评估标准也有助于日后避免出现选择个人偏好的方案的倾向。

一般而言，政策评估有以下五个标准：

①政策投入标准，目的在于了解政策过程中各类资源投入的数量和分配、使用状况；②政策效益标准：政策实现其既定目标的程度；③政策效率标准：政策效益与政策投入之间的比率；④公平标准：政策实施后所造成的资源、收益和成本在社会群体之间分配的公正程度；⑤政策回应度：特定政策满足相关社会团体的需求的程度。

四、政策评估的意义

长期以来，人们只顾无休止地制定、颁布这样或那样的政策，对政策的效果所知甚少、缺乏关心。政策评估对于改进政策制定系统，克服政策运行中的弊端和障碍，增强政策的活力和效益，提高政策水平具有重要作用，意义深远。概括地讲主要表现在以下几个方面。

（一）政策评估是检验政策的效果、效益和效率的基本途径

任何政策，如果投入在运行后，就再没有人去进行相关的评估反馈工作，那它的效果如何我们就不得而知。究竟有没有达到预期目标，产生预期效果，或产生了哪些非预期的连带的效果，都需要我们进行科学的评估工作。

（二）政策评估是决定政策去向的重要依据

政策的走向一般分为三种情况。

1. 政策继续

即通过科学的评估，发现该政策所指向的问题还未得到解决，其政策环境也没有发生大的变化。基于这种情况，还适宜用原来的政策继续指导这个问题的解决。

2. 政策调整

政策调整也称政策革新。如果一项政策在执行过程中遇到了新情况、新变化，原来的政策已明显不适应新的政策情况，那我们必须对原有政策进行调整或者革新。

3. 政策终结

即完全终止原来的政策。政策终结分为两种情况：一种是政策目标已经实现，原有政策的存在已经没有意义，完成了一个政策周期，自然终结；另一种情况是政策环境或问题本身发生了非常大的变化，原有政策已明显不能解决问题，这时就需要终结旧政策，代之以新的、更为有效的政策。由此可见，政策的继续、调整以及终结，都必须建立在科学、系统、全面的政策评估基础上。

（三）政策评估是合理配置资源的有效手段

政府的政策资源是有限的，那么政策资源要怎样配置才最为合理呢？这就体现出了评估的重要意义。只有通过政策评估，才能确认每项政策的价值，并决定投入各项政策资源的优先顺序和比例，以便有效推动政府各个方面的活动。

（四）政策评估是公共决策科学化、民主化的必由之路

实践证明，经验决策必须向科学决策转变，而政策评估正是使决策迈向科学化的必由之路。通过政策评估，可以与时俱进，随时抓住情况的变化，对政策做出继续、调整或终止的决定。因此，政策评估对公共决策的科学化、民主化是不可或缺的。

五、政策评估的八种模式

（一）目标达成模式

目标达成模式由两部分组成：一是目标达成评价，关注的是结果与政策目标是否一致；二是影响评价，关注的是结果是否由政策所造成。

1. 目标达成模式的步骤

应用目标达成模式要按三个步骤进行。

（1）明确政策目标，并将各目标按重要程度加以排序，再把它们转变成可以测量的客体。

（2）测定这些预定目标实际上可在多大程度上实现。

（3）弄清楚政策促使或阻碍目标实现的程度。

可见，该模式评估的主要任务是判断预定的政策目标是否已经实现，以及项目在多大程度上有利于目标的实现。

2. 目标达成模式的优点和缺陷

目标达成模式的优点：

（1）体现了民主。政策目标是地由人民代表在政治会议上所提出体现了政治过程中的民主。

（2）提供客观的评估标准。目标达成模式以目标来判断项目结果，可以避免评估者在评估项目的价值问题上持个人的主观标准。

（3）具有简单性。这个模式只包含两个主要问题：结果是否与目标一致；结果是否由政策（项目）所引起。

目标达成模式的缺陷：
（1）忽略了成本。
（2）在目标不清的情况下难以运用。
（3）没有考虑意料之外的结果。
（4）忽视了公共政策制定中隐秘议程的作用。
（5）忽视政策实施过程。

（二）附带效果模式

附带效果模式正好解决了目标达成模式的"困境"，即关注非预期的、预料之外的政策效果。附带效果是指目标范围之外的影响，与主要效果（政策制定者有意识地想要得到的主要实质性影响）相区别。

在人们的印象中，附带效果似乎带有贬义，但它并非总是有害的，也可能是有利的。附带效果可以是预期的，也可以是非预期的。一些政策分析家甚至认为大部分政策效果在决策作出时是非预期的。附带效果不管是否有利，都是综合评价政策活动的关键因素。因此，有关附带效果的信息对任何一个政府政策的综合性评价来说都是不容忽视的，未及时发现和解决将可能导致更复杂的问题的出现。

（三）综合模式

该模式认为，评估不应只局限在已得到的结果上，至少应包括执行，甚至包括计划。综合模式与目标达成模式的主要区别：目标达成模式关心的是预定的和实际的结果是否相符；综合模式除了关心结果外，也很关注政府的干预计划、决策和执行过程。

但是，综合模式也存在一些缺陷，如不重视成本等。此外，综合模式的12个单元的设计在实践中很难理解，也很难操作，因而在实际应用中受到了阻碍。

（四）职业化模式

职业化模式指职业人员根据自己的价值准则和执行的质量标准来评估其他人员的执行情况，主要是同行评议，如律师评估律师，教授评估教授，外科医生评估外科医生，等等。

同行评议特别着力于对评估对象做一个全面的质量判断，在一些技术性领域，政府官员把规划和讨论专业性的技术问题留给受过良好教育的专业人员去完成。实施同行评议首先要选定同行。这个同行应该是比被评估的同事具有更专业的知识的专家，并且他们是独立的，并没有实施这一领域的工作。其次，评估者与被评估者应相互作用,评估者应认真考虑被评估者的观点,而被评估者要提供相关的资料。

职业化模式主要应用于公共生活中的一些目标较复杂、技术难度较大的领域。

(五)无目标模式

无目标模式评估者的主要任务是全面观察政策实施,然后找出所有相关的效果。无目标模式对政策效果持广阔的视角,它能帮助评估者全面关注结果,尤其是一些可能被忽视的结果。

无目标模式与附带效果模式的主要区别是附带效果模式仍然是"基于目标"之上的,同时辅之以对各种附带效果的考察评估;而无目标模式则完全抛开政策的预定目标和其他事前标准,只分析研究结果,单纯判断结果的价值。

但是,无目标模式完全忽视了评估标准和预定目标,只依赖于决策者和权力使用者的公正判断,显然容易导致主观因素的介入,影响评估的客观公正性。

(六)利益相关者模式

利益相关者是指所有对政策的目标和执行感兴趣,并对其具有影响的团体和个人。它和顾客导向模式相似,而二者的主要区别是顾客导向模式关心的对象是受影响的一组利益群体,而利益相关者模式关心的是所有对象。应用利益相关者模式首先要找出卷入或对项目的出台、执行和结果感兴趣的主要团体和个人。

利益相关者是一个范围极广的概念。重要的利益相关者包括以下几类:

(1)目标群体。从计划/项目的结果中最终收益的那部分目标人群。

(2)直接受益者。

(3)直接管理者。

(4)资源提供者。

(5)外部提供支持的人或机构。

(6)受到结果影响或对其感兴趣的其他机构(私人实体机构、社会组织)。

(七)经济模式

同效果评估模式相反,经济模式最典型的特征是关注成本,可以分为生产率模式和效率模式。经济模式是在经济学方法被引入公共政策领域后迅速形成并广泛应用的一种模式。它克服了所有效果模式的共同缺陷:忽视成本,从而把成本即政策投入作为一个重要指标纳入评估范畴。经济模式在现代政策评估中因为数字的精确性而广受推崇。但是,必须注意,经济模式不是万能的,它对政策的社会影响、象征性的效果和软目标等无法用数字精确表达的项目的评估是无能为力的。此外，它忽视了民主社会政府干预的其他价值准则，如公正、公平、民主等。

（八）顾客导向模式

顾客导向模式将政策干预对象的目标、期望、关心甚至需要作为评估的组织原则和价值准则。顾客导向评估的核心是项目是否使顾客的关心、需求和期望得到满足。

什么是顾客导向？奥斯本和盖特勒在《改革政府》中指出："顾客导向的政府"向顾客提供选择，"把各种资源直接交到顾客手中，让他们选择服务的提供者，从而开始让顾客坐到驾驶的座位上"，并且"为顾客建立后果负责机制"。

可见，顾客导向评估正是基于这样一种观点：公共行政在市场领域为顾客提供物品与服务，顾客表明对服务供应的态度会导致服务交付的改进和顾客满意度的提高。

顾客导向模式的最大优点在于体现了民主和参与。通过参与评估，顾客可以对服务的供应者表达他们的需求和不满，这必然会在一定程度上影响服务供应者，并使之提供更加符合顾客需求的服务。这种模式也使评估更容易为政策制定者或服务提供者所使用，并使他们清楚地了解顾客的需求和不满，从而提高公共服务的水平。

顾客导向评估主要应用于公共物品和服务的提供领域，但是顾客的价值标准是以个人利益倾向为准的，顾客个人价值的多元化难于形成对政策总的看法。而且，顾客导向模式要获取顾客的看法和需求，这就需要花费很多时间。因此，顾客导向模式不能成为评估的唯一模式，而只能起补充作用。

第二节　我国公共政策评估的问题及对策

20世纪80年代后，政策科学才作为独立科学在我国出现。随着经济的发展，社会的进步，人们逐渐认识到政策科学对经济发展、社会进步的深远意义，政府和社会越来越重视政策的整个运行过程。其中，政策评估已经成为政策过程的一个必不可少的部分，我国的政策评估实践也有了一定的发展，取得了一些理论成果和实践经验。例如，国务院政策研究中心对我国实施十几年的医疗制度改革政策进行了一系列评估。我国的各级政府也在开展一些政策评估工作，也取得了一些成绩，但是并没有形成规范化的制度和体系，需要进一步革新求变。

一、存在问题

在我国现实的公共政策过程中，政策评估还没有成为一个正式阶段，很多政策在制定和实施之后，并没有经过正式的评估。在我国现行体制下，通常由中央政府制定战略性的宏观决策，省、市级政府根据国家的宏观政策制定具体政策和执行办法，县、乡级政府负责公共政策的具体落实。这种相对集权的政策体制所带来的政策信息沟通障碍，使政策评估变得异常困难。同时，我国的公共政策评估法律体系匮乏，评估标准存在失范，评估制度不健全，缺乏评估保障机制等问题，难以推进政策评估的规范化进程，难以提高政策评估质量，严重阻碍我国公共政策评估向前发展。具体表现为以下几个方面。

（一）公共政策评估的主体缺陷

1. 公共政策评估主体缺乏独立性

正如威尔逊所说，"如果研究是由那些执行政策的人主持或者由他们的朋友主持，那么结论是：对社会问题的所有政策干预都会产生预期的效果；如果研究是由那些对政策持怀疑态度的人主持时，那么结论就会是：对社会问题的政策干预不会产生预期的效果。"[①]

当前，我国公共政策评估主体的评估能力、评估作用参差不齐，其评估结论的应用范围也各不相同。这可能与我国各评估主体自身发展状况、隶属性质、管理机构、参与渠道、资金来源等问题密切相关。另外，我国缺乏专门的评估组织，这就很难对公共政策保持科学客观的立场、态度，反而增添了许多不稳定因素和主观色彩。政府自己进行的公共政策评估或者不具有独立性，受制于政府的评估主体所开展的政策评估工作，很难得到公众和社会的认可，评估的公信力也大大下降。

公共政策评估本应该是由内部主体与外部主体共同作用的结果，但我国传统思想根深蒂固，价值观念落后，政治体制机制没有创新，非政府组织的发育又不太完全。人民群众虽积极踊跃地参与公共政策评估活动，并通过不同的途径参与对公共政策的评议，但是对于参与的公民个体来说，负担重，不见成效。同时，

---

① 托马斯·戴伊.自上而下的政策制定[M].北京：中国人民大学出版社，2001：158.

人治现象在我国的政治生活中普遍存在，党和政府对公民参与公共政策评估并未提起相当的重视与关注，公共政策作用的客体却被归在公共政策评估的活动之外。这使一些民众很难真正参与到公共政策的评估活动中来，对公共政策的评估起到监督的作用。

外部的非官方性的公共政策评估组织的缺乏与民众的公共政策评估组织的有效地参与途径的缺乏，使以官方评估组织为主的公共政策评估主体一家独大。政策评估主体的单一化不仅严重影响公共政策评估的科学性、民主性，也就阻碍了政策评估发展进程。

2.公共政策评估主体参与效度不高

近年来，我国的公共政策评估工作越来越重视社会组织以及公众的参与，但可能由于参与代表的选取方式还不尽合理，或者因为政策评估的各主体间信息不对称，导致各主体的参与程度不高，只是象征性地参与评估工作，流于形式。这种形式化、象征性的评估既损害了各政策评估主体的参与积极性，又阻碍了公共政策评估结论的科学性、实效性，严重影响了公共政策评估高效化、规范化的目标。

（二）公共政策评估的标准失范

政策评估标准不仅是公共政策评估系统中的重要组成部分，也是政策评估的一项基本依据。由于我国公共政策评估的内容仍停留于行为和产出阶段，注重于政策行为和产出数量，几乎不涉及对政策影响和真实效果的评估。政策评估内容过于片面和单一，很大程度上影响规范化的评估标准框架的构建，削弱了评估结论的客观性、科学性。公共政策目标本身就带有预测性、不确定性、模糊性，给政策评估带来了困难，难以对目标进行规范化分析，无法针对政策实施效果与政策目标设定规范化的比较标准，政策评估陷入了自身的困惑。政策目标的不确定性也让政策评估标准体系的构建陷入了困境，很难以规范化、程序化的评估标准来对政策制定、执行和效果进行客观真实的评价。

此外，公共政策效果是衡量政策优劣的可靠依据之一，利用现代比较技术对政策目标和效果进行比对，检验政策制定和执行的实际效果和真实质量。但政策效果有长短、主次之分；有明示的，有潜在的；有预期的也有非预期的；有直接效果和间接效果等。正因为公共政策实施效果的多样性，以及社会影响的广泛性，想针对公共政策效果制定科学合理规范化的评估标准的难度也就可想而知。

同时，不管从传统角度来看，还是现实情况来看，我国对意识形态和道德的作用都十分重视，政策评估者就常常习惯于用原则及价值来判断政策，却不用事实分析法来评价政策。在这种情况下，公共政策的评估主体很容易受自身利益的驱使，在对公共政策进行评估时忽略社会与环境的和谐发展，而片面重视经济的增长。

如今，我国的一些政策评估者习惯用价值判断来取代事实分析，用定性分析取代定量结论，而有一些政策评估者在评估过程中确实做到了以事实数据为判断基础，但却过于偏向一些经济指标、发展速度等指标，忽略了一些社会效果、公众满意度等公共价值取向。这就造成我国在公共政策评估标准体系构建过程中面临两大难题：其一，公共政策评估主体评估的基础性原则选择上，是以价值判断为主导还是以事实分析为导向陷入两难；其二，经济、技术标准或指标比重过大，忽视了政治、社会价值的重要性。此外，随着社会经济的全面发展，以及网络化和全球化进程的加快，人们的思想观念不可避免地发生了深刻转变。与过去相比，传统文化的影响有所淡化，道德标准也应时代变迁而发生转变，人们更加强调自身权益的保障，进而引起公共政策评估标准的变化。之前的评估标准可能已经不适宜当前的社会实际，甚至过去的一些具体的评估标准已经对当今社会产生了负面效应，迫切需要更新评估标准，科学评估。

（三）公共政策评估的制度体系不健全

我国公共政策评估过程中的许多问题是与其制度体系的不健全密切相关，制度设计不完善，规范化程度低，削弱了制度的保障和规范功能，影响了公共政策评估工作的规范化，进而导致公共政策评估结论的失真、失效，难以促进公共政策质量的提高，更不用说提高公众对政策服务的满意度和信任感。

1. 公共政策评估监督不力

各个政府都是独立的利益主体，缺乏约束和监督的它们必然会根据自身偏好决定政策的优劣，直接影响着政策评估结论的真实性、客观性。监督制度的不健全俨然成为公共政策评估发展的一大阻力，这主要表现在：人大对公共政策评估的监督有名无实；司法机关更是缺乏有效监督。由于监督制度体系还不够健全，制度功能不完善，难以有效地对政策评估实施监督，政策评估流于形式化，难以发挥其推动力作用。

2. 公共政策评估信息公开力度不够

制约政策评估的一个非常重要的因素是难以获得真实、可靠、准确的政策资料和数据，影响了政策评估的规范性和科学性。我国政府在信息公开上存在的问题，主要表现在：第一，思想观念上存在误区，习惯于给权力蒙上神秘面纱，对信息公开存在顾虑。第二，缺乏统一的信息公开法律和公开程序，权威性不够。第三，信息公开模式落后，公开局限于形式的、正面的内容。"如果政府不愿意公开政策评估所需的信息文件，公众本身没有任何渠道可以加以改变。"①第四，信息公开渠道单一且流于形式，手段比较落后，影响了信息的准确性和时效性。

3. 现行人事管理制度存在不足

当前我国的公共政策评估实践主要还是由政府官员来推动，但官员本身具有多重角色，集人民公仆、社会人、经济人等角色于一身，他们除了为人民服务外，还有自己的利益诉求和价值偏好，这很可能造成角色冲突，甚至于产生公共利益与个人利益间的矛盾。当前，我国政府人事管理制度存在一些问题：一是上下级关系下的人事管理制度，导致干部轻视民主参与的重要性，摆脱了社会压力的约束。二是干部评价机制也就是对干部政绩的评价，这与干部利益息息相关，也是其升迁的重要依据，维护其利益成了干部行为的动力源泉。

4. 问责制度不健全

当前问责大多数是权力问责而不是制度问责，同体问责机制饱受质疑，异体问责比重过小，权威性无法得到保障。问责制面临的问题如下：第一，问责法律法规体系不健全，问责的具体规定相当笼统和抽象，操作性很低，问责实施没有有效的载体，问责制全面推行非常困难。第二，问责文化滞后，"官尊民卑"的政治心理在公众心中根深蒂固，维权理念缺失，民主平等意识淡薄。第三，问责的主体、客体和依据没有明确的规定。随意性过大，问责机制的运行缺乏应有的合法性基础。第四，问责程序和救济途径不完善、不畅通。至今我国还没有一套系统的问责程序规范来遵循。"现行的行政救济法规对被问责的官员救济尚处于薄弱状态，这一薄弱环节可能导致我国问责制在制度化构建过程中再次陷入新的困境。"②

（四）公共政策评估环境不完善

1. 政治法治环境不佳

政府依法行政的格局尚未完全形成。司法机关对政府的监督还停留在表明形式上的违法乱纪监管，深层次的公共政策制定、实施和评估比较少，而且监督过程也有待提高，造成现今这种局面的根源就在于司法机关的人力、物力和财力都

---

① 周汉华. 中美政府公开制度异同 [M]. 上海：商务印书馆，2002:94.

② 周亚越. 行政问责制研究 [M]. 北京：中国检察出版社，2006:282.

不同程度上受制于政府。在我国，公共政策评估还没有专门的法律体系，评估相关的法律制度也比较少，政策评估立法缓慢，没有法律保护的评估实践必定会荆棘丛生。

2. 经济资源环境不佳

我国社会主义初级阶段的经济水平在很大程度上影响着公共政策评估实践，但一些政府把GDP指标作为评估的唯一标准，几近疯狂地进行扩大再生产，忽视了社会的全面协调发展。因此，政府对评估的积极性不会太高，政府很可能为了眼前的利益而轻视政策评估工作，将有限的资源投入经济发展中而不是投入政策评估过程中，政策评估工作也就得不到应有的保障。

中国历来没有政府向工商企业界学习管理经验的传统，管理主义在中国没有市场，这与工商业界的地位有着非常密切的关系。① 再加上我国企业特别是一些国有大中型企业的管理模式落后，管理理念陈旧，导致政府不愿意甚至觉得没必要向企业学习，从而一定程度上降低了政策评估的效率。

3. 文化环境不佳

文化环境要素的分析可以帮我们理解公共政策评估的文化生态困境，

深入探究我国文化要素的现实状况。第一，人的文化素质直接影响其参与政策评估的可能性和积极性。第二，我国的忠、孝、服从观念深入人心，抑制了社会参与空间和公民主体作用的发挥，公民意识与自由精神淡化。正如林语堂先生所说："再也找不出任何一个别的国家，其人民是这样仁慈地对待他们的行政官员们。"② 第三，我国的行政文化环境对政策评估形成了阻力。文化的影响虽看不见摸不着，但其深厚的底蕴积累对社会、经济以及国家的公共行政行为起着潜移默化的巨大影响作用。只有在这种"以人为本"的理念引导下，政府才能真正做到权为民所用、情为民所系、利为民所谋，全心全意地为人民服务。

4. 社会环境不佳

社会阶层、社会组织和社会网络都直接或间接地影响着行政行为，其中社会组织的作用尤为明显。因此，在政策评估过程中一定要重视社会组织的积极作用。戈登·怀特认为："公民社会是指介于国家和家庭之间的群众组织，由众多旨在维护自身利益的社会成员结合而成。"③

---

① 刘长木. 论美国政府绩效评估制度[D]. 长春：吉林大学，2004.
② 林语堂. 中国人[M]. 北京：学林出版社，2008:209-215.
③ 俞可平. 中国公民社会兴起与治理的变迁[M]. 北京：社会科学文献出版社，2002:191.

另外，我国社会组织带有明显的官民二重性特点，从开始成立就受制于政府，政府对其发展也是持比较谨慎的态度。在这样的发展格局中，社会组织很难得到全面发展，其独立性受到影响，导致评估的社会生态也不健全。

5.技术环境不佳

尽管科技的发展带动了政策评估的前进步伐，但与此同时，科技的发展同样给我们的评估活动带来了一些问题，如全球变暖、克隆技术、计算机病毒、网瘾等，这也是我国公共政策评估发展遇到的新的生态难题，需要人们及时做出调整，改进评估技术，采用科学的评估方法，应对未知的挑战。但由于我国现今的政策评估方法和技术比较单一和落后，很容易在设定评估标准和指标时受到主观意志的影响，致使标准难以与政策实际相契合。

二、完善对策

（一）构建完善的公共政策评估主体体系

公共政策评估的结果往往取决于公共政策评估主体的选择。由于公共政策的评估主体过于单一且依附性较强，因而我国的公共政策评估具有普遍的片面性。

1.规范政府和党的政策评估组织

公共政策评估组织不仅是公共政策评估活动的载体，还是整合不同领域政策评估资源的一个平台。实践表明，政策评估组织在实践中发育的成熟度直接关系一个地区乃至整个国家政策评估的总水平，且衡量一个国家政策评估水平的其中一个重要标志就是政策评估组织的数量。虽然中国共产党和政府内部也有很多不同的政策研究组织，但是公共政策的制定和公共政策的评估契合度不高，且缺乏制度化和规范化的运作机制，这严重制约了公共政策评估职能在一定程度上的发挥，对整个民间的政策研究资源还存在一定的困难，无法给政府和党组织的政策评估与民间的政策研究之间的交流合作提供一个制度化的平台。因此，必须加强民间评估组织和政府之间的交流合作；必须强化公共政策研究机构中公共政策评估的职能；必须改变现有的公共政策制定与公共政策评估合二为一的状态，要把公共政策的制定和公共政策的执行分别分开，独立行使其职权，努力做到使政府和党的政策评估组织和民间评估组织各司其职、各负其责。

2.培育独立的第三方评估机构

要解决我国公共政策评估主体单一性的办法之一就是培育独立的第三方评估机构。独立的第三方评估机构在公共政策评估方面可以发挥很大的作用，其拥有多元化的财政来源,也能从政府得到相应的评估经费,其实质是一种非行政隶属的关系。在我国培育独立的第三方评估机构不仅能保证组织的独立性,还能利用其独立的发展空间来获得更广泛的社会关系资源以及专门的知识。同时,在对公共政策进行评估时,评估主体要充分利用报纸、新闻媒体等,以加深对公共问题的挖掘,加强社会沟通,使其发挥传达政情、传递民意、调解纠纷的作用。

3.提高评估人员的专业性

公共政策的评估主体在公共政策评估的过程中起着主导性的作用。由于在对一项公共政策进行评估时,社会各个领域的政策都有涉及,几乎每个学科领域所涉及的方法和知识都会被选用,这就决定了在公共政策评估中对高度复合型评估者的需求急剧上升,因此必须加强对政策评估人员以及政府决策人员的教育和培训,使其掌握政策评估所需要的基本科学理论和相应的方法,更要鼓励政策评估的学者和专家参与到公共政策评估的项目中来,以保证公共政策评估的科学性和严谨性。

(二)建立科学的公共政策评估标准体系

1.公共政策的目标标准

制定公共政策先要明确公共政策的目标,并以实现公共政策目标为目的制定公共政策。因此,我们应该依据预设的公共政策目标与这项政策所达到的目标的相符程度来评估这项公共政策。

2.公共政策的公平、公正标准

公共性是我国公共政策的重要特征之一。自由的市场经济体制有时可能导致社会资源的分配不均,对此政府应该发挥其公共政策的功能,发挥自身的调节作用,使社会资源得到公平、有效的配置。因此,政府在制定公共政策的时候应该最大限度地实现社会利益的最大化,满足更多人的利益。然而,由于国家的宏观调控不能照顾到微小的细节方面,我国制定的公共政策在保护大部分人利益的同时,可能会损害其他少数人的利益。对此,为了体现公共政策的公平标准,政府应该采取相应的措施,通过利益再分配或者补偿的方法来对那些因政策因素而部分利益受损的人们进行合理的补偿,进而体现我国公共政策的公平性。

(三)重视多种评估方法的综合运用

随着不同政策的科学发展和相关学科研究方法的不断进步,各种新的公共政策评估方法也不断涌现,且日趋完善,这使公共政策评估的实践活动获得了极大的丰富,也使公共政策评估的实践朝着科学和规范化的方向迅速迈进。

1.定性和定量相结合的评估方法

定性评估方法主要是指政策评估者根据自己所拥有的知识和经验，运用逻辑思维，通过对政策评估对象的性质等各方面进行分析、判断，最终形成对政策效率和效果、过程和体系的基本评判。

在公共政策评估中，评估主体要采取定性和定量相结合的评估方法。当公共政策涉及政治、社会、文化或者道德伦理等方面时，采用定量评估方法，这时就要用定性评估方法来弥补定量评估方法的不足。

但由于定性评估方法主要是依据典型的案例资料进行分析，这种分析出来的结论并不具备普遍性的意义，主观性较强，且缺乏客观的评价标准对政策评估的结论进行检验。因此，在公共政策评估的程序中，评估主体应根据不同的评估对象和评估要求运用定量与定性相结合的方法加以评估，以达到公共政策评估效果最大化。

2.成本—收益和成本—效能相结合的评估方法

在政策评估的历史上，对政策效果的评估一直都是围绕政策效能和政策效率这两个方面展开的。政策效能侧重的是在规定政策投入的情况下政策目标实现的程度，即只要政策完成预期设计的任务，那么就可以说此政策产生效能；政策效率侧重的是政策投入是否发挥了其最大作用。正因政策效能和政策效率都是围绕成本投入这一因素展开分析的，所以形成了政策评估的基本方法：成本—收益分析法和成本—效能分析法。

成本—收益分析法的实质是经济分析法在政策评估领域中的应用。其主旨是"用数组来说话"，但是"用数组来说话"并不就是说不用其他"说话方式"，因为数字表达的背后往往蕴藏着某种机械的基因，公共政策的评估者需要对此提高警惕。而成本-效能分析法实际上是对成本-收益分析法的一种改进，主要是对备选政策方案的成本与政策达到特定目标的一种有效性程度的比较，并不需要政策效果货币化。

总之，成本—收益分析法是一种用途非常大的公共政策评估工具，它提供的是一种可重复且理性的方法。

（四）优化公共政策评估环境

1.提高对公共政策评估的认识

公共政策评估与公共政策的其他领域有着本质的不同，是一个比较薄弱的研究领域。"发展政策评估事业除了思想上的软约束外，还需要辅之以制度法规的硬约束。"①

由于未建立健全的责任化政府体制和公共政策评估机制，在很大程度上制约了公共政策评估工作的顺利进行，使相关的行政部门缺乏追求政策效果最大化的动力，责任界限的不清也使政府部门难以追究有关部门的相关责任。长期的对公共政策评估的不重视致使公共政策评估体系不健全。因此，当务之急是要加强对公共政策评估的宣传，提高对公共政策评估的认识。

2.拓宽公共政策评估的信息渠道

信息是政府进行决策的前提，是评估的依据。政策评估主体确保公共政策评估的科学性与客观性的基础是评估主体所获得的信息资料要真实且详尽。因此，政府应该设立相关的公共信息管理机构，制定评估信息的管理办法，并拓宽公共政策评估的信息渠道，建立起相应的信息网络系统。同时，政府还应建立长效的信息沟通机制，使评估主体能够与公众进行有效的沟通，进一步规范公共政策评估信息的采集与利用，建立政策评估的信息披露制度，以避免政策评估信息的失真，确保政策评估主体获得真实、完整的政策评估信息。因而，除了一些需要保密的信息外，政府和相关机构都应该将信息通过公告或网络的形式告知公众，及时地向公众传播消息，以增强其透明度。这不仅有利于政策评估主体获得充足的评估信息，降低政策评估的成本，还有利于政策执行在社会中产生的影响及时地反馈到有关部门，对政策做进一步的修正，评估结论也能够得到广泛的传播。

3.提高公民的参与意识，建立民意表达和纠错机制

国家发展一切都是为了人民，是为了最广大人民群众的根本利益得到保障。公共政策评估也能提高公众的参与意识，有了民众以及社会舆论的评价，相关的部门就不能进行暗箱操作，评估机构在对公共政策进行评价的时候就会时刻考虑自身行为的社会影响，这就使评估机构自身行为受到一定的约束。政府部门相关的工作才能得到公众的监督，公共政策的制定与实施不偏离正轨，真正从广大人民的根本利益出发。例如，在中南海有关会议上，政府邀请了对政策提出批评性意见的民众参与会议的讨论。在公共政策评估的制度中还应加入相应的听证会制度，这不仅能够抑制公共政策评估主体的自利性，还有助于保证公共政策评估过程的公共性，更有利于提高公共政策评估的合法性。然而，我国现有的听证会还有不足之处，因此政府有必要建立健全的公共政策纠错机制。同时，公共政策的

---

① 陈振明.公共政策分析[M].北京：中国人民大学出版社,2003:192-293.

评估机构与制定者不应该是"利益相关者",这也是为了防止各政府部门的评价机构从自己部门或者从属自己部门的利益出发,进而确保公共政策评估的公正性和客观性。

第三节 我国政府公共政策评估体系构建

一、政府政策评估体系构建的现实意义

公共政策是公共权力机关解决公共问题、达成公共目标、实现公共利益的方案。它是国家和社会资源分配的重要途径,也是国家经济和社会发展的重要依据,更是影响广大人民群众及社会各阶层利益得失的重要力量。在当前社会,公共政策的影响力不断增强,人们对公共政策也给予了越来越多的关注。而作为政府的重要管理服务手段,公共政策是否科学,是否具有可执行性,是否充分反映了民意,是否具有严肃的法律地位,都反映着政府公共管理的有效性问题,不仅决定着政府的工作效能,还对整个社会管理的优化和公共资源的合理配置起着决定性的作用。

二、我国政府政策评估现状及存在的主要问题

1950年以来,政策科学和公共政策评估在世界范围内特别是在西方国家得到了较为充分的发展。我国的政策科学研究在21世纪也有了进一步发展,在许多领域都取得了明显的成效。然而,目前国内理论界对社会主义市场经济条件下的公共政策评估,特别是对政策评估基础理论与方法体系的研究还较为滞后和薄弱,重视程度也远远不够。理论界对政策评估研究的匮乏和滞后不仅制约了公共政策评估实践的发展,也在很大程度上影响了我国政府运行与政策制定的科学化、高效化和规范化目标的实现。

(一)评估主体不符合开展评估的要求

1.评估主体比较单一

现阶段我国的公共政策评估主体以官方为主,缺乏社会组织和社会公众的参与。这种情况的存在使政府在进行公共政策评估时,或以部门为单位进行调查研究,或根据系统进行决策咨询,然后通过自下而上的信息反馈对有关信息进行汇

总，再根据现有的评估决策体制进行集体决策。因此，当前政策评估是内部的、封闭的，由行政机关对公共政策做出评估和评价，致使在公共政策评估过程中，只重视自身评价，忽视作为政府行为相对人的社会组织和社会公众的评价，导致进行意愿表达以及利益诉求的公共政策评估主体单一化。①

2.评估主体独立性不强

当前政策评估主要靠政府机关内部进行。一方面，政府与各部门之间有着上下级的隶属关系，很难保证在进行信息反馈时能按照客观、公正的原则进行如实反馈；另一方面，政府各部门之间的利益纠葛也是政府内部评估缺乏效能的重要因素。一项公共政策或多或少对公共部门的利益产生影响，在利益面前，部门往往从自身部门的利益出发，而忽视公共利益，从而导致评估过程中对事实真相的反映不足和评估的客观性不足。基于这些弊端，有些地方探索建立专家顾问团进行决策评估，但这些专家对公共政策的基础信息、基本情况了解不多，很难保证评估的准确性。此外，这些专家由政府出面邀请，很难保证他们的客观中立性。

3.评估主体选择缺乏科学性和代表性

在具体实践中，一些地方也对公众参与公共政策评估进行了探索，但大多数仅为了程序上的需要。即为了政策能够顺利通过，由政府采取指定或小范围选择的方式，确定公共政策评估主体，而将可能会有反对意见的公众群体排除在外。这种做法往往使政策评估流于形式，而起不到应有的作用。从公众参与的理论来看，评估主体的选择有其科学规律。当公众参与作为获取公众接受的手段而成为一种必需时，公共管理者就要界定哪些公民个体和组织可能对政策问题感兴趣，并了解他们的意见和建议。要界定政策相关公众，就应通过相关的技术方法对公民进行科学选择。在约翰·克莱顿·托马斯的《公共决策中的公民参与》一书中，就提出了自上而下的技术方法和自下而上的技术方法。可以说，政策评估主体的选择是一个至关重要的问题。

4.评估主体间的信息不对称

无论是政府内部的评估，还是邀请专家进行评估，或者由公众参与进行评估，他们之间的信息都是不对称的。由于公共部门处于公共管理的主导地位，对于社会公众层面和上级政府部门的信息获取具有天然的优势。因此，如果从政府内部评估来考虑，部门基于利益需要或政治性策略的考虑，可能不能提供详细准

---

① 李晓宇.巧谈完善我国公共政策评估主体体系[J].理论导刊，2010(3):23.

确的信息,对于公共政策的制定者会产生误导。而对专家或公众进行的评估即使进行了相关的制度安排,也会由于信息的缺乏使参与评估的专家、公众无从下手,从而使整个评估流于形式。因此,在考虑政策评估主体时,要将信息的畅通作为一个重要问题考虑进去。

(二)评估目标缺少多样性

公共政策评估的主要目的是对公共政策是否完成了预定目标进行评估,也就是说公众政策评估的目标是公共政策的效果和影响程度。然而,在当前具体实践中,评估目标并没有得到充分的明晰。原因如下:

首先,要使公共政策评估具有清晰的目标,公共政策本身要具有很强的目的性。然而,许多公共政策的目标是无法量化的,也就是说对公共政策要达到的目的很难用一定的标准来衡量,特别是一些涉及民生的政策,其效果更难用数字量化和表达,造成公共政策评估的困难和模糊。

其次,因为公共政策的影响是广泛的,在达到政策预定目标的同时,它往往对其他方面也产生影响,造成政策目标的多样性和相关性。在这些影响因素中,有些可以测定,而有些难以测定。因此,对公共政策评估而言,多样化的目标和复杂的相关影响提高了评估难度,给政策评估的客观、科学化带来了障碍。

最后,对社会稳定、政策负效应等的风险目标考虑不足。从社会稳定和公众接受程度考量,政府的公共政策评估必须将正面评估和风险评估放在同等重要的地位。而在实际操作中,评估的重点还是侧重于政策达到的目标和完成绩效,风险评估要么没有,要么用小范围的听证或征求意见来代替,缺少专业性和严肃性。

(三)评估的地位保障需要进一步加强

任何一项事业要想顺利开展,都必须有相应的法律保障,政策评估也不例外。根据发达国家公共政策评估的实践,一项公共政策要不要评估、由谁来评估、评估的程序是怎样的、参与评估活动的资格等都由相关法律进行了明确,同时评估结果也有法律保障。这就保证了公共政策评估的严肃性和权威性。而我国在政策评估立法方面的工作还不足。即使是组织听证、讨论等程序,也由于缺少相应的制度安排,而未形成常态。

(四)评估标准存在很大不确定性

政策评估标准也被称为政策评估指标,是衡量政策是否达到政策目标的尺度。从现有的研究文献来看,学者对政策评估标准的见解存在着分歧。在政府政策评估的具体实践中，还存在着评估标准模糊、宽泛等问题，往往以定性的标准来代替定量的标准，造成评估弹性过大，使公共政策评估起不到应有的作用。

（五）评估方法缺少系统性和科学性

科学研究需要科学的方法，没有科学的方法，很难得出客观的结论。国外许多评估机构的成功在很大程度上是由于它们运用了先进的研究方法与手段。而我国当前公共政策评估的方法总体来说还比较单一和落后，基本处于摸索阶段，在具体实践中系统性、理论性、规律性不强。

三、完善公共政策评估体系的五大要素

（一）建立不同层次的公共政策评估主体，实现主体多元化

我国目前的公共政策评估的主体还比较单一：民间尚未形成成熟的评估团体或组织；官方的评估机构以政策研究部门为主；公众参与比较有限。因此，必须建立不同层次的公共政策评估主体。

（二）明确各评估阶段公共政策评估目标，实现目标明晰化

政策评估的目标是政策评估行为想要达到的结果。在政策施行过程中，由于经济、社会的复杂性，导致一系列联动的反应的产生，使政策效用变得复杂，变得无法估量。同时，由于政策本身的目标存在着多重性、相关性、变动性等特性，使政策评估很难对政策是否达到目标进行评估。因此，要确定政策评估的目标是困难的。在进行政策评估时，一是必须了解政策制定的初衷是为了解决什么问题，它的预期目标是什么，否则政策评估将失去"参照物"，评估者将无所适从，评估的结论更谈不上有效性。二是尽可能将政策目标量化。三是充分考虑政策在不同环境、不同过程中目标的变化，以及政策目标的多样性。

（三）探索不同的政策评估形式，实现形式多样化

目前，我国的公共政策评估体系还没完全建立，关于评估的具体程序、组织及形式也没有相关的法律或规定。在这种情况下，应当充分运用政府政策评估的现有形式，同时进行逐步优化和规范，从而形成具有中国特色的政策评估形式。

（四）采取适宜的评估标准，实现标准科学化

当前，我国学界关于政策评估标准的分类大都局限于评估指标的一级维度，并在此平面上罗列标准。这与政策的复杂性和政策目标的多元性相冲突。因此，要根据政策评估的不同阶段和不同目标，构建多维的评估标准，从而实现评估标准的科学化。

（五）采取科学的评估方法，实现方法有效化

对于公共政策评估方法，国内外进行了大量研究，尤其是国外采取的方法已十分先进。根据我国政策评估发展的现状，在采取评估方法时要注意以下几个方面：

（1）在具体的操作上，要综合运用多种方法进行评估，对政策进行综合分析，保证评估的准确性。常用的政策评估方法有对比分析法、成本效益分析法、统计抽样分析法、定性分析法，有同行评估、问卷调查、当面访谈、电话采访及案例研究等。各种方法之间存在互补性，在实践中应根据具体情况选择一种主要的分析方法，并结合其他方法综合地得出评估结论。

（2）要重视定量分析的应用。我国一贯重视定性分析，而忽视定量分析，这不仅与评估的科学性要求不符，也影响评估结果的权威性。因此，要学习国外先进的定量分析方法，如成本—收益分析法等，并与我国国情相结合，扩展定量分析在政策评估中的应用范围，提高评估的科学性。

（3）加大跨学科研究和成果利用力度。政策评估涉及多个学科的理论和方法，因此在进行政策评估时，不妨拓展视野，积极采用其他学科的研究成果，从而构建符合我国实际的政策评估模式和方法。

第六章 公共政策终结的过程分析

第一节 公共政策终结的基本理论

一、政策终结概述

（一）政策终结的概念

所有事物都有发生、发展到衰亡（终结）的过程，因而终结既是一种普遍的自然现象，也是一种普遍的社会现象。政策终结是一个专门的公共政策术语。从政策过程的阶段看，政策终结发生在政策评估之后，是人们采取的一种政治行为，是提高政策绩效的一种政策行为。政策终结不仅意味着旧政策的了结，还标志着新政策的开始。

一般地，将政策终结定义为：政策终结是政策决策者通过对政策或项目进行慎重的评估后，采取必要的措施，以中止那些过时的、多余的、不必要的或无效的政策或项目的一种政治（或政策）行为。

政策终结这一概念的最早提出者是拉斯韦尔，他最先将政策终结看作是公共政策过程的一个环节进行研究，并对政策终结一词做出了定义。拉斯韦尔认为政策终结是关于取消政策方案，以及研究有关相信某种政策必须继续而采取某种行动或因政策终结而丧失价值的人们之主张的活动。[1] 布鲁尔的定义相对来说更为具体，他认为政策终结是对那些已经无法发挥正常作用、过时的以及不必要的政

---

[1] Peter Deleon, Jose Mario Hernandez Quezada. The Case of the National Solidarity Program In Mexico: a Study In comparative Policy Termination[J]. International Journal of Public Administration. 2001,24(3):289-309.

策或项目的调整。①德利翁定义与之相似,丹尼尔斯在此基础上拓宽了政策终结概念的外延,认为政策终结不仅包括政策和机构的终止,还包括政府服务的民营化。②我国学者陈振明认为政策终结是一种政治(或政策)行为,是政策决策者经过科学评估后采取措施终止过时或无效政策的过程③,该定义与德利翁定义大体相似。张康之对政策终结含义的侧重点在新政策的出台,他认为一切政策终结的过程都是新旧政策的交替过程,如若没有新政策的接替,终结旧政策仅是为了消除旧政策的负面影响。④

政策终结有三个特征:①强制性。一项政策的终结总是会损害一些相关的人、团体和机构的利益,遇到强烈的反抗,因此,往往靠强制力来进行。②更替性。政策终结意味着新旧政策的更替,是政策连续性特殊表现。③灵活性。政策终结是一个复杂而又困难的工作,必须采取审慎而又灵活的态度,处理好各种动因和关系。

总之,终结不只是对一项政策的了结,而且意味着修正或调整。

(二)政策终结的实际意义

从政策终结的结果上看,政策终结的基本作用表现在以下四个方面。

1. 节省资源

因为政策终结意味着政策活动的结束,某种机构、规划、惯例的终止,以及有关人员的裁减。因此,政策终结可以减少人力、物力、财力的无效消耗,从而节省有限的政策资源。

2. 提高绩效

当一项政策在实施中失败,无法解决所面临的政策问题时,旧政策的终结就意味着新政策的启动、新规划的诞生以及相关机构和人员的更新与发展,这无疑有利于更好地解决问题,最终促进政策绩效的提高。

3. 避免僵化

所谓政策僵化,指的是一项长期存在、没有及时予以终结的政策,在发展变

---

① Garry.D.Brewer. The Policy Sciences Emerge: To Nurture and Structure Discipline[J]. Policy Sciences,1974(3):23.

② Mark R.Daniels.Terminating Public Programs: An American Political Paradox[M].Armonk,New York:M.E.Sharp,Inc.1997:5-6.

③ 陈振明.政策科学—公共政策分析导论[M].北京:中国人民出版社,2003:390.

④ 张康之,范绍庆.从公共政策运动到公共政策终结问题研究[J].东南学术,2009(1):97-103.

化了的环境下，继续执行该政策，不仅不能解决问题，反而会成为解决问题的阻力与障碍，带来严重的不良后果。政策终结可以避免政策僵化。

4.优化政策

政策终结有助于促进政策优化，表现在两个方面：一是政策人员的优化；二是政策组织优化。我国在当前推进政策终结事业的意义重大。在政治体制进一步深化改革的过程中，在致力于塑造一个服务型政府的过程中，政府的一些机构、功能、政策需要裁撤或者更新。例如，行政审批的改革和政府一站式办公的推行都需要在政府部门内部对一些机构、规章进行必要的终结。如果不能及时进行终结，将有碍于我国的改革开放和社会经济发展进程。

二、政策终结的原因、类型与方式

（一）政策终结的原因

（1）财政困难。因财政赤字、税收减少等而导致政策或项目的终结。

（2）政府的低效率。即政府机构的效率太低、成本太高而导致政策或项目的终结。

（3）政治意识形态。意识形态以及价值观念的改变或冲突导致政策或项目的终结。

（4）行为理论的变化。即关于行政管理和社会服务应如何提供方面理论的变化导致政策或项目的终结。

除了节省政策资源、提高政策绩效等原因外，政策终结的原因还在于政策系统本身的自我更新的特性：一是政策系统是一个不断进行新陈代谢的系统，政策终结包括这种推陈出新的过程；二是政策系统也是一个不断与周围环境互动、修正自身的过程。政策分析过程只能减少政策失效或者负效应发生的概率，并不能保证政策的成功。因此，政策终结非常有必要它在某种程度上是政策可持续发展的关键和对政策错误的一种补救。

（二）政策终结的类型

政策终结有如下四种基本类型，它们所遇到的阻力依次递减。

1.功能的终结

即终止由政策执行所带来的某种或某些服务；在政策终结的所有内容中，以功能的终结最难。功能的履行或承担是政府满足人民需要的结果，若予以取消势必会引起各方面的反对。

2. 机构的终结

随着政策终结进行的机构缩减或撤销，就是机构终结。通常的做法是通过缩小规模、减少经费等办法对机构进行缩减。机构终结的困难较大，因为它涉及有关人员的切身利益，这就是人们会在现实生活中看到许多本该随某项政策历史使命结束而应裁撤的机构仍然存在的原因。

3. 政策本身的终结

与前两种终结相比，政策本身的终结所遇到的阻力较小。原因是就某项具体政策而言，其目标比较单纯，或者政策更改的成本远比功能转变、组织调整要少得多。

4. 项目的终结

在所有终结内容中，项目的终结是最容易达成的。因为具体项目以及执行措施与实际问题连接，结果好坏或影响怎样有目共睹，容易达成共识。

（三）政策终结的方式

政策终结的方式一般有以下六种。

1. 政策废止

即直截了当地宣布一项政策的废止。政府根据政治、经济和社会经济形势的发展变化，不定期地清理、废止了大量不合时宜、过时了的政策。例如，我国加入世贸组织后，全国人大常委会和国务院当即宣布废止了830余项与WTO规则不相符合的国家法律、法规和政策。

2. 政策替代

即新政策代替旧政策，但所面对的问题不变，所要满足的要求不变。在这里，新政策是对旧政策的补充、修正，目的是更好地解决旧政策所没有解决的问题，以充分实现政策的目标。

3. 政策合并

即旧政策虽然被终止，但政策要实现的功能并没有取消，而是将其合并到其他的政策中去。合并政策有两种情况：一是将原有的政策内容合并到现有政策中，作为现有政策的一部分；二是将多个旧政策进行调整，合并成一个新的政策。比如，国务院将原来由各部委分别颁布的一些有关联的单行规章或条例合并成一部完整的行政法规，这样由国务院来颁布实施，就具有了更高的政策权威，也便于各地更好地执行。

4. 政策分解

即将旧政策的内容按照一定的原则分解成几个部分，每部分又各自形成一项新政策。当原有的政策过于庞杂，目标众多以至于影响该政策的有效执行时，常常采用分解的办法，将原政策按主要的目标分解成几个较小的政策。这样有利于执行者明确政策目标，提高执行效率。

5. 政策缩减

即采用渐进的方式对政策进行终结，以缓冲终结所带来的巨大冲击，逐步协调好各方关系，减少损失。主要表现形式有：缩小对政策的资源投入，减小实施范围，放松对政策执行的控制等。政策缩减的另外一种方式是，把政策中过时的不合时宜的部分废除，而保留原来政策中合理的部分。

6. 政策的法律化

这是一项经过长期实行且确实有效的政策，经过立法机关或授权立法的行政机关的审议通过，就可上升为法律或行政法规。这是另一种意义上的政策终结。

这六种方式并无优劣之分，都是政策终结的重要方式。使用何种方式取决于政策规模、受众群体广泛程度、政策影响大小、政策实施效果等多种因素。比如，一项政策规模很大，受众群体广泛，终结时最好选择政策分解或者政策缩减的方式，通过渐进、逐步的方式尽量减少政策终结对政策环境带来的波动；如果政策影响力深远，政策替代的方式更为合理，用新政策代替旧政策，继续执行旧政策的社会功能；而在政策负面影响大、目标群体减少的情况下，使用政策废止的方式直接果断终结就能如期达到预期目标，而且还可以缩短终结周期、节约政策资源。因此，政策终结需要根据政策特点的不同选择不同的终结方式。

三、政策终结的障碍

政策终结并不是向人们想象的那样是自然而然的结束过程，而是一种需要采取行动的过程。由于政策终结涉及一系列人员、机构和制度，因此政策终结碰到许多困难或障碍。

（一）相关者的心理抵触

对政策终结存在抵触心理的主要有三种人：政策受益者、政策制定者和政策执行者。政策制定者不愿意承认他们制定的政策不再有存在的必要，更不愿意承认在制定政策的过程中所犯的错误；政策执行者不愿意看到政策被终止；政策受益者不愿意既得利益受到损失。这三类人的心态，往往会成为政策终结的首要障碍。这种心理障碍的存在，也会使人们在解释政策失败时，常常倾向于从环境因素中寻找原因，而不愿检讨政策本身的失误。

（二）现存机构的持续性

政策执行机构有如其他社会政治组织一样，都具有寻求生存和自我扩张的本性。这就给政策终结带来很大的困难。机构的持续性表现在三个方面。

1. 机构的惯性

机构的惯性使政策执行一旦开始就很难停止，机构所固有的惯性还使它本能地反对任何变化的要求。

2. 机构的生命力

某一机构存在的时间越长，它被终止的可能性就越小，经过一定的时间，会形成对它的继续存在的条件和支持。当政策终结危及组织机构的生存时，它会千方百计地延续政策终结的进程，会给政策的及时终结带来消极影响。

3. 机构的动态适应性

在评估者眼中机构是相对静态的。但是，机构本身却有一种动态的适应性，可以随环境和需要的变化而产生变动，甚至能针对政策终结的各种措施来调整自己的方向，使终结计划夭折或破产。

（三）行政机关的联盟

执行某项政策而获既得利益的行政机关，往往会在政策面临终结时结成联盟，共同反对政策终结。行政机关比其他任何社会组织有更便利的条件进行政治活动，它们可以利用自身有利的地位影响公共政策。

（四）利益集团的阻碍

由于公共政策大多涉及利益与价值的分配，因而各利益集团必然千方百计地努力影响公共政策。西方公共选择理论证明，利益集团和政治家、政府官员互相利用，形成一个"铁三角"，"铁三角"的存在使公共政策终结更为困难，如北京市的房价问题。

（五）社会舆论的压力

公共舆论确定了公共政策的基本范围和方向。如果某一项需要终结的公共政策受到舆论的广泛支持，无疑会受到极强的阻力，当选的公共官员如果公然无视公共舆论，并且不把其作为他的决定准则中的一种，那么他可能会发现自己是民意测验中的不幸人物之一。

（六）法律程序上的复杂性

政策的终结和组织机构的撤销必须按照法定的程序来办理，程序上的复杂性往往会影响政策终结的及时进行。立法机关在考虑终止某项政策或法律时往往顾虑重重、举棋不定，因此许多政策终结行为受阻于法律的滞后性。

（七）高昂的成本

政策终结高昂的成本也是影响政策终结实施的一个关键因素。政策终结的成本有两种：一是终结行为本身要付出的成本。比如，终结执行者要为裁减下来的人员安排新的岗位和就业机会，或者对政策的受益者进行利益补偿。二是现有政策的沉淀成本。沉淀成本是指投入决策、某个计划或某个项目的时间、资金或其他资源的无法弥补的花费。现行的政策或组织机构已经投入了巨额成本但并没有得到回报，政策决策者面对投入的沉淀成本，往往处于进退两难的境地。政策投入的成本越高，终结者下决心终结的难度就越大。

综上所述，政策终结的障碍可以归结为两类：一是不可避免的障碍，包括人们害怕变革的心理，沉淀成本的存在，政策受益者的心理抵抗，机构的持久性，政策终结自身的成本和法律程序上的障碍。这或者基于人性，或者基于组织的特性，或者基于现代法治社会的要求。二是政治上的障碍，包括政府决策者责任的缺失，利益集团的寻租，舆论的被操纵。这种障碍在事实上存在，但是可以通过提高行政者的素质和责任感，加强立法和监督的努力来降低其作用力。

第二节 我国公共政策终结的逻辑分析

一、政策环境变化是政策终结的主要动因

公共政策是政府对整个社会的价值所做出的权威性分配，其目标是为解决社会环境中出现的特定问题。因此，公共政策任何环节都不能忽视环境因素的影响，需要针对不同时期环境变化将政治输入转化为政策输出。任何公共政策的出台都是应对环境需求而产生的，其实施过程也都需要在社会环境中进行。从一定程度上来讲，政策环境决定了公共政策的走向。但是，环境对政策终结的影响并不是直接的、一蹴而就的，因此政策环境对政策终结的影响主要体现在两方面：一是政策环境变化导致政策服务需求降低、负面影响扩大，政策面临终结的可能性增大；二是政策环境变化促使政府为适应新环境开始政策学习，进而引发政策终结。

（一）政策环境变化导致政策服务需求降低

服务需求是指一项政策是否发挥了应有的作用，服务特定群体的功能是否完

成，是否还有继续执行的需求。根据我国学者对"公共政策"的定义：公共政策是公共权力机关经由政治过程所选择和制定的为解决公共问题、达成公共目标、以实现公共利益的方案。[①] 因此，任何一项公共政策的出台都是为了履行其应有的服务社会的专项职能，如果服务功能减弱，也就是政策服务需求降低，该项政策很可能面临终结的趋势。

由于户籍制度的阻碍，我国医保制度被分割为城镇医保和新农合医保两种体系，但是随着城乡交往日益频繁，人口流动和迁徙也日益活跃，医保身份的限制使进城务工人员就地享受医保变得十分困难。这样不但限制了公民享有平等社会保障权，而且阻碍了我国城镇化进程。因此，城镇医保政策和新农合政策的终结势在必行。

总体来说，近些年来由于经济的快速发展与对外交流的日益扩大，我国政策环境发生了翻天覆地的变化，原来封闭、局限的格局变得民主、开放、法治和公平，许多政策在这样的转变之下与新的政策环境表现得格格不入，服务社会的能力也一再降低。如果政策服务目标群体的功能一直存在，政策存在就有正当合理性，终结不会被轻易提上议程，即使政策进入终结议程，原先的目标群体都会变为反对势力，阻碍终结继续进行。因此，政策服务需求一旦降低，将很有可能面临终结。

（二）政策环境变化促使政府开始政策学习

关于"政策学习"这一名词的概念，赫克洛、彼得·霍尔、林德布洛姆都曾进行过相关的论述，但并没有做出明确的定义。最早是萨巴蒂尔结合政策网络和政策共同体的视角，提出"政策取向的学习"，随后理查德·罗斯用"教训—汲取"的政策学习概念来描述一个国家的项目和政策被其他国家效仿并在全球传播的过程。[②] 豪利特在前人基础上进一步指出政策学习可以分为"内生学习"（根据过去政策的结果和新的信息调整现有政策）和"外生学习"（政府对于某些社会或环境激励而作出反应）两种方式。

虽然学术界对政策学习都有一定的研究成果，但是仍然没有一个定义能够包罗政策学习的一切特征。从总体来看，政策学习与政策环境是息息相关的，正是由于外界环境的刺激，导致政府对现有政策进行反思，一个创新的政策或理念在不同政策体系中被复制和被应用。当然，政策学习不仅是不同国家之间的政策学

---

① 宁骚.公共政策学（第二版）[M].北京：高等教育出版社,2011:73.
② 干咏昕.政策学习：理解政策变迁的新视角[J].东岳论坛,2010(31):153-156.

习，一个国家内部的政策学习往往更普遍。

目前，某地方先试先行的政策得到实践检验，从而推广至更大范围，已经成为我国许多省市政策出台的一种重要方式。旧政策在执行过程中遇到越来越多的阻碍，具有创新精神的地方政府便会做出转变，出台新的政策以适应环境的变化。成功推行的政策得到大规模的政策学习，相应旧政策面临终结的结果。一般来讲，政策学习的对象和内容越多，层次越高，政策终结的可能性越大。而这些都得益于我国政策环境的开放和兼容并包，以往闭塞的地方保护主义思想因为信息社会的冲击难以维持，使政策学习变得顺畅而又必要。例如，户籍政策终结以及城镇居民医保和新农合的合并在国家出台正式文件之前就已经有很多省份开始执行，进而更多省份都开始政策学习，最终通过自下而上的方式在全国推广，旧政策正式终结。

二、政策之窗开启是政策进入终结议程的重要契机

"政策之窗"这一概念最早是由公共政策学家约翰·金登在其1984年出版的《议程、备选方案与公共政策》一书中提出。政策之窗又被称为机会之窗，指公共问题引起决策者注意、进入政策议程的机会。因为在众多的社会问题中，只有一小部分能够成为公共问题，在特定的时机下进入政策决策者视野，而政策之窗正是公共问题进入政策议程的一个通道。对于政策终结来说，一旦政策之窗开启，政策被终结的可能性就会大大增加。根据金登提出的"多源流理论"，政策之窗的开启主线有三条：问题主线、政治主线和政策主线，每条主线有各自的运行规律和轨迹，任何一条主线都有可能开启政策之窗。大部分情况下，政策之窗都是因问题主线或政治主线而打开，随后经过政策企业家的推动与政策主线交汇，政策终结才能得以开始。下面具体阐述问题主线和政治主线中哪些因素发生变化，进而推动政策之窗的开启，带来政策终结。

（一）问题主线引发社会关注，形成政策问题

问题主线主要指人们对某一理想状态的知觉与所观察的状况之间的不匹配变成了问题，是必须对其采取某种行动的状态，即各种各样有待政府加以解决的问题。社会中种种问题纷繁复杂，问题主线推动政策之窗的开启主要有三种要素：指标变化、焦点事件和政策负面效应。

1. 指标变化

指标变化主要指广泛受到关注的指标发生了变化，尤其朝着不利于人们生活

的方向变化。比如，国家统计局发布 2014 年国民经济和社会发展统计公报：2014 年年末我国 60 周岁及以上人口数为 21 242 万人，占总人口比重为 15.5%；65 周岁及以上人口数为 13 755 万人，占比 10.1%，说明我国人口老龄化已达到较为严重的程度，这一指标变化成功引起政府的关注。但普通居民可能对于统计数字不敏感，随后 2015 年 4 月媒体报道我国老龄化最高的县城如东县 1 个年轻人养活 8 个老人，直观醒目的数字引起社会广泛议论，也推动了"全面二孩"政策的出台。

2. 焦点事件

焦点事件经常是政策之窗打开的关键所在，由于政策议程空间有限，仅用事实描述的方式来分析政策终结的合理性缺乏一定的实践基础，而且也难以引起公众的注意和政府部门的重视，而此时焦点事件正好用真实案例证明了政策的无效，为政策终结的支持者提供具有说服力的论证。焦点事件一旦出现，便会汇聚社会公众的注意，通过社会舆论压力推动现行政策向前，凸显政策终结的紧迫性和必要性。此时倘若政府未能及时回应并加以解决，民众呼声日益高涨，就很可能造成社会秩序的混乱，影响社会治理体系和治理能力的现代化。焦点事件的显著特点便是明显暴露现行政策的缺陷，引起社会群体关注，并针对这些缺陷提出政策终结的需求，大力推动政策走向终结。

3. 政策负面效应

政策负面效应就是政策现实实施情况不理想，负面问题不断加重，影响既定目标的达成。这一点也就是政策服务需求降低所带来的负面效应，如城镇医保和新农合政策，两项政策分开实行不仅会影响居民公平享有基本医疗保险，更阻碍了城乡一体化进程，城乡居民基本医疗保险政策的出台是大势所趋。

（二）政治主线改变政策环境，调整政策侧重点

政治主线是指政策存在的政治形态和政治背景。政治形态和背景发生转变，如国民情绪、政治舆论变化、领导层更替、政治结构变动、权力分配格局、利益集团实力、国家稳定程度发生波动等都会影响政策之窗的开启。因国家政治体制不同，有些因素并不适合我国政治国情，在此主要选取对我国政策终结影响最大的国民情绪变化、政治舆论变化、领导层更替加以论述。

1. 国民情绪变化

国民情绪是指一国国民面对政治局势或政策事件所呈现出的认识倾向、情感倾向和行为倾向。尤其在民主制国家，政府非常重视人民的呼声，民众的意见和倾向在很大程度上决定了政策的走向，决定了政策之窗能否打开。我国是人民民

主专政的社会主义国家,一直致力于加强民主建设,对民意的调查和听取是科学决策的前提。在国家全面二胎政策出台前,国家卫计委科研所所长马旭代表说,针对全国20多个省份已出台的"单独二孩"政策,将对全面放开二胎展开调研。除此之外,全国许多研究所和团体都进行了民意调查,为国家决策提供数据。2015年初,广东省现代社会调查与评价研究院对全国1万余名公众进行关于全面二胎的民意调查,93%的受访者支持全面二胎。该调查体现出民众意见的重要性,对政策终结具有推动作用。

2.政治舆论变化

政治舆论变化主要指人们对政治及其相关现象所持有的具有倾向性的意见和态度。舆论之所以会成为影响政治主线的因素,是因为其具有公开性和广泛性的特征,综合了社会上大多数人的意见,很大程度上影响了政府的决策。推动政治舆论发展方向的主要有两点:现代科技和新闻媒体。现代科技尤其是互联网技术的普及扩大了政治舆论的扩展范围和速度,普通民众有机会直接接触政策过程,并利用网络技术在最短的时间内将消息传达至更大的范围,对政府政策的走向形成庞大的舆论压力。科技的进步带动了新闻媒体的发展空间,尤其自媒体的兴起为民众提供了自由言论的平台,使人们可以直观表达对政策的不满和建议,迫使政策之窗打开、政府做出回应。

3.领导层更替

领导层更替在我国具体来说是指党和国家领导层的有序更替。领导层的重新选举不仅是国家机构、部门、人员的变化,还会带来政治意识形态的转变,关注领域会重新进行调整,通过自上而下的方式打开政策之窗,政策终结进入议程。领导层的更替之所以能够为政策之窗的打开提供重要推动力,是因为新的领导层赋予了政策之窗开启的正当性和能力。一方面,新的最高领导人任职后,社会群体对其充满期望和诉求,希望领导人起领航作用,改善和保证自身利益,一些过时的、无效的公共政策可能面临终结。[1]而且,新的领导人初任职后为维护执政的合理性,通常会进行全面改革,公共政策的出台和终结成为其改革的一个重要方式。另一方面,领导层拥有核心政治权力,不同于普通民众的舆论压力,领导层可以通过民主协商和科学评估后主动打开政策之窗,利用自身能力终结政策。并且由于新的执政者与既有组织和政策没有太大关联,因此很少受到既定政策的

---

[1] 范绍庆.论公共政策终结的启动原因[J].云南行政学院学报,2013(3):15–18.

羁绊和牵制。①

政策之窗的顺利打开为政策终结提供了重要契机，政治主线和问题主线中各个要素的变化推动终结进入政府议程。虽然政策能否终结仍有许多影响因素，但政策之窗的开启已经将政策终结的进程提上了新高度，为政策终结创造新的机会。

三、政治价值是政策终结正式启动的决定性因素

政策终结的原因有很多，德利翁认为，政策或项目被终结主要有三方面因素：财政激励、政府效率和政治价值，也有许多著作将第三点翻译为政治意识形态。这三个要素一般很少单独使用，但政治价值的影响最大，甚至已经成为政策终结的主要原因和关键性因素，而这样的价值也经常视决策者的态度来决定。②政治价值属于政治文化的范畴，是建立在一定经济基础之上的政治领域内政策主体的态度、思想和观念的集合，是人们关于某种政治生活图景的系统化的理论体系。③

简言之，政治价值是一种政策主体的政治观念体系，集中反映了政策主体的意愿和要求。当一项政策已经过时、无效，服务需求降低，负面影响扩大时，政策继续存续的必要性也会逐步降低，很可能因为人民的呼声而面临终结。为满足人民终结政策的意愿表达，政策主体会表现出相应的政治价值，这样的政治价值主要通过以下三方面举措实施：利用自身权力打开终结大门，凭借主流媒体宣传终结诉求，借助政治社会化内化公民政治素质。

（一）政策主体利用自身权力打开终结大门

我国政策主体权力是由人民赋予的，所以其政治价值集中代表人民的利益诉求和政治需要。公共政策的本质就是对社会利益的权威性分配。因此，调整或者终结公共政策成为他们表达政治价值和实现政策理念的重要途径之一。因为我国

---

① Eugene Bardach. Policy Termination and Political Process[J]. Journal of Policy Sciences,1976(2):123-131.

② DeLeon, P. Policy Evaluation and Program Termination[J].Policy Studies Review,1983(2):32-35.

③ 广义上的政策主体指能够参与、影响公共政策过程的所有组织、个人和团体，包含范围广泛。因本书主要研究居于法律规定的法权地位、享有公共权威参与政策终结过程的群体，因此本节接下来论述的政策主体主要指执政党、人大和政府为代表的能够影响政策过程的公共法权主体。

是单一制国家，从法理上来说一切权力属于中央，地方的权力具有中央授予性，所以对于过时无效的政策，中央具有绝对的权力和能力开启政策终结的大门，决定公共政策的走向。比如，农业税政策的终结正是我国人大常委会预算工作委员会经过科学统计，为进一步减轻农民负担，缩小城乡差距，中央通过自上而下的方式开启的。

（二）政策主体凭借主流媒体宣传终结诉求

公共政策的目标群体不是政策的决策者，而是广大人民群众，因此政策终结的大门开启后，需要借助一定的宣传手段保证普通民众获悉，这样才能保证政策目标的达成。现代社会政治价值的宣传途径有很多，包括法律、教育、政治制度、公会、大众传媒、文化、宗教等，随着科学技术浸入普通民众生活的方方面面，大众传媒以其速度快、范围广的特点成为其中最高效也最有力的一个途径。在众多媒体中，党报社论是政治价值最集中、最直接的反映，党的新闻舆论媒体的所有工作，都要体现党的意志、反映党的主张，发出权威声音、引导社会舆论，在思想上、政治上、行动上同党中央保持高度一致。人民日报、新华日报、中央电视台等都是宣传我国政治价值和政策主张的主流媒体，这些媒体都是最具权威性、最具影响力的新闻媒体，中央政策终结的决定一旦出台，各类党政都会极具时效性地刊登在报纸首页和网站主页，使政治价值能够很快传达至全国人民，为政策终结争取最广泛的群众支持。

（三）政策主体借助政治社会化内化公民政治素质

通过各种主流媒体的宣传，政策主体将政治价值、政治主张、政治选择传递给了公民，但获知并不等同于内在接受。只有促使最广大人民群众从内心认同政治价值，并内化为自身政治素质的一部分，才能推动政策终结的落实，这一过程在政治学领域被称为政治社会化。从根本上来说，政治社会化就是领导集团政治价值的传播、维护和变迁，对公民政治认知、政治情感和政治心理产生影响，最终目的就是引导人们的行为，维护社会稳定。除此之外，国家政治价值会对非主流意识形态或反主流意识形态进行控制、批判和改造，保持社会或国家在意识形态上的统一和连贯，以此作用于公民的政治思维。[①]

具体到政策终结领域，原先政策的执行使一部分目标群体从中获益，终结势必会受到他们的反对和抵抗，只有将政策主体的政策主张借助合理合法的途径传

---

① 李朝祥.国家政治意识形态与公民政治意识的互制性及其契合的条件性[J].理论月刊,2010(5):81-83.

达至每个公民，并将政策精神内化为公民的政治素质，从根本上引导公民认同政策主张，才能为终结过程铺平道路。

四、强逻辑与弱逻辑之间的协调是政策终结落实的关键环节

（一）政策终结过程中的强逻辑与弱逻辑

广义范围内公共政策终结的主体包括国家公共法权主体（立法、行政、司法机关等）、社会政治法权主体（联合会、科研团体等）和社会主体（公民、媒体等）三类，这些因素都是推动政策终结的重要力量。在我国公共政策终结过程中，中央政府、地方政府、目标群体三方力量发挥主要的推动作用。但尤为注意的是，三者的推动作用并不是固定不变的，虽然总体来说中央政府的效能高于地方政府与目标群体，但政策终结模式不同，各方效能也不尽相同。上海交通大学陈映芳教授将各种力量关系做出"强逻辑—弱逻辑"的区分，阐明哪些力量逻辑最强，影响力最大，哪些力量逻辑相对较弱。如果将政策终结总结为从"因"到"果"的过程，强逻辑的观点就是直接由因指向果，主体需求清晰，论述明确，是终结过程的主要推动力量，其效能也是最强的。弱逻辑的因果关系缺乏强大说服力，具有不确定性，主体位置也相对较弱。当政策终结是自上而下的模式时，中央政府处于宏观决策位置，目标基于全局经济、社会利益考虑，逻辑最强，效能最高，地方政府与目标群体处于弱逻辑的位置，主要发挥执行与配合的作用；当政策终结是自下而上的模式时，地方政府与目标群体便处于强逻辑的一方，成为推动政策终结的主力，相应中央政府处于弱逻辑的位置。这仅是政策终结处于议程与开启阶段时的逻辑对比，由于政策终结是一个动态过程，因此逻辑强弱在各个阶段并不完全相同，随着政策终结的进行，各方效能可能会发生变化，推动政策终结的主体力量也可能会发生相应变化。

（二）强逻辑与弱逻辑之间的协调配合

强逻辑的好处在于效能最高、力量最强，如果中央政府处于强逻辑，政策终结的决定是集中最广泛人民群众的政策需求，再加上自身的权威性，可以保证政策终结顺利开启与执行；若地方政府或目标群体处于强逻辑，可以为我们提供全新的视角和全新的思维方式，通过实践证明政策实施成效，利用多元社会力量推动政策终结过程。弱逻辑虽效能较弱，但其行动仍关乎政策走向，一旦偏离政策目标，不仅会对政策终结的实施带来极大阻碍，而且会扰乱社会秩序。因此，政策终结要想得到预期目标，顺利执行，就需要合理协调强逻辑与弱逻辑之间的关系，各方力量

相互配合以达到政策预期。强逻辑在终结初期因为其明确的需求和目标可以居于主导地位,但随着终结过程的不断推进,强弱逻辑的力量对比可能会发生变化,这时就需要尽可能充分发挥多个主体的积极性,促进政策终结的具体落实。

总体来说,其逻辑过程如下:政策环境变化导致政策服务社会能力降低,引发政府开始政策学习,这是政策终结的主要原因,同时伴随着政策之窗的开启,政策终结成功进入政策议程。同时,在政治价值的决定性作用下成功打开政策终结的大门,推动政策终结进入执行阶段。在这一阶段,想要顺利推动政策正式终结,需要强逻辑与弱逻辑的相互协调,理顺各政策主体间关系。值得注意的是,各政策主体对政策终结的作用不仅发生在终结执行阶段,在政策终结议程阶段和启动阶段也同样发挥着重要作用。最后,通过各要素对不同终结阶段的推动作用,政策得以正式终结。

第三节 我国公共政策终结过程存在的问题

一、公共政策终结议程设置困难

(一)政策供需不均衡导致政策终结甄别难度增大

当前,社会结构急剧调整,利益关系愈加复杂,政府和公民所面临的社会问题也更加多样化,这就迫切需要规则的出现来重新调整社会利益的分配。在这种情况下,愈来愈多的新的法律法规和约束性制度出台,以解决新的社会问题,达成新的政策目标。广义范围上,执政党和政府、人大、法院检察院等各种国家机构出台的法律法规、规章制度、条例、办法、司法解释等都属于公共政策的范畴,都是约束特定群体的具有法律效力的文件。因此,公共政策供给量处于不断增多的态势。

但是,政策增多的同时也产生了一种政策悖论,政策数量的多少和质量的好坏并没有绝对的相关关系,社会需要的是适宜的、良好的政策,而非政策轰炸。一方面,政策快速增长,加剧了资源的消耗和占有,政策之间的冲突和相容性问题也随之产生,很可能一项社会问题有多种政策加以规定,很容易造成不同政策相悖和不同部门之间的推诿,反而没有可依据的文件,供给过剩从而形成政策漏洞。另一方面,由于政策增长对资源的挤占和成本的耗费,一些不必要的、过时的政策得不到及时废止，形成了政策滞留，现有的社会资源有限的情况下就会带来另一种矛盾的现象——政策供给不足。

在现实情况中，政策供给过剩和供给不足是同时存在的。在某些领域，政策规定是相互违背的，如我国农业生产中最突出的问题就是病虫害防治，但是由于缺乏政策规定，农民自身对于农业技术和医药防治的了解不足，导致农业产量大幅降低，对生态环境也造成了利影响。

（二）政策涉及领域众多，终结牵一发而动全身

政策终结并不是简单的宣布政策结束，它是一系列的政策过程，除却政策废止这种形式相对来说程序简单，其他形式的政策终结通常都伴随着不同程度的善后工作。一项政策从进入议程开始，政府就开始投入人力、物力进行科学分析，一旦政策出台，就需要组建相应的部门和人员负责专职工作。在执行环节，政策往往不是独立作用于目标群体，一般都会与其他政策相互交织，产生交叉影响。因此，即便政策开启终结环节，在落实过程中需要考虑的因素也并不单一，如何妥善安置原政策执行组织和人员，如何在不影响其他政策的同时顺利终结该政策，如何不在社会上引起群众的抵制等，都是政府需要妥善解决的问题。

终结并不能一蹴而就，需要科学评估和考量，否则牵一发而动全身。最为明显的一个例子就是户籍政策的终结，产生于计划经济时期的户籍政策在当时被赋予的原始职能是有效管理人口和促进工农业生产，但随着我国政治体制的改革和发展，户籍政策承载了太多的附加功能，逐步与就业、教育、医疗、住房等和公民切身利益相关的福利制度相连，脱离了管理人口的初衷，变为限制人口流动和阻碍城乡资源分配公平的桎梏。因此，虽然户籍政策已经于2014年开启了终结大门，但是至今仍然进程缓慢，因为户籍政策终结已经不单单是这一项政策的结束，同时也意味着教育、医疗等政策的改革，牵连领域广泛，很难在短时间内顺利终结。

二、公共政策终结启动艰难

（一）政策终结成本高昂致使政策终结启动受阻

社会资源的含量是既定的，政府内部的资源也是有限的，"资源的严重不足致使制定政策的文化迫切需要成本意识"。[1] 节约成本本是政策终结的一个出发

---

[1] [美]叶海尔·德罗尔.逆境中的政策制定[M].上海：仁海远东出版社,1996:2.

点，如果终结成本远大于收益，那么政府对于是否启动终结程序就会再三考虑。在实际操作中，这种情况经常发生，政策终结所带来的收益短时间内很难弥补终结所消耗的资源，因此政府往往不愿意承受这种高昂的成本。这种成本通常包含两方面：经济成本和心理成本。

经济成本主要指终结政策前投入的沉没成本和终结所需要的实际成本，沉没成本指过去决策已经投入的，而不会因为现在或将来的决策改变的成本；实际成本指旧政策终结和新政策出台所需要投入的成本。一方面，政策制定和执行耗费了大量的人力物力和财力，所耗费的时间和精力都是难以衡量的。另一方面，终结活动本身成本就很高昂，因为终结就是一项非常复杂的工作，所需投入不好估计，费用标准很难精确计算。政策终结后机构的撤并、人员的安置，利益受损者的补偿，决策中需要的人财物等都需要认真考虑。同时，对于政策替代、政策合并、政策分解类的终结，旧政策的终结也意味着新政策的出台，所以政府还必须考虑对新政策的投入问题。比如，全面二胎政策出台前，政府也对新政策带来的经济压力和社会压力进行了长时间的论证，其中消耗的成本也无法精准计算。

心理成本主要指旧政策废除给社会群体带来的心理落差，一项政策经过在社会上长时间执行后，会带来大批支持者并形成政策认同感，一旦走向终结，可能会带来部分目标群体的心理抵触，不仅对于终结过程形成阻力，而且可能降低政府其他决策的公信力。无论经济成本还是心理成本，它们对于政策终结大门的打开都是不可忽视的阻碍。

（二）政策组织结构惯性干扰政策终结及时开启

物理学上讲，任何物体在任何时候都是有惯性的，即它要保持原有的运动状态，这一点同样适用于政治学领域。一项政策由进入政策议程到贯彻落实，处于一个不断向前运动的趋势，终结意味着政策运动的停止，由于惯性政策影响必然还会继续发挥作用，阻碍终结的开启。这里所讲的惯性主要包括政策惯性和组织惯性两方面。

政策惯性是指政策影响的持续性，主要体现在人们的观念上。由于政策执行已经很长时间，政策所宣扬的理念和精神也已深入人心，当政策走向终结时，惯性使民众的观念转变也变得十分困难，也加大了政策终结的难度。独生子女政策就是如此，长期的一个家庭只生育一个孩子的观念已经被广大人民群众接受，全面二胎政策对于那些只有一个孩子但是又没有能力生育二胎的家庭来说无法瞬间接受，需要一段时间的开展才能被广泛接纳。

组织惯性是指与政策相关的组织机构由于政策执行而形成的持续性，难以因为政策终结而立即消失。组织惯性主要因为政策组织具有两个特性：持久性和动态适应性。持久性是指一个政策决策执行机构如果没有外界阻力干扰通常可以持续很长时间，而且时间越长越难以被终结，经过政策落实的不断修改和完善，甚至会形成对支撑政策延续的条件和环境，这些都会对政策的顺利终结造成阻碍。动态适应性是指政策机构具有一定的生命力，会随着政策环境的变化而变化，甚至可以根据终结的各项举措调整政策方向，避免终结发生以证明自身存在的合理性。

三、公共政策"终而不结"

政策终结作为政策过程的一环，其本身也是一个独立的过程，经历着"终结启动—终结执行—终结完结"的系列程序。政策终结启动过程中本就会遭遇很多困境，就算排除万难，终结大门终于开启，由于政策影响的持续性，接下来在执行过程中也会面临种种难题。经常是一项政策已经宣布终结，但是因为政策而设立的机构和人员一时也难以清退，仍需合理安置，而且政策持续时间内带来的社会影响更是难以量化的，只能通过时间来逐渐消除。在这个过程中仍存在许多干扰因素，导致政策"终而不结"。

（一）压力型体制导致政策终结落实遭遇阻滞

压力型体制是一种现代化压力下的政府决策和执行模式，指下级政府迫于压力而要完成上级政府布置的各项任务和目标，为了实现经济赶超和其他指标，采取的是任务数量化分解和高度物质化奖惩相结合的手段，整个政府体系处于压力状态下运行。

制度本身无好坏之分，压力型体制的出现主要是通过强化上级部门的权力保证政令的顺畅推行，在提高职能部门和下级政府积极性的同时，体现中央和上级政府对问题的高度重视，短时间内"集中力量办大事"，克服外界抵制因素，减少问题的不确定性。但是，若制度运用不得当，带来的危害也是不可估量的，最为明显的一点就是"上有政策，下有对策"。迫于上级压力，下级部门通常会在表面虚与委蛇，但实际上因为客观情况阻碍或者个人利己主义，落实往往遭遇阻滞。

压力型体制过于强调目标的完成度，并不重视过程的合理性和科学性，而且通过层层施压的方式来推动各级政府部门运行也不能成为一个国家政府实现职能的常态，从长期来看，消极影响不断显现。体现在政府行为的暴力化，为如期完成上级交付的终结任务，下级部门往往借助强制手段来实施，这非但不利于政策目标的实现，还会带来其他负面作用。例如，为如期实现2020年全面小康的目标，中央大力推行精准扶贫，上级下达硬性指标保证在规定期限内完成任务，许多基层干部不敢违抗，只能做表面工作。这些形式化的行为直接违反了政策的初衷和精神，阻碍了顺利实现终结目标的进程。

（二）政策终结缺乏实践成功的经验及标杆效应

"标杆效应"原是经济学名词，指在某区域内占据重要地位的公司、集团、组织等，通过自身的一系列成功行为和活动，树立一个"标杆"，对区域内其他的组织和公司形成带动作用。在政策领域，这一效应同样适用，就像西方法律界的判例法一样，之前的成功经验都可以为今后的政府行为形成示范，帮助政策终结过程中问题的合理解决。但是，我国政策终结的研究过程还不长，还没有形成自己的体系，仅有的理论根本不足以指导我国政策应该如何终结。同时，我国政策终结的现实案例也十分有限，大多都是因为环境变化后对政策文件进行废止，并没有终结的后续过程。

（三）参与者间的利益冲突阻碍政策终结过程

我国大多数政策终结都具有渐进主义的性质，旷日持久的过程限制了人们对于政策和工程项目所存在问题的积极思考，因而在终结的进程中通常会受到不同主体的阻碍。约翰·金登的多源流理论认为，政策过程的参与者包括政府内部参与者和政府外部参与者，这两者不仅在政策制定和执行中发挥重要作用，同时也作为利益相关者影响我国政策终结的两大主体。

政府内部参与者主要包括政策的制定者和执行者。由于我国是议行合一的国家，政策的决议和执行是统一进行的，因此政策制定者和执行者通常是同一系统的单位，具有权责统一性，这就导致他们心理上并不非常乐意终结自己所出台的政策。对于中央或上级单位做出的终结指令，他们可能会因为潜在的经济损失而消极怠工。此外，一项政策自出台以来便会成立相应的组织机构负责具体落实和目标的实现，这些都是依附政策存在的，与政策形成"无形的利益"，一旦政策终结组织也要相应做出大规模的调整。同时行政人员是依附组织而工作的，组织调整意味着人员的削减和重组。这些掌权的政策执行部门和人员为了保证现有的职位和权力，都会千方百计地寻找对策，改变目标的走向。除政府内部参与者之外，目标群体中的受益者作为外部参与者也影响着政策终结的进程。一项政策有其受益者也必有其受损者，终结在结束受损者受损的同时也结束了受益者必须收益，等于打破了现有的利益分配格局，对政策资源重新进行了调整，这时利益受损者往往可能会借助组织、舆论等各种力量阻碍政策的顺利终结。比如，独生子女政策的终结过程就受到了地方政府和计生利益集团的阻挠，地方政府担心人口放开后数量的激增会导致GDP的下降，计生利益集团由于政策终结社会抚养费征收额下降，内部和外部各部门、群体间的利益冲突共同作用于政策终结，导致终结过程受阻。

总之，我国政策终结仍处于起步阶段，还在"摸着石头过河"，无论理论还是实践方面都需进一步的摸索和探讨。

第四节 我国公共政策终结的优化策略

一、整合公共政策资源，优化政策集群

（一）经济资源：合理评估终结效果，控制终结成本

许多政策之所以迟迟不能走向终结，一个非常重要的原因就是终结成本高昂，已经付出的沉没成本加上终结过程所需要的实际成本，令许多政策终结难以启动。实际情况中，终结所受到的阻力与终结成本之间是一种恶性循环的过程：如果政策终结遭受的阻碍势力越大，终结需要付出的成本会越高；成本越高，带来的阻力也越大。[①]因此，合理控制终结成本需要技巧与方法，在科学评估的前提下，把握终结过程的关键环节，尽量减少阻碍势力的影响，才能推动政策终结顺利完成。

首先，合理的评估结果是终结启动的前提。政策评估贯穿于政策过程的每个环节，对于政策终结而言，评估可以通过科学方法提前预估终结所需成本，从而制定详细、周密、可执行的终结方案，遇到突发情况也可以合理解决，避免额外的成本付出。

其次，强化终结主体的能力与水平。政策终结方案的执行需要主体的领导与指挥，负责任、高素质的领导无论是战略决策还是问题选择，抑或面对突发状况

---

① 何景怡. 转型时期我国公共政策终结研究[D]. 沈阳：东北大学，2011.

时都能发挥至关重要的作用。因此,对于政策终结主体的选择,需要从思想、工作能力、生活作风多方面加以考量,而且要选择积极进取、不怕"担责任"的人。这样的领导者才到掌控全局,把握终结速度,做到资源的合理利用,控制成本。

再次,选择合适的终结类型。政策终结的方式主要有政策废止、政策缩减、政策替代、政策分解等,每项政策目标不同、受众群体不同,影响力也各有千秋,终结前要选择恰当的方式,或者可以在不同阶段选择不同方式,尽可能在短时间内消除负面影响,缩减投入成本。

最后,试点工作可以为政策终结提供宝贵经验,先行试点可能在某种程度上加大了成本的付出,但是试点的成功与否都可以为终结的全面实施指明方向,避免不必要的浪费与突发事件,可以减少后续工作的资金投入。通过以上各种方法可有效控制成本,整合经济资源,为政策终结提供物质基础。

(二)社会资源:以合作型输入代替系统内输入,鼓励多元参与

著名学者张康之教授指出:后工业社会将是一个合作的社会,相应地,后工业社会中的社会治理也将是一种合作治理,它将是历史上从未出现过的一种新型的治理形态。[①]因此,政策终结作为政策过程中重要的一环,也应该是合作治理的形态,保证每个参与主体都能够平等地发挥作用。其具体表现为:一是需要形成输入主体的网络化,随着政治现代化的步伐,多元化利益主体的权利意识逐渐增强,要求参与政治生活的声音也扩散至政策终结领域。[②]政策终结不再是以前单纯的系统内输入,而是多元主体共同协作的合作型参与共同构建参与主体网络化,保证听取多方声音,推动政策终结的民主与公开。二是要疏通参与渠道,主体网络的建构是保证政策终结顺利进行的前提,我国人口众多,无法做到人人参与中央决策,所以要保证每一级决策组织的公开透明,每一级组织都积极听取广大群众的意见,进而促进整个政策终结流程的民主性与科学性。

(三)政治资源:完善组织机制,克服组织结构惯性

政治资源包括国家制度、政策环境、政治主体、组织结构等一系列与政策终结相关的政治因素。盘活政治资源,可以为政策终结提供制度结构上的支持,推动政策终结顺利进行。

一方面,需要营造良好的政策终结环境。环境因素对人、对政策的影响都是潜移默化的,它不像经济资源能够直接起到决定作用,但影响都是深远持久且不

---

① 张康之.在后工业进程中构想合作治理[J].哈尔滨工业大学学报(社会科学版),2013(15):51.
② 曲纵翔.政策终结:基于正反联盟的利益冲突及其协调策略[J].中国行政管理,2016(3):12.

易磨灭的。政策终结的观念一直未能在政策过程中发挥重要作用，就是因为政策环境中并未形成终结的氛围，人们才没有对终结产生概念与认识。这就需要通过对政府公务人员加强思想观念的教育和宣传，使政策终结主体加深对终结的理解程度，以便运用于工作中。除此之外，激励机制也是不可或缺的一部分。现阶段公职部门中一直有一种"多做多错，不做不错，少做少错"的想法，权责一体使公务人员害怕担责以至于碌碌无为，所以对敢做敢拼的领导干部一定要大力奖赏，激发他们的工作热情，只有不惧怕政策终结引来的阻碍声音，才能真正有人率领开启政策终结的大门。

另一方面，要科学设计政府组织结构。不同的组织结构对政策终结的影响不同，设计科学、目标明确、执行力强的组织对政策终结的态度是积极的，行动力也是惊人的。因此，在组织运行之初和之中，应该随时明确制定组织目标、完善组织职能，构建责权利三位一体的格局，并且只有随着政策环境的变化动态改善，才能真正为政策终结提供完备的政治资源。

二、科学制定终结程序，保证过程科学合法

（一）加强科学评估，确保评估结果的准确性和公开性

政策评估是专门的评估人员或机构运用科学方法对政策执行结果、效益、效果进行判断与评价的一种政治行为。政策评估是公共政策过程中一个必不可少的环节，不但可以为政策终结提供指导与建议，而且可以争取潜在支持者，提高政府公信力。

首先，政策评估要运用科学方法进行。现代信息化社会条件下，经济发展速度日新月异，自媒体等各种新兴事物相继涌现，政府在进行政策评估过程中不能仅运用传统的专家会议、领导验收等方法，需要将新媒体引入其中，运用更多跨学科方法全方位、多角度、多领域地进行评估，各家精准把握评估结果，为政策终结提供科学合理的方案。

其次，要运用多种手段，使官方评估与非官方评估相互结合。这样不仅能给予政策评估以权威性、政策终结以合理性，还能提高评估结果的公众接受度，为终结的推行吸取更多支持力量。

最后，要保证评估结果的及时公开性。公布内容越完善，越能保证社会民众直观地了解政策过程，对政策走向包括政策终结都能给予最大程度的支持，为政策终结提供民意与舆论支持。

（二）建立政策终结定期审查机制，及时甄别过时政策

定期审查制度在法律界运用较为广泛，国外许多国家也都建立了"规章定期审查机制"，我国有政府政务公开定期审查制度，但对于政策终结，仍没有明确规定需要多长时间进行一次全面审查。改革开放至今，我国进行了多次大规模的政策清理，但一直没有形成系统的法律条文或者规章制度，这样其实给予了很大程度的政策随意性。因此，建立政策终结的定期审查制度也十分重要，这样可以保证过时政策及时被发现，并通过科学评估决定政策是去是留，节约政策资源，优化政策集群。

（三）制定并引导利益补偿机制，实现利益结构整合

政策制定的初衷是为了服务特定群体，达成预期目标，在政策执行过程中必然使部分群体从中获益，一旦政策走向终结，原有利益格局被破坏，必然导致这部分人的反对与抵抗，他们可能以个人或群体之力联合起来进行抵制，形成政策终结的反对联盟，阻碍终结过程的进行。这时需要做的就是利益补偿，尽量缩小政策终结为这部分群体带来的损失，尽可能保证公平公正。

首先，就是在思想层面上进行转变。这是一切后续补偿工作的前提，只有反对势力从心理上接受了政策终结的决策，他们才能愿意以物质补偿的方式弥补损失。这就需要加强政策终结的相关宣传与教育工作，引导社会群体树立全局观念，平衡个人利益与集体利益的关系。

其次，要做到物质利益补偿的一视同仁。政府部门事先就应该根据实际情况与受损者心理预期制定合理的补偿标准，补偿结果要严格按照规则进行，不能因为个别群体的不满而改变，否则只会导致更大群体的不满，阻碍政策终结的进行。

最后，要重新整合新的利益结构。一项政策的终结打破了原有的利益格局，这时就需要重新构建新的利益形态，保证各方利益的均衡，保证与其他政策、组织的平衡与稳定。

三、合理运用方法技术，推动政策终结过程

（一）把握终结恰当时机，避免出现政策真空

俗语说：机不可失时不再来。机遇的把握在时间发展过程中非常重要，有时能起到关键转折的作用。政策终结领域亦是如此，政策之窗的开启需要三条源流的交汇，这个交汇时间点也是转瞬即逝的，要想政策终结顺利进行，恰当的时机必不可少。

因此，一方面要谨慎识别时机的到来，在政策负面影响的持续扩大的情况下，两会、党代会等全国性会议都是政策终结开启的良好契机，会议的权威性加强了政策终结的合理性，同时也加强了社会群体的认同感。除此之外，在某些突发性事件爆发引起社会共同关注时，政策终结的推行也容易获得大多数民众的支持，保证政策终结的成功开始；另一方面要避免出现政策真空，正如张康之、林水波等学者给出的定义，政策终结大多是新政策替代旧政策的政治行为，一可以缓解政策终结的压力，二也可以避免政策脱节，减缓政策终结引起的政策系统动荡，维护政策稳定。

（二）强制行政与妥协退让相互配合

政策终结想顺利推行，目标群体以及社会大众的配合与协作不可或缺，如何让民众配合是政府组织要仔细考虑的问题。政府有强制手段为后盾，具有强制力，但一味地强制只会激起民众的反抗，甚至造成严重的社会动荡，但一味地妥协又会致使政府失去公信力与权威性。因此，面对不同政策的终结，妥善处理好强制与妥协的关系是促进政策终结的方法之一。

首先，强制力的谨慎使用。政府的强制行为有法律作为保障，初衷是为了更好地服务人民，只要在执行过程中严格遵循法律界限，可以起到很强的威慑作用，保证政令通畅，才能终结圆满完成。

其次，强制与妥协的相互配合。两者在政策终结过程中并不是相互矛盾的，相反，许多政策需要两者共同作用才能妥善终结。何处需要强制，何处可以妥协都需要具体问题具体分析，对不同政策两种方法使用程度也不尽相同。只要强制力不逾矩，妥协不过度，在合理范围内行使都可以起到积极作用。

最后，妥协手段的适当使用。政策终结的目标是为了提高政策绩效、优化政策集群，在不影响全局利益的情况下，为达成终结目标，可允许一些适当的请求。当然，妥协的使用一定不能过度，否则会引起其他民众不平等的声音，造成整体格局上的不公平。

（三）利用多种媒体形式加强舆论引导

新闻媒体亦称大众传媒，包括纸质媒体与电子传媒两大类，这两种媒体形式一直以来占据着舆论宣传的主要地位。近些年，来随着网络的兴起与普及，许多新型自媒体开始涌现，微信、微博、贴吧等自媒体运用领域极为广泛，与人们的生活息息相关。如果政策终结能够利用好各种媒体形式形成大范围的舆论支持，对于终结过程的开展会起到事半功倍的效果。

一方面，传统的新闻媒体仍占据着不可或缺的位置，政策终结背景、内容、过程等官方内容仍需通过传统媒体公布于众。因为这些媒体已在民众中建立了公信力，发布内容更为民众信服，尤其人民日报、新华网、环球时报等党政在民众心中就是权威的代表，消息的真实性被广为接受。另一方面，因为新兴自媒体具有平民化、易操作、传播快等特点，能引起更大范围民众的注意，方便政策终结的宣传。因此，微信、微博等平台对终结过程给予简单概括与传播，更容易获取社会大众的支持，形成广泛的舆论导向，推动政策终结走向。

公共政策的创立者拉斯韦尔曾指出：政策科学是一门需要学者与政府官员共同研究的学问。因此，政策终结作为公共政策过程的一个环节，经过数年来的发展与进步，获得许多成果的同时也暴露出越来越多的问题。这不仅需要相关学者精确地分析与科学数据作为指导，政府工作人员也要在实践中不断检验与摸索。在此希望能够通过系统的分析与论证，为我国政策终结提供一些可供借鉴的意见，不断完善政策终结理论，同时为政策终结实践过程提供些许指导，进一步优化我国政策终结过程。

第七章 公共政策绩效评估的现状

第一节 我国公共政策绩效评估的现状

随着绩效评估的推广，我国从中央到地方政府、从单一部门到政府整体开始形成绩效评估的燎原之势。当前，政府考核或绩效评估除了上一级政府对下一级政府和部门推行外，还有上一级政府部门对下一级政府和部门进行考核或评估。同时，国家层面对于绩效评估的体制机制开始了顶层设计，各地各部门普遍实施的政府整体绩效、公共部门绩效、公共项目绩效的评估工作不断得以完善。2008年底，国务院明确由监察部牵头负责这项工作。2010年7月，经中央编委批准，中央纪委监察部增设了绩效管理监察室，负责具体组织协调政府绩效管理工作。直至2013年，全国30个省份陆续开展了政府绩效管理工作，取得了较好的实际效果。例如，北京、广西等地通过绩效管理提高政府执行力；浙江、福建、安徽等地以绩效管理为抓手优化经济社会发展环境；杭州、南京等地组织群众评议评价政府绩效等。现如今，在保质保量完成政府绩效管理的基础上，开展创新项目成为一大任务。例如，2019年度，北京市各市级行政机关和区政府坚持以习近平新时代中国特色社会主义思想为指导，认真学习贯彻党的十九大和十九届二中、三中、四中全会精神，积极践行创新、协调、绿色、开放、共享的发展理念，紧紧围绕首都城市战略定位，创新政府绩效管理，深得民心。

一、对《中华人民共和国国民经济和社会发展五年规划纲要》实施的评估

（一）《中华人民共和国国民经济和社会发展五年规划纲要》评估的特点

1. 自我评估与第三方评估有机结合

五年规划的评估首先由政府实施部门进行自我评估，得到最为直接和有效的

评估结果。然而，政府部门既是规划的制定者，又是实施的组织者，对规划实施效果的中期评估实质上也是对地方政府政绩的一种评价，因为只进行自我评估，会使评估报告的公信力不足。委托评估一般以课题研究的形式委托给第三方研究评估机构，这一形式能在现行体制下最大限度地做到相对独立，使评估结果更具真实性。专业的第三方研究评估机构，在宏观层面的形势和政策把握、上层规划衔接、规划评估经验积累、视野的开阔程度、评估方法的科学运用等方面，往往能够比较显著地提升评估报告质量。

2.定性评估和定量评估有机结合

对于规划实施的总体情况，各重点领域的推进情况，一方面，应当做出定性的总结描述和评价；另一方面，应尽量使用统计数据说明情况，采用量化指标体系，使用规范统计数据，运用科学计算方法，形成量化评估结果。其中，定量分析是基础，定性分析多为总结和提炼。根据完成情况做出量化的综合评估，形成规划实施顺利与否、成效是否达到预期的定性评估结论。例如，在对每个规划任务展开进行研判时，有许多状态性和趋势性的内容，因此在评估上会以定性描述为主。具体评估中，在充分整理进展资料、充分研究发展程度的前提下，再以每一领域的发展作为状态的判断。但定量的评估依据，也不容忽视，一些规划任务的实现程度、进展节点，都有赖于定量的数据，来辅以支撑定性的描述。

3.全面评估与重点评估有机结合

全国评估与重点评估有机结合即对规划涉及的经济建设、政治建设、文化建设、社会建设、生态文明建设等主要领域、主要指标的综合实现度、重点任务的完成情况以及执行不力之处进行全方位、系统性评估。同时，在全面评估的基础上，对五年规划确定的主题主线的执行情况、核心发展战略的推进情况、资源环境、公共服务等领域约束性指标实现情况、政府履行职责等情况，以及专项规划、细分的重点领域、主要工作、完成情况不理想的指标等进行重点评估。

（二）《中华人民共和国国民经济和社会发展五年规划纲要》评估的方法

在国家层面五年规划的第三方独立评估中，世界银行的"十步法"、清华大学国情研究中心"规划蓝图—实施情况"一致性评估方法等，得到了较具成效的运用。

1.世界银行的"十步法"

以结果为导向的监测与评价体系——"十步法"与传统的监测与评价体系相似，但作为一种高效的公共管理工具，由于它强调成效和影响，即投入、活动和产出，而不是简单地关注实施本身，将帮助政府及其组织向它们的利益相关者展示影响和成效。

与其他模型不同，"十步法"的第一个步骤是独特的就绪度评价，即前期准备情况评价，其是监测和评价体系的基础，因此必须在建立起监测和评价体系之前开展就绪度评价。缺乏对基础工作的了解，盲目推进监测和评价体系很可能面临重重困难并最终导致失败。

第二步：形成成效共识，成效指明了将要进行的路径。"十步法"注重强调政治进程、参与度及相互合作。也就是说，在制定成效、指标和目标等过程中有必要征询主要内外部利益相关者，并让他们表达对成效的认识。

第三步：选择关键绩效指标来监测投入、活动、产出、成效及影响等进度。各项指标能够提供持续的反馈和大量的绩效信息，有几个基本原则将有助于选择各项指标。总之，建立良好的监测指标是一个反复的过程。

第四步：收集绩效指标基准，包括定性的或定量的。绩效基准数据是取得最后监测和评价结果的起点。

第五步：改善绩效规划，选择结果目标。即在前面四个步骤的基础上选择切实的目标，这是实现长效成效的过渡步骤。可根据基准指标和预期改进程度制定目标。

第六步：结果导向监测，包括实施过程监测和结果监测。监测结果是指根据基本指标收集高质量的绩效数据。

第七步：实施评价。评价信息在以结果为导向的管理系统中的运用，包括开展评价、评价种类和评价的时间安排等内容。

第八步：报告结果。通过分析和报告数据帮助决策者进行必要的调整，以改进项目、政策和计划。

第九步：结果运用。这是政府部门和组织机构创造和分享知识以及促进学习的重要步骤。

第十步：维持体系运行，包括维持以结果为导向的监测与评价体系所面临的挑战，包括需求、明确的角色和责任、可靠信息、问责、能力建设以及适当的激励机制。

世界银行的"十步法"可运用于项目、计划和政策，十个步骤并非是简单的线性过程，实施中需要在几个必要步骤之间来回转换或者同时进行几个步骤。如能顺利建立并实施该体系，运用以结果为导向的监测与评价体系，将能给组织或政府的运行产生巨大影响,将会增加责任感、提高透明度、改善绩效和创造知识。

2.清华大学国情研究中心"规划蓝图—实施情况"一致性评估法

清华大学国情研究中心按照三个维度、四个步骤对国家"十一五"规划纲要进行中期评估。"规划蓝图—实施情况"一致性评估法的三个维度包括:目标实现评估,对目标实现一致性程度进行评价;任务完成评估,即评价任务实施情况及其目标战略的有效性;实施机制评估,即实施机制的贯彻对目标实现与任务完成的支撑程度。

"规划蓝图—实施情况"一致性评估法的四个步骤包括。

(1)测量。利用一定的测量方法衡量目标实现程度、任务实施情况、机制运行状况。目标实现测量是根据实证数据来测量规划指标的实际进展情况,对于定性目标则应将定性目标定量化。任务实施测量的重点是:提出定量指标、重点子任务、重大工程的分解落实情况。机制运行测量在评估体制建设情况中对目标实现、任务实施起支撑作用。

(2)评价。按三个等级对各子项目目标、任务、机制进行分级评级,重点在于识别进展较差的子项,为下一步诊断奠定基础。定量目标实现评价采用完成率来衡量"目标—实现"一致性程度,完成率大于55%为进展良好,完成率在35%—55%为进展正常,完成率小于35%为进展滞后。定性目标实现评价具体为:表现比前一个计划期好的评价为良好;相近的为正常;表现更差的为较差。任务实现评价对任务中的主要政策措施与重大工程,其进展进度达到评估标准的为正常;超额的为良好;滞后的为较差。机制运行评价对实施机制也分为三个等级:措施尚未开始或只有少部分实施,评价为进展较差;措施全面实施并得到一定程度推进,评价为进展正常;措施全面实施并得到较大程度推进,评价为进展良好。

(3)诊断。首先,对进展滞后的目标和任务进行实施机制诊断,查找实施方面的原因。其次,比较实际完成率与趋势完成率的差异,识别规划因素的作用。如果实际完成率显著高于趋势完成率,则认为规划干预确实发生了作用。对进展滞后的目标,如果两者差值过大,则认为规划指标值过于冒进,结合完成可能性趋势分析,指出是否对规划值进行调整的建议。最后,分析高度相关指标的偏移情况,识别外部因素的作用。

(4)报告与建议。评估结果报告是提交政策制定者的最终产品,为政策制定者提供及时、准确、清晰的决策支持信息;基于评估结果提出的政策建议,比一般性研究的建议更加具有针对性和可行性。

该方法也有一定的局限性。它对规划本身的合理性不能作出评价，这使得对规划深度评估较为困难。这一缺陷可以在诊断环节。针对滞后的目标与任务，引入不受目标影响的评估模型加以克服。另一个缺陷是目前该评估方法还不能完全实现历史比较，需通过引入层次分析法、指标比较法等对规划进行分级分值匹配和综合评分，以实现不同五年规划实施情况的对比。

二、对国家重大民生政策的评估

民生政策是政府为保障公民权利而采取的一系列措施，即政府为民办事的"民心工程"和"德政工程"，是立党为公、执政为民的体现。国家重大民生政策为我国经济发展提供强大动力，改善民生作为保增长的出发点和落脚点，对民生政策评估是公共政策评估的主要领域。

（一）就业政策评估

就业是关系到国家社会稳定、经济增长的重要基础性问题，是永恒的课题，也是世界各国的难题。就业政策为每年数千万农民工、数百万毕业生的就业需求和数百万企业的用工需求的匹配创造良好环境，中央和地方政府千方百计扩大就业，推出企业职工稳定就业、高校毕业生就业、失业人员再就业、农民工流动就业和复员转业军人安置等就业政策。就业政策评估主要包括以下几个方面。

1. 劳动力供给与需求的政策评估

从供给看，包括16～59岁劳动年龄人口总量、需在城镇就业的新成长劳动力、城镇登记失业人员以及需要转移就业的农业富余劳动力。从需求看，受国际国内各种因素影响，制造业企业面临困难，加之生产方式变革、劳动生产率提高、技术进步、"机器换人"和产业转移，直接或间接导致劳动力需求相对减少。通过对劳动力供给与需求政策的实施绩效进行精准评估，提供宏观就业政策的指导和建议。

2. 职工安置政策评估

钢铁、煤炭等行业过剩产能及"僵尸企业"出清，特别是在资源型城市、老工业基地等去产能重点地区，受产业结构单一、再就业门路狭窄等因素制约，职工安置政策关系社会稳定和谐。

3. 劳动力结构性政策评估

人、岗不匹配的结构性矛盾一直是就业领域的主要矛盾，"招工难"与"就业难"并存。一方面,随着产业转型升级和技术进步,高层次人才和技能人才短缺问题会更加突出。而企业效益下滑又使工资增长、福利提升受到影响,在劳动者预期不变的情况下,一线普通工人和服务员特别是苦、脏、累、险岗位的吸引力进一步下降,招工难问题仍将持续。另一方面,一些低技能劳动者和部分高校毕业生就业困难。特别是随着供给侧结构性改革力度加大,势必造成一大批职工转岗就业,其中不少人年龄偏大、技能和经验趋同、转业转岗能力差,就业难问题将更加突出,结构性和摩擦性失业或将增多。劳动力结构性矛盾既是就业工作的难点和关键点,也是就业政策评估的重点。

4. 青年就业政策评估

就我国高校毕业生而言,其规模浩大,而市场上适合的岗位还不充足,企业招聘意愿有所下降,加之高校毕业生教育结构、就业观念与市场需求脱节的结构性矛盾突出,就业压力很大。同时,新生代农民工比重大幅增加,他们的文化水平和技能素质总体不高,但对就业岗位有更高的要求,对融入城市有更强的诉求,一旦经济下滑出现大规模失业,他们又很难回到农村。

5. 职业培训政策评估

职业培训政策是化解结构性就业矛盾的根本举措,包括对贫困家庭子女、失业人员和转岗职工等群体的免费职业培训行动、新生代农民工职业技能提升计划、企业新型学徒制试点政策等政府培训补贴政策。

(二)社会保障政策评估

由于经济社会发展水平以及制度、文化的差异,不同国家的社会保障政策体系在构成上是不同的。按照国际劳工组织的社会保障体系框架,结合我国基本国情以及社会保障的实际运作,我国社会保障政策评估主要包括以下内容。

1. 社会救助政策评估

社会救助政策是国家和政府制定的旨在维持公民最低生活水准的社会保障政策,是一种最低层次的社会保障,是对已经陷入贫困的社会成员提供最低标准的生活保障的有效手段。国家和社会按照法定标准和法定程序,在公民因种种原因无法维持最低生活水平时,向其提供满足最低生活需求的社会援助(包括物质和金钱在内的经济援助以及劳务服务等)。社会救助的实施,一方面是为了消灭社会的绝对贫困现象,在现代市场经济运行过程中体现公平原则;另一方面也使没有基本生活保障的社会成员的生存发展权利得到实现。当今的社会救助不同于过去慈善事业和济贫活动,它是在扶贫、互助与自救相结合的基础上实施的。社救助政策评估主要包括对扶贫开发政策、最低生活保障政策、灾害救助政策、医疗救助政策、法律援助政策以及特殊人员救助政策等公共政策评估。

2. 社会保险政策评估

社会保险政策是社会保障政策体系的支柱与核心,是国家和政府制定的旨在保障劳动者因年老、疾病、伤残、生育、死亡、失业等风险事故或永久失去劳动能力,从而在收入发生中断、减少甚至丧失的情况下,仍能享有基本生活权利的社会保障政策。社会保险政策应尽可能地覆盖所有社会成员,至少应使绝大多数劳动者都能得到社会保险的保障。社会保险作为一种保障形式,应遵循普遍性原则,即用多数人的力量分担少数人的风险。只有具备了这一特征,才能解决劳动者的基本生活需求问题,发挥保险的公益性功能,并促进社会稳定。在我国,社会保险政策评估包括对生育社会保险、医疗社会保险、失业社会保险、工伤社会保险、养老社会保险等公共政策评估。

3. 社会福利政策评估

社会福利政策是国家和政府制定的旨在提高国民生活质量的社会保障政策。福利制度属于较高层次的社会保障,其目的是促进整个社会成员的生活福利普遍增进。广义的社会福利泛指国家和社会为改善国民的物质文化生活条件,而依法向国民提供的各种津贴补助、公共设施和社会服务。狭义的社会福利是为解决已经出现的社会问题及减少社会病态和预防社会问题恶化,所采取的社会保险和社会救助事业,针对的是社会部分公民。在实践中,社会福利政策评估主要包括对公共福利、劳动福利、老年人福利、残疾人福利、儿童福利、妇女福利、军人福利等公共政策评估。

4. 社会优抚政策评估

社会优抚政策是规定由国家或社会依据对法定的优抚对象提供确保一定生活水平的资金和服务的带有褒扬和优待抚恤性质的特殊社会保障政策。社会优抚政策评估主要是对保障军人及其眷属基本生活的公共政策进行评估。

(三) 教育政策评估

教育政策涵盖面很广。从教育的作用对象看,教育政策评估主要包括以下内容。

1. 教育经费政策评估

我国已建立城乡统一、重在农村的义务教育经费保障机制。教育经费政策评估包括生均公用经费基准定额资金、学生流动政策、城乡义务教育学校(含民办学校)补助公用经费政策、义务教育免除学杂费等公共政策评估。

2. 高等教育政策评估

国家提出建设世界一流大学和一流学科，"双一流"的建设确立了坚持以一流为目标、坚持以学科为基础、坚持以绩效为杠杆、坚持以改革为动力等几个原则，提出到2020年若干所大学和一批学科进入世界一流行列，若干学科进入世界一流学科前列。到2030年，更多的大学和学科进入世界一流行列，若干所大学进入世界一流大学前列，一批学科进入世界一流学科前列，高等教育整体实力显著提升。到21世纪中叶，一流大学和一流学科的数量和实力进入世界前列，基本建成高等教育强国等阶段性任务。高等教育政策评估就是对照国家"双一流"建设的阶段性目标，对高等教育招生政策、研究生培养政策、学生就业适应性政策、贫困学生补助政策、大学生创业政策等公共政策评价。

3. 职业教育政策评估

职业教育政策评估包括职业教育师资政策、职业教育产学联动政策、创新应用型技术技能型人才培养政策、实验实训实习基地建设政策、考试招生改革政策等公共政策评价。

4. 特殊教育政策评估

国家设立了37个市（州）、县（区）为国家特殊教育改革实验区，在政策、资金、项目等方面对实验区特殊教育改革发展予以倾斜支持。特殊教育政策评价，主要是从专业理念与师德、专业知识、专业能力三个方面对照特殊教育的68条具体标准，对各实验区特殊教育的工作机制创新、专项资金等公共政策评价。

5. 素质教育政策评估

国家对义务教育阶段四年级和八年级学生的学业质量、身心健康及变化情况进行监测，监测学科分别为语文、数学、科学、体育、艺术、德育，监测方式包括学科测试、问卷调查和现场测试。通过素质教育监测和评价，对国家素质教育政策的实施绩效进行全面、动态的掌握。

6. 教师政策评估

教师是教育的基础，教师政策是教育政策的重要内容。教师政策评估包括中小学教师职称制度改革政策、教师评聘合一政策、校长职级制政策、乡村教师政策等公共政策评估。

（四）公共卫生政策评估

建立覆盖城乡居民的基本医疗保障制度和公共卫生服务体系，使"人人享有基本医疗卫生服务"是新一轮医改的政策初衷,也是公共卫生政策评估的出发点和落脚点。具体包括以下几个方面。

1. 公立医院政策评估

公立医院是我国医疗服务体系的主体。公立医院政策评估是按公益性原则,对公立医院在基本医疗服务提供、急危重症和疑难病症诊疗、医疗卫生人才培养、医学科研、医疗教学、基本公共卫生服务、突发事件紧急医疗救援、国防卫生动员等公共政策实施的绩效评估。

2. 专业公共卫生机构政策评估

专业公共卫生机构是向辖区内提供专业公共卫生服务并承担相应管理工作的机构,政策实施主体主要包括疾病预防控制机构、综合监督执法机构、妇幼保健计划生育服务机构、急救中心(站)、血站等。专业公共卫生机构政策评估是对疾病预防控制、健康教育、妇幼保健、精神卫生、急救、采供血、综合监督执法、食品安全管理、计划生育、出生缺陷防治等公共政策实施的绩效评估。

3. 卫生信息化政策评估

国家推出健康中国云服务计划,应用移动互联网、物联网、云计算、可穿戴设备等新技术,推动惠及全民的健康信息服务和智慧医疗服务,推动健康大数据的应用,逐步转变服务模式,提高公共卫生服务能力和管理水平。卫生信息化政策评估包括对人口健康信息化、远程医疗服务、居民健康卡、就医"一卡通"等公共政策实施的绩效评估。

4. 卫生人才政策评估

包括对公立医院、基层医疗卫生机构、专业公共卫生机构的人才配备、人才培养、人才使用政策的绩效评估。

第二节 我国公共政策绩效评估的主要问题

由于受行政管理体制、绩效评估规范化、评估人才体系等发展水平限制,以及政策目标的不确定性、因果关系的不对称性、政策效果的离散性、有效数据的匮乏以及部门利益等因素影响,我国公共政策绩效评估总体而言还比较落后,尚处于不断规范、完善的阶段。其问题主要表现在以下几个方面。

一、公共政策实施前准备不足、目标不合理

一是政策设计阶段可行性论证不够充分，包括对组织、人员、资源、计划、政策风险等多个方面认识不足。公共政策评估首先应对政策适用性进行评估，包括对政策执行主体的能力及其结构配置、政策实施可行性、资源投入、政策实施对象等方面进行综合分析，发现问题及时提出改进建议，为政策执行实施的有效推进做好基础保障。

二是政策实施前设立的绩效目标模糊。绩效目标是政策实施的依据，也是公共政策绩效评估的基础。现阶段存在着政策出台随意性强、长官意志以及理论脱离实际等现象。首先，政策实施的绩效目标具有不确定性。政策目标设定是政策的关键，有些目标很难量化或者不适合量化，有些目标过于多元化甚至本身有矛盾，有些在执行过程中因环境变化而要做修订变更，甚至有些政策实施时目标本身表述就比较含糊，这些对于公共政策绩效评估产生很大影响，使得绩效目标无法确定并影响后续的评估工作。其次，政策执行人员对政策理解上可能产生偏差。由于主客观因素导致政策执行者理解存在偏差，使得对目标缺乏统一的认知，缺乏对政策执行具体现实状况的细致分析，导致有些绩效目标不合实际，过于理想化，超越了政策执行主体的运作能力，又无法得到及时修正，导致后续实施过程产生扭曲和异化。

三是政策绩效评估难以客观化。政策绩效评估体系的标准化是对公共政策执行绩效进行评估的标尺，合理的、客观的标准是进行执行绩效评估的前提，但目前尚未形成科学、规范的政策评估方法和指标体系。实际操作中采用过多的定性评估标准，主观性强，致使评估主体用原则判断来取代事实分析和定量数据评价，为后续简化评估实施过程和变通评估结果提供了灵活的空间。另一种倾向则是僵化的唯数据论，过于强调量化指标、重视短期政绩的需求。而公共政策往往是具有长期效应和影响力的，公共政策评估需要关心社会效应和公众满意度，否则政策容易陷入短期行为的情况。

四是可行性评估侧重对政策的经济、社会、技术的可行性分析，对管理流程、资源运用、环境影响、社会评价等缺少分析。这导致政策实施后，政策评估主体在进行绩效评估时信息不充分，实施过程中的评估和关键节点模糊，对政策的可操作性和资源运用的合理性难以作出有效的判断。

二、政策实施不透明，外部取样难

一是对社会公众尤其是政策目标群体的政策及执行宣传不够到位，导致目标群体因为缺乏认同，不配合政策执行，增加执行成本。

二是缺乏政策的执行力，不严格按照计划实施，实施过程中出现不作为、乱作为或无效作为，又没有流程管理和全过程监控。

三是为了政绩需要仅公开片面信息而导致信息失真，从而无法及时发现实施中的缺陷，不能进行及时改进。当前，信息缺乏和信息不对称成为执行绩效评估的一大难题。公共政策绩效评估的客观性和全面性源自对执行过程绩效的有效采集，充足而准确的资料和信息是进行政策执行绩效评估的基础。绩效评估活动的过程，从信息的角度来看，是信息的筛选、加工、输出、反馈的过程，评估的有效性在很大程度上取决于信息本身及其传输的质量。政策实施主体有时对政策评估有抵触情绪，希望政策实施过程中信息透明度低，不希望信息完全公开，故意隐瞒一些信息或者提供一些虚假信息，避免对自己不利的表现和结果影响对其的评价。政策实施过程缺乏有效的外部监督，信息化管理较低，对信息采集缺乏法定的强制规范，信息材料往往掌握在政策实施主体手中，不完整、不全面，不能及时反映政策实施的动态过程。政策绩效评估主体尤其是外部评估主体无法全面了解到这些绩效信息，仅凭主观感受和汇总的统计数据来评估绩效状况，造成绩效评估存在着较大的信息偏差。

三、公众参与评估不够，社会满意度调查良莠不齐

公众是政策的直接对象，在政策绩效评估中公众评价是重要组成部分，其满意度实质上是公共政策实施绩效的核心部分。但是，由于在政策绩效评估中，公众大多缺乏独立参与的意识，对社会事务、公共政策的冷漠、疏离感很强，即使有些公众具有参与的热情，但由于缺乏专业知识，仅限于主观感受，评估能力不足。此外，政策绩效评估方缺少对公众的主动引导和训练，公众参与评估渠道不畅通，导致从公众那里获取对政策绩效信息很有限。尽管公共政策绩效评估都要开展社会满意度调查，但是调查问卷、抽样样本、指标权重等对满意度都有较大的影响，受评估方的调查方法选择、调查方案设计、调查实施质量监控等评估手段的限制，将使社会满意度调查流于形式。

四、政策绩效评估组织方式简单，评估技术不科学

我国在进行公共政策绩效评估中主要采取的是非正式评估、内部评估、第三方评估的方式。非正式评估是我国总政策或基本政策执行的主要评估方式，通过下属部门的反映或座谈会形式的反馈，或者是上级部门的常规调研等方式，虽然评估的周期短、效率高，但受到政策实施绩效评估主体主观因素的影响、信息丰富程度与准确程度的制约，很难保证绩效评估结论的科学性和客观性。内部评估是我国一般政策和地方政策执行的主要评估方式，这种评估是由体制内政策研究机构组织进行，或者是由政策制定者或政策实施者自己进行评估，但政策研究组织容易受其上级主管部门影响，评估结论难以保持中立性；政策主体自我评估容易受自身利益影响，不会做出不利于自己的绩效评估结果，难以保证政策评估的客观性。第三方评估等形式的政策绩效评估在组织方式上较为复杂，因数据保密、敏感信息等开放度不够，尚未形成制度，已开展的探索也易流于形式，对政策制定方、实施方的说服力不够，真正发挥的作用比较有限。

政策绩效评估技术科学性不够。公共政策绩效评估涉及的领域很广，需要对很多相关因素进行定性定量分析，需要专业化的评估方法、评估人才和评估机构。我国绝大部分政策评估人员欠缺绩效评估方面的专业知识，评估方法比较简单，定性评估具有一定的主观性、随意性，受外部干扰影响较大。运用投入产出法进行评估时过分唯数字论，定性与定量之间缺少有机结合。对于在企业经营管理中广泛运用的关键绩效指标法、平衡记分卡法等方法未能熟练运用，绩效评估结果与政策实施主体和客体的认知之间存在较大偏差。

五、评估队伍专业性不足，评估能力有限

公共政策绩效评估是一项专业性很强的工作，需要评估人员对公共政策理论、政策本身以及中国国情有深入认识，需要深厚的知识和实际能力储备，尤其是公共政策的理论知识、评估技术和方法，评估团队的能力直接决定了评估的质量。然而目前评估队伍匮乏、评估人员能力不足成为政策绩效评估的主要瓶颈。现阶段，我国尚未建立评估专业的教育培训体系，没有专业的学历教育，也没有国家的职业资格认证系列，评估人员都来自其他专业，对数据、信息的收集、采集和分析能力有限，容易造成主观偏差，影响绩效评估质量。

六、绩效评估结果激励约束机制不健全

政策绩效评估结果的运用关系到绩效评估的应用价值。由于目前政策绩效评估尚处于探索、起步阶段,评估结果的客观性、科学性尚存在欠缺,因此评估结果的应用远没有起步,在实施过程中仅仅作简单的反馈和参考,没有和政策实施的考核建立明确联系,缺少具体的激励约束制度性规定。

七、政策绩效评估配套保障机制不完善

政策执行绩效评估具有复杂性、系统性、周期性的特点,需要投入相当的人力、物力、财力等资源作保障,也需要评估人员培训、评估信息管理、评估经费管理、评估结果反馈、评估档案管理等一系列配套保障制度。由于缺乏对公共政策绩效评估的法律、政策等制度依据,导致在政策绩效评估过程中,地方政府对政策绩效评估所需的制度准备、管理准备缺乏认知,随意性强,政策实施部门对评估团队的工作敷衍了事,不配合、不提供相关的基础数据和资料,评估实践与评估结果分析显得力不从心。

第三节 完善我国公共政策绩效评估的策略

一、健全公共政策绩效评估层次与分类

公共政策具有层次性,政策实施的主体也具有层次性,因此公共政策绩效评估也应按层次划分类型,针对政策的特点加以完善。

(一)国家层次:宏观政策绩效评估

宏观政策是处于国家层次的政策,是公共政策的统领,由党中央和中央政府制定,并要求全国在较长历史时期中坚持贯彻落实的政策,是国家所有公民必须遵循的、法定性的行为规则。健全宏观政策绩效评估应从政策评估的实质、特点、形式和作用等几方面来完善。

首先,宏观政策绩效评估是评估中央层面上制定和实施的政策绩效,特别是国家在较长历史阶段内所要实现的战略目标与基本任务。宏观政策常常以不同的

名称表现出来，如"国民经济和社会发展五年规划""科教兴国战略""西部大开发战略""供给侧结构性改革"等，是一个较长时期内国家所要努力实现的社会政治、经济、文化发展的战略任务和根本目标，是各省市、各部门的总规则和大方向。宏观政策绩效评估应立足于政策的有效性、社会效应、经济效应、环境效应、国际效应、可持续影响力等方面的评价。

其次，宏观政策具有特定功能。宏观政策的地位与特点决定了它具有较大的作用。公共政策是为了解决社会中存在的公共问题而制定与实施的，但社会公共问题要不要解决、如何解决，取决于社会发展的方向选择，宏观政策则是规定着国家在一定时期的方向，为各级政府的政策确定了价值取向，指引了基本方向。

再次，宏观政策绩效评估具有涉及面广、综合性强的特点。在社会发展的每一阶段上都会有多个政策发挥作用，从而形成政策体系。在具体的政策体系中宏观政策是具有指导性与原则性的政策，构成一个国家一定时期宏观政策的主要因素虽然是多种多样的，但其中最主要的因素则是相对平稳的，这些主要因素间的关系也相对稳定，这就使宏观政策发生作用的时间较长，效果较好，因而具有稳定性。由于宏观政策的制定与实施主体处于政府顶层，对下具有较强的控制力，加上政策一直很稳定，得到多数公众的拥护，这就使宏观政策具有较大的权威性。

例如，"西部大开发战略"居于我国区域统筹协调发展政策体系中的核心地位，贯穿于较长一段时期，是其他各项区域政策的出发点与落足点，也是其他相关政策制定、实施与评估的依据。2000年1月，国家确定西部大开发总的战略目标是：经过几代人的努力，到21世纪中叶全国基本实现现代化时，从根本上改变西部地区相对落后的面貌，努力建成一个山川秀美、经济繁荣、社会进步、民族团结、人民富裕的新西部。21世纪头10年，要力争使西部地区基础设施和生态环境建设取得突破性进展，科技教育、特色经济、优势产业有较大发展，改革开放出现新局面，人民生活进一步改善，为西部大开发奠定坚实的基础。要以加快基础设施建设为基础，以加强生态建设和环境保护为根本，以调整产业结构为关键，以发展科技教育为保障，以改革开放为动力，以提高人民生活水平为出发点，扎扎实实地推进西部大开发。基于此，2001—2010年是奠定基础阶段，2010—2030年是加速发展阶段。作为涵盖面巨大的区域发展政策，随后国家又相继推出了振兴东北战略、中部崛起战略，西部大开发战略的政策效应有所衰退，对这些区域发展政策进行绩效评估很难，但很有必要性和重要性，是未来国家区域统筹协调发展的重要依据。

（二）部门层次：基本政策绩效评估

基本政策是在宏观政策的制约下，国家部委为解决经济社会基本领域中存在的主要问题而推出的政策，是政府公共管理中关系到各个公共部门运行和发展的政策。由于经济社会基本领域较多，基本政策也有多种，如国防政策、军事政策、外交政策、民族政策；货币政策、金融政策、财政政策、税收政策、工业政策、农业政策、商业政策、交通运输政策、节能减排政策；教育政策、科技政策、新闻政策、出版政策、医疗卫生政策；人口政策、劳动就业政策、福利保障政策、宗教政策；等等。

基本政策是连接宏观政策与具体政策的中间环节，具有特定的地位和功能。从与宏观政策的关系来说，它处在从属的地位上，不能与宏观政策规定的大方向和基本原则相抵触；从与具体政策的关系来说，又是具体政策制定与实施的指导原则，具有承上启下、协调整合、倾斜扶持的功能。

基本政策主要聚焦在某特定领域，对基本政策绩效评估的专业性要求更高，如计划生育政策绩效评估和政策调整就较有代表性。计划生育政策是我国确立和长期坚持的基本国策，自20世纪70年代末80年代初开始实施的独生子女政策，到目前已50年左右，政府和学者一直对计划生育政策的绩效进行跟踪评估，定期的全国人口普查为政策评估提供了扎实的数据支持，政策也随着时代的变化，评估结果不断调整，如2013年调整为单独二孩政策（即夫妻双方都是独生子女的家庭可以生育两个小孩），2016年起进一步调整为全面二孩政策（即一对夫妻可以生育两个小孩）。我国的计划生育政策使世界70亿人口日推迟了5年，为其他发展中国家解决人口与发展问题作出了表率，树立了负责任人口大国的良好形象。

（三）地方层次：具体政策绩效评估

具体政策是指在社会基本活动领域之下更小的范围发挥作用的政策，为解决社会发展中某个领域、某个区域中的具体问题的具体政策或实际政策，有时可能是通过一项政策性举措、一个项目表现出来的。具体政策的特点和功能表现在：它是针对特定而具体的公共政策问题作出的政策规定；它表现为一系列的行动步骤和行动方案；它必然要求有对应的部门或机构来具体实施；其实施效果是在经验基础上可以直接观察到并可以评价的。

对乡村卫生组织一体化管理政策的评估即为具体政策绩效评估。"乡村卫生组织一体化管理"是将村卫生室转变为由乡镇举办，由乡镇卫生院对乡村医生和村卫生室的政务、业务、财务、药品和人事安排等实行统一管理，对解决乡镇卫生院的补偿不足问题、生存和发展困境当有巨大影响，同时乡镇卫生院也将有更强更多积极性承担原属公益服务范畴的管理和指导村卫生室事务。复旦大学的评估团队通过对嘉定地区8个乡镇、48个行政村、2 388户的调查数据进行收集和分析，对该政策在嘉定地区实施的经济效益和社会效益进行绩效评价。经济效益评价的内容包括乡村卫生机构业务收入的变化、农村卫生市场占有率的变化、村卫生室工作效率变化等方面。社会效益评价的内容包括对药品市场的影响、对村卫生室次均诊费的影响、对乡镇卫生院预防保健功能的影响、对乡村两级卫生组织人力构成及流动的影响、对村卫生室建设的影响、对农村居民卫生服务的影响等。

二、加强公共政策绩效评估工作机制建设

（一）确立公共政策绩效评估的法律地位

法制化建设是将政策评估工作真正纳入政策过程的必要保障。要通过立法确立公共政策评估的地位，明确各级政府制定和执行公共政策都要进行不同程度的绩效评估；规范评估主体、客体的权力（权利）与责任；对政策评估原则、评估类型、评估程序、评估结果的使用和公开及职能机构、人员组成、评估费用等作出明确规定。

（二）确立公共政策绩效评估的责任机构

目前，面对日益复杂的经济、社会问题，公共政策的数量日益增多，干预规模日益扩大，社会对政策效果的要求和预期也日益提高，政策实施的各种风险增多。政策评估是政府实现科学决策、民主决策、依法决策的重要工具。科学化、制度化的公共政策绩效评估不仅反映政府制定和执行公共政策的能力和效果，而且决定和影响整个政府效能。要把公共政策评估纳入政府绩效评估体系，作为其中重要的组成部分。对于各级政府颁布实施的政策，可由同级人大常委会或其专门委员会负责组织评估，在试点的基础上逐步完善、规范、推广。

（三）完善公共政策绩效评估的组织架构

公共政策绩效评估的主体需要进一步规范，使参与评估的机构、组织、公众在资质、条件等方面有章可循。要依据各类社会组织、研究机构、智库的特点鼓励发展第三方评估机构。其中智库拥有大量经济、社会政策研究型人才，既贴近

决策层，又独立于其他政府部门，其评估具有信息充分与客观性的优势，最适宜开展公共政策绩效评估。与其他评估机构相比，智库往往更加了解政策制定的初衷和过程，特别是了解政策制定过程中的各种考量和权衡。与行政部门相比，智库既不制定政策，也不是执行政策的责任机构，由评估管理部门授权开展第三方评估，既能够从全局和战略的视角分析问题，也能够从现实和可操作性的角度评估政策，有助于更加客观公允地开展政策评估。

（四）完善评估结果使用机制

加强公共政策绩效评估结果运用，充分发挥结果导向和刚性约束作用。可建立公共政策绩效评估结果内部通报制度，召开政策评估责任机构、政府部门和评估机构负责人参加的联合会议，将政策绩效分析报告以简报等形式印发各单位，互相借鉴、互相监督、互相促进。可将公共政策评价报告书向同级人大提交，将公共政策绩效评价结果在新闻媒体上公布，向社会公众公布，提高评估结果的透明度和公信力。

（五）健全公众参与机制

公民作为公共政策的对象和公共服务的消费者，要明确其具备相应的知识、经验、责任，具备采集政府绩效信息的渠道和能力。在评估过程中，要扩大公众参与面，保证评估结论客观公正，提高评估的质量。根据不同情况，把可公开的政策评估信息对公众发布，接受公众监督和评议。

完善公众满意度评估机制，突出公众满意导向。除涉及隐私、产权、国家和商业秘密外，把政策评估结论向社会公开，让社会能够清楚地理解政策分析的过程和结论。要充分听取和收集公众对政府的评价意见，及时反馈给相关部门，开展常态化的公众满意度调查。例如，部分城市的车牌拍卖政策，群众议论很多，可将决策始末、执行过程等做出认真评估，让社会了解今后该项政策会怎样改进。

（六）构建公共政策绩效信息平台

完善数据采集、反馈、分析和改进机制，构建公共政策绩效评价技术平台。建立公共政策绩效评价信息系统，优化数据采集及反馈功能。被评对象报送各项指标的结果信息，经系统采集处理后反馈给被评估单位，以促进被评估单位改进工作。归类汇集各项公共政策绩效管理的做法和效果、问题和改进措施，进行绩效管理工作的跟踪处理。利用信息系统定期对公共政策绩效的总体状况、实际效果和落后指标等进行跟踪分析，为政策优化提供依据。

三、完善公共政策绩效评估指标体系

构建科学的公共政策绩效评估指标体系。公共政策绩效评估指标应"三结合":一是系统与简便相结合。评估指标既要全面系统,又要抓住关键;工作方式方法既要综合配套,又要简便易行。二是能力与结果相结合。把结果作为绩效评估的目标,把决策过程和能力作为取得预期效果的重要保证。三是客观评价与满意度评价相结合。全面评价客观上"做出了什么"和主观感受上"做得怎么样",在注重客观评价的同时,拓宽公众参与渠道,增强满意度评价的科学合理性,着力构建科学、规范、全面、可行的公共政策绩效评价机制和制度框架。我国地区差异较大,要结合国情、省情、市情等,从有利于改进组织管理、改造业务流程、关注绩效结果三个方面入手,以职能为依据,以各级政府中心工作为导向,构建公共政策绩效评价指标体系。加大对各级政府重大公共政策的评估力度,围绕当前经济社会建设中的薄弱环节,加强有针对性政策评估,根据未来发展需要,开展前瞻性和导向性的政策评估。

具体而言,完善公共政策绩效评估指标体系,需从以下七大类指标的设定着手。

(一) 总量指标

总量指标反映评估政策在一定时间、一定区域范围内、一定实施条件下规模、水平的一种综合性指标,是评估政策实施的基本状况、后续各项评估分析的基础。

按照总量指标所反映的内容不同可划分为总体单位总量指标和总体标志总量指标。总体单位总量(即总体单位数)是反映总体或总体各组单位的总量指标。它是总体内所有单位的合计数,主要用来说明总体本身规模的大小。总体标志总量是反映总体或总体各组标志值总和的总量指标。它是总体各单位某一标志值的总和,说明总体各单位某一标志值总量的大小,如评估国家某产业经济政策的绩效,可采用全国该行业的企业数作为总体单位总量,全国该行业的企业职工人数、工业总产值、工业增加值和利税总额等指标作为总体标志总量。

需要指出的是,随着评估目的和被评估对象的变化,总体单位总量和总体标志总量不是固定不变的,一个总量指标常常在一种情况下为总体标志总量,在另一种情况下则表现为总体单位总量。例如,上例改为国家就业政策绩效评估,那么,职工人数就不再是总体标志总量,而成了总体单位总量。

按照所反映的时间状况不同可分为时期指标和时点指标。时期指标是反映一定时期内发展过程的总量指标，如人口出生数、产量、产值、投资额等。时点指标是反映某一时点（瞬间）上所处状况的总量指标，如年末人口数、年末养老床位数、资产总额等。时期指标与时点指标的区别在于：其一，时期指标无重复计算，可以累加，是较长时期内现象发生的累计数；时点指标有重复计算，一般相加无实际意义。其二，时期指标数值的大小与时期长短有直接关系，时点指标数值与时点间隔长短没有直接关系。其三，时期指标一般通过连续统计、收集获得，而时点指标的数值则通过间隔登记取得。其四，时期指标和时点指标之间具有相互依存、相互制约的关系，"期末存量＝期初存量＋（本期增加的流量－本期减少的流量）"。

（二）强度指标

强度指标是评估政策对象某一总量指标与另一相关联的总量指标之间的比，反映公共政策实施后在某一方面的强度、密度、普遍程度等方面的绩效。

人均指标就是最常见的强度指标，如人均国民生产总值、全国（地区）人均粮食产量等。这些人均指标不是平均指标，而是强度相对指标。因为，平均指标是总体的标志总量与总体单位总数的对比，而上述人均指标不是。再如，节能减排政策绩效评估中的一个重要指标是能耗强度下降率，就是以能耗强度这一强度指标为基础的。能耗强度是单位国内生产总值的能源消费量，即"能耗强度＝能源消费量／单位国内生产总值"，单位为"吨标准煤／万元"；能耗强度下降率考察能耗强度在一定时期的下降幅度，按照五年规划和年初上级政府下达的节能减排工作目标进行对标、测算，评价该指标的完成情况。

（三）结构指标

结构指标是评估政策对象中组成部分的数值与整体数值的比，用以反映评估对象各组成部分的内部结构。不同的评估政策对象，其性质和功能也不同，结构指标可通过内部结构分析达到对质的认识。

以对地方政府融资政策评估为例，结构指标可以分为地方债期限结构指标和种类结构指标。期限结构指标是短期债务占全部债务的比例，即在当年的地方政府债务余额中，一年和一年以下期限的债务所占的比重，该比例越高，表示短期债务越高，地方政府的短期还款压力越大。对应地，可用当年还本付息额／当年财政收入（或财政盈余）的比重来衡量地方政府是否能够利用本年的财政收入（或财政盈余）对债务本金和利息进行偿付。地方债种类结构指标是指不同类型的债务在地方政府总债务中的比例。地方政府具有直接的、硬性的偿债责任属于第一类债务，第一类债务余额/总债务余额反映政府必须履行的偿债义务；地方政府负有担保责任的或有债务属于第二类债务，地方政府承担连带责任，偿债责任的弹性较强。在总量绩效分析的基础上，通过结构指标的测算，可以进一步深入评价、判断公共政策实施的实际绩效。

（四）比例指标

比例指标是评估政策对象各部分量的比。有的政策实施后，政策目标是将各作用对象达到更加合理的比例。通过比例指标，可以对政策的合理性和稳定性作出评价，并按适当比例进行调整。

以公办医院政策评估为例，医生数量、医技数量和管理人员数量之间的比例就是比例指标，该指标的高低反映公办医院人力资源结构和管理费用是否合理。

（五）平均指标

平均指标反映的是现象在某一空间或时间上的平均数量状况。公式形式是总体标志总量除以总体单位总量，用以衡量政策某方面的基本水准，是其他分析的基础。计算和应用平均指标应注意同质性问题，只有在同质总体的基础上计算和应用平均指标，才有社会经济意义；如果将不同性质总体的数据进行汇总计算平均指标，就会掩盖事物的本质差别，得到的平均数是虚构的平均数，不能真实反映政策的实施绩效。计算和运用平均指标时，还应注意极端数值的影响，把平均数与典型事例结合起来，对极端数值进行单独分析和解释。

（六）比较指标

比较指标是评估的政策对象在一定条件下的数值与另一条件下的同类数值之间的比较。比较方式一般有以下几种：与政策设定的目标相比较，表明政策实施的目标完成情况；与历史数据相比较，表明政策实施即期对实施对象的变化程度；与先进地区数据相比较，表明政策实施后与先进水平的差距变化；或者根据评估需要，评估者自行设定与其他同类数据横向比较，以说明特定的问题。

（七）动态指标

常用的动态指标主要是指发展速度和增长速度。发展速度是说明政策实施对象发展快慢程度的动态相对指标，用评估时点对基期时点绝对量之比表示。发展速度大于100%（或1）表示上升；小于100%（或1）表示下降。基期水平可以是政策实施前的最初水平，也可以是政策实施一段时间、本次评估期的初始水平。增长速度是说明政策实施对象增长快慢程度的动态相对指标。用评估时点对基期时点增长量与基期绝对量之比,表示政策实施对象增长了百分之几或多少倍。

政策效果表现形式繁多,影响因素复杂,不可能有一种万能的评估指标可以适用于任何一项特定政策,因此就政策评估的方法学而言,上述七大类指标需进行组合、综合运用,量化测评政策效果。评估者应依据特定政策的特点选择评估指标,根据政策设计思路的角度、政策实施效果传递的角度、指标数据采集的角度等方面的应用条件加以甄别使用。同时,对二手资料收集及社会调查收集结果,运用公式运算、统计描述、比较分析、因素分析、计量经济分析、技术经济分析等多种方法进行定量分析,为评估结论提供直接依据。

四、加强大数据在政策绩效评估中的应用

大数据将改变传统意义上公共政策绩效评估的形式,极大地扩充政策评估的数据采集方式和数据获得性,丰富政策评价的内涵。

(一)推进大数据在公共政策绩效评估的全流程应用

大数据将有效提高政策绩效的事前评估能力,政策绩效评估不再局限于"政策执行产生的效果"。与传统的事后评估相比较,政策评估的重心开始向事前评估转变,在制定政策过程中甚至之前,通过大数据分析,完成深度数据挖掘,进而判断是否有必要推行新的政策方案,以减少甚至避免政策出台后的失误,提高政策的执行效率。通过深度挖掘和利用海量网民在政府的"网络门户"上的访问数据,弥补过去政府实施政策—受众被动接受政策模式的弊端,实现政府—受众互动实施政策的新模式。

在政策实施过程中也应利用大数据进行有效监督和实时反馈,从行动者再决策、对象动态监控、信息沟通渠道三个方面监督政策执行。在政策实施之前,可以利用现有数据更加全面地测验政策方案,同时通过传感器、物联网等技术手段,对政策实施对象进行动态监测,通过分析实施对象的即时数据,建立计量模型和政策实验室,与现有数据和目标数据比对,及时做出相应的决策。大数据可以及时准确地获得相关数据信息,建立健全的信息反馈机制,在政策评价报告公布之后和下一次政策报告发布之前的时间段内,大数据将有效获取即时性的数据信息,以及时纠正政策的偏差。

(二)探索大数据在政策绩效评估中的规范性方法

围绕各类重大公共政策,应着力探索基于大数据技术对重大政策的实施效果、社会影响、长效机制等进行分析的方法体系,为重大公共政策评估工作提供

有效支撑。可重点开展以下两类大数据政策评价研究：一是将大数据应用于重大政策实施过程中的问题评估分析。利用互联网上与重大政策相关的数据源，自动搜索、识别网民对重大政策实施过程中遇到的问题、困难和阻碍等信息，形成政策实施的问题信息库，为重大政策评估寻找、发现问题提供线索和决策参考。二是将大数据应用于重大政策实施后的社会效应评估。围绕重大政策、重大规划等进行信息公开、政策宣传，构建基于网站公开平台的信息定向抓取渠道，形成常态化监测机制；围绕社会对重大政策出台的满意度监测，利用网络渠道构建适用于互联网用户群体的评估指标，形成重大政策互联网社会满意度常态化监测机制。

（三）利用大数据提高公共政策绩效评估的科学性

与传统样本数据参与政策评价的过程相比，大数据对政策评价的作用在本质上是相同的。由于大数据本身的特点及其对社会所带来的变化，政策评价趋于更加科学化、民主化和客观化。

大数据来源复杂，虽然小概率偏差不可避免，但大数据分析的结果应从趋势上保障其可信赖。大数据要求对相关的所有数据而非样本数据进行分析，使对政策方案所做出的评价更加接近事实本身。在政策方案绩效评估时，通过容忍、接受大数据的混杂性、不精确性，并运用分类或聚类的方法分析混杂数据，对备选方案的经济、政治、社会、行政、风险方面的影响做出大概判断，从而可以快速判断备选方案的大概情况。通过挖掘大数据的相关关系，并通过可视化技术，可快速了解政策资源的实施条件和备选方案的所需资源，得出备选方案在经济方面的可行性。政府掌握的数据大量固化，数据库之间没有互联互通，往往没有充分发挥作用，而采用大数据能够有效激活现有数据库，使它们发挥巨大的作用。

大数据视角下的公众不再是过去单一的数据接受者，而是成为数据的提供者，通过公共政策绩效评估的高度细分、数据挖掘，根据评估模式为公众配送个性化的信息，并实行信息公开、在线服务和互动服务。

（四）完善政策绩效评估的大数据采集机制

在现有的大数据处理基础上，应进一步明确业务部门和支撑机构信息采集责任，依法及时、准确、规范、完整地记录和采集各级各类机构履职过程信息，完善政策评估的大数据采集责任制度。在重要政务信息系统开发设计和建设过程中要注重数据管理，坚持从业务应用需求出发，基于大数据技术体系，整合汇聚各类数据资源。同时，结合传统的样本数据采集法优势，借助大数据全面化和样本数据明细化的优点,通过对比统计分析和逻辑分析得出更加精准、科学的政策评估结论。

　　大数据在政务活动领域的广泛应用为避免政策执行、政策监测过程中存在的局限性提供了解决方案,但是"大数据"与"政策评估"并不能本末倒置。从本质上而言,大数据仅仅作为一种政策工具参与其中,无法对政策评估整体施加决定性影响,政策评估体系的构建和完善仍为当务之急。

第八章 公共政策绩效评估需求分析

第一节 政府公共政策绩效评估需求的产生

政府公共政策绩效评价为何产生、如何产生，推动相关评价需求的动力是什么，均是本节将要探讨的问题。只有在回答以上问题的基础上，才能进一步分析出影响需求的因素。

一、需求产生原因

政府公共政策绩效评价需求产生的原因主要在于政策供需失衡和评价制度的缺位两个方面。当政策的供给与需求不匹配时，政策执行带来的结果或影响并不为公众或公众中的部分所接受，或者不被需求，或者与需求背道而驰，便会引起公众对原有政策的批驳和反对，进而或引起政府自身的反思。究竟供与需的差异在哪、有多大，供需不平衡带来了怎样的影响，需要一个评价机制来衡量，现有体系下评价制度的缺位导致政策评价供需的不平衡，处于"供不应求"状态。由此可推断，当政策供需失衡，以及评价制度缺位（政策评价"供不应求"）时，存在政策绩效评价的潜在需求。

（一）政策供需失衡

作为一种现象，政策供需失衡在各国实践中都屡见不鲜，并给经济和社会造成不同程度的负面影响。从国际情况看，几次经济危机，以及此次金融海啸的爆发，不合理的政策难辞其咎，如美国政府货币政策失误被认为是引发本轮全球性金融危机的元凶；日本于2002年出台包括不良债权处理对策在内的"反通货紧缩综合对策"，被认为并不能应对当时日本不良债权处理面对的诸多难题，此项政策并没能够给市场以探底回升的期待感①；美国商会发表的调查结果显示，美国政府贸易政策三个方面的失误将使美国丢失近60万个就业机会。②从国内情况看，相关案例更是不胜枚举。例如，我国经济适用房政策，被认为是"政府失灵"的典型案例，从1994年7月18日"经济适用房"在国务院发布的"关于深化城镇住房制度改革的决定"中首次出现，至今已经近20年，政策内涵几经变化，仍旧处于模糊不清状态，在执行过程中也是问题连连，"既未能改善经济效率，更谈不上达成到的尚可接受的收入分配格局，反而造成了政府的信任危机和公众道德危机"③；再如我国产业政策缺失被指与产业规划格格不入（《建筑法》不合理却迟迟不见修改、优质优价政策始终没建立等），导致建筑业状况堪忧；再以医疗改革为例，历经10年后于06年最终被定性为"失败"，不仅没有惠及百姓，反而官员落马、药价攀升、药品质量下滑、商业贿赂等丑闻不断，严重破坏整个医疗保障体系。

总结起来，公共政策供需失衡主要有如下几种情况。

1. 供需不匹配，即所供非所需

所谓供需不匹配可能存在两种情况：一是政策目标本身存在问题，与公众利益相左，以国家1995年即开始实施的《预算法》为例，当中并无预算公开的规定，被认为是剥夺了作为国家公民、作为纳税人的知情权和监督权，"不能说不想公开的就要保密，就是国家秘密，不能让法律成为预算公开的障碍"④，再如那些关于好大喜功或谋取私利的政绩工程的决策均不是为了真正实现公众利益；表现之二是政策结果与政策预期目标存在差距，这种情况下，政策预期目标不存在问题，但执行结果与目标相距甚远甚至背道而驰，以广州BRT建设为例，B11路公交车被指虽被冠以BRT之名，但往返一程只停靠一次BRT车站，名不副实，客管处表示原来是按广州交委换乘手册中的标示建成后才发现线路设计不合理，可能会造成塞车，甚至严重的安全隐患，只好痛改线路。

2. 政策供给与需求分配不均

公共资源具有稀缺性，政府在分配公共资源时往往因考虑了某一部分群体的

---

① 马玉安.不良债权深度困扰日本政策失灵市场难振[N].中华工商时报,2002-12-17.
② 新华社.调查显示贸易政策失误可使美丢失近60万就业岗位[N].新华网,2009-9-16.
③ 孟元新."政府失灵"的经典案例：经济适用房[J].背景与分析,2009,(218).
④ 郑钰飞.政协委员蒋洪不能让国家秘密成预算公开挡箭牌[N].四川新闻网－成都商报,2010-3-5.

利益而忽视甚至不得不牺牲另一个群体的利益,于是便带来公共资源分配的不公,致使"强者更强,弱者更弱"。教育不公是一个比较典型的例子,有报道称"农村学校像非洲,城市学校像欧洲",在开支投入北京某小学的现代、豪华让记者感到震惊,一间教室的投入就超过部分农村小学一年的开支。被认为是社会调节器的教育因为存在不公而丧失调节功能,会进一步加剧社会的不公。

3. 政策供给缺位

现有公共政策并不能覆盖所有领域,在原政策在某些领域没有触及或者原有政策已经不能解决新出现的问题又存在政策需求时,便出现了政策供给的缺位。以土地政策的缺位为例,1991年1月1日修改实施的《土地管理法》仍然没有对政府为什么要垄断土地、怎样限制土地使用者转让土地是否是政府获得土地出让金的唯一选择等等问题做出明确规定,而《国务院关于加强国有土地资产管理的通知》也只是提出"有条件的地方政府试行收购储备制度",但并没有明确规定具体怎样建立,这些政策上相关规定的缺位,直接导致了我国目前存在不同程度的靠多买多卖土地解决财政资金困难的现象,又没有充分保障行政相对人的权益,严重损害原有产权人的利益,甚至带来文化价值和环境价值的损失,无法弥补和挽救。

(二)评价制度缺位

正是由于民意表达机制以及反馈机制不完善、追责制度匮乏、监督缺位、外在有效压力缺乏等原因导致了政策供给往往不合民众需求,或者达不到预期的目的,因此急需一种能够反馈政策信息、能够作为问责依据、提供民意表达途径的机制来解决上述问题,能承担这些任务的正是一套完善的政策评价机制。但现实情况是,长久以来我国评价制度的缺位,造就了这政策评价的供给与需求不匹配的状态。

长久以来政策评价体系缺位大致存在如下原因:首先,评价本身没有得到重视,认为是多次一举、浪费资源,在我国多为自上而下决策的传统管制型的体制下,政府部门多持着"重投入而不问产出"的观点,粗放型的经济增长方式下人们忽视了评价的重要,忽视了除了直接的经济增长结果外,还有更多需要纳入考量的价值,比如环境的价值、文化的价值等。其次,因政策效果不佳,政府抵制评价。"家长制"和"封闭式"的作风政绩上容不得半点污点,政府不愿面对政策效果不佳的事实,认为有损政府形象和权威,取而代之的是不了了之或尽可能地封闭消息等,在这种心态下,评价工作是遭抵制的,即使存在也会变成象征性地走过场。第三是评价工作遇到的困难，如政策目标不确定、政策影响面广泛、政策资源混合、政策重叠、政策行动与环境变化之间的关系不确定、评价技术不发达等因素都是评价工作进行的阻碍，是建立评价制度的难点。

近年来，评价已经逐步受到重视，各地方政府已经展开了政策评价的尝试工作，如呼伦贝尔市为了适应经济社会发展的需要，2019年颁布《人力资源社会保障厅关于开展就业政策落实服务落地专项行动的通知》等，推动全市就业创业政策落实到位。但总的说来政策评价尚处于"导入"和"尝试"阶段。

总的说来，政策"失误"的存在以及相关评价体系缺位的现状呼唤着相关评价制度的尽快建立和完善。

二、需求产生的动力

对评价需求产生的动力进行分析，有助于我们更清楚地认识到政策绩效评价发展的一般规律，进而预测我国今后开展政策绩效评价的形势，为刚起步的政策绩效评价体系的建立奠定基础。评价需求产生的动力来源于政府内部和外部的合力，下文将从这两个方面加以分析。

（一）来自政府内部动力的分析

根据公共选择理论，政府亦是作为利益一方存在。改革的真正动机在于掌握政权的持续、赢得选票，这才是政府的根本利益所在提高服务质量、迎合民意是政府在民主社会下维护合法地位的路径选择。政策绩效评价亦是选择之一，背后最根本的动力便是来自政府内部维护其根本利益的需求。具体而言，包括如下几种。

1. 走出危机

当政府面临巨大的危机，必然会惶恐合法地位的动摇，这些危机相异又相滋长，并发效应会使问题更加严重和棘手。以财政危机、信任危机，以及管理危机为例：财政危机是指当政府面临经济衰退、国家性突发事件或战争时，财政收入增长率往往出现显著下降，与此同时，日益扩张的政府职能却让政府开支难以消减，财政开支涉及方方面面——医疗、危机应对、国防、教育等，剧增的国债、巨大的赤字昭示着财政危机的不期而至，或进而引起动荡，造成整个社会"治乱循环"；政府信任作为政府与公众之间的一种良性的互动关系，从政治学层面讲，是政府合法性的重要来源，当政府诚信意识不强又存在制度缺失时，腐败滋生、政策失误、滥用权力、提供无效公共服务、浪费资源等就会带来政府公信力的降低，进而产生信任危机，当信任危机产生时公民便开始怀疑政府的能力，重新考虑选票；陈腐的官僚体制带来机构的臃肿、政府行动迟缓、信息不能得到及时处理，过于开放和弹性的行政体制又容易造成等级权威的消减、不严谨的行政作风等同样带来行政无效率的结果，形成管理危机。财政危机会带来信任危机，信任危机加大行政成本带来管理危机，管理危机同样会造就财政危机，这些危机爆发时汹涌的威力逼迫政府不得不重振旗鼓，从旧体制的缺陷入手，找到走出危机的路，以及试图建立起能够尽量避免下一次危机爆发的新体制。公共政策绩效评价正式在这种对危机的恐惧以及防微杜渐的意识的催生下作为重要的一环纳入行政机制。

2. 发展以应对新形势

危机并不是催生评价的必要内部动力，在经济稳步发展、社会各机制良性运转的情形下，审时度势、高瞻远瞩的政府通常会对当前形势作出分析和预测，并在此基础上建立新机制，顺应新的管理思潮，以承担起新形势下的新任务，此时的动机已不是走出危机的被动需求，而是及时应对变化以谋求更长远发展的需求。全球化、信息化促使政府面临的环境更加复杂，民主意识的普及给政府以压力，科技发展带来的新生事物以及社会分化产生的多元化需求为政府管理不断注入新的内容，政府被不断赋予更高的期望。政策绩效评价一方面能作为公民表达意愿的有效途径之一，能广泛地收集民意；另一方面政策绩效评价的实施能给政策决策者和执行者以压力。为了取得更高的绩效分数，决策者必然尽力选取更为经济更为有效的方法（绩效的考量更为全面，既包含经济、成本因素，也包含成绩、效果因素），而政策执行者更具责任意识；同时评价结果和信息，既能作为本次政策执行的反馈，以进行本次政策过程的控制和调整，也能为其他相关决策提供参考信息。总之，政策绩效评价是行政管理有效手段之一，有远见的政府能够应用这一工具以把握局势变化中的主动权，以主导经济、社会朝着健康的方向发展，而非被动地等着危机的到来。

3. 赢取选票，获得民心

在民主社会，选票是政府合法地位得以保证和延续的必要条件。按照公共选择理论，政府本身作为利益一方，又是公共政策的制定和执行主体，其价值标准必然决定公共政策的价值取向，但政府的目标未必是社会的目标，政府的选择未必是民众认可的选择。将民众的满意度纳入政策评价体系，该项政策是否顺应了民意、对民众是否造成影响、造成哪些影响等，这些问题的答案便显而易见。一方面在评价报告的基础上政府能了解民众需求，制定更有效的政策以取得更好的政绩和评论；另一方面，评价是一个政府与民众、不同利益群体之间的互动过程，评价过程向民众传达了政策信息，让民众也更了解政府的立场及政策本身，不同群体间的交流让彼此更了解对方，同时民众也能深感自己受到重视。如此政府的形象和提供服务的能力都能迅速，为政府赢得民心打下坚实的基础。

（二）来自政府外部动力的分析

尽管由政府政策绩效评价实践是主流，来自政府内部的动力是政府发动政策绩效评价的根本动力，但值得注意的是，一者政府的权力是被"让与"或"授予"的，它本身存在于一个很复杂的关系网中，评价活动的产生和发展必然也受到外界诸多因素的推动；再者由政府发起评价只是政策绩效评价的一种类型，从各国实践来看，其他国家机关也加入了政策评价的实践，此外，随着公民社会的发展，民众"纳税人意识"和维权意识的增强，科研学术机构的发展，绩效的第三方评价作为更为客观更为专业的评价形式近几年也愈演愈烈。由此，来自政府内部的动力并不是推动评价需求产生和发展的唯一因素，来自外部更为复杂的动力同样起着不可小觑的作用。

1.权力机关

由各国政策绩效评价的实践来看，随着绩效评级活动的展开，权力机关也加入评价实践中，以英国和美国为代表。美国立法机关于20世年90年代介入政府绩效管理，以《1993年政府绩效与结果法案》的颁布为标志。该法案赋予议会监督政府绩效的权力，并详细规定了其职责和具体工作。按照法案规定，每一联邦机构必须不迟于1997年9月30日向国会递交部门的战略规划草案，2000年以后每年3月31日前向议会提交前一年度的财政年度计划的绩效报告，交与议会对相关政策绩效及部门绩效进行审议和监督。在此前后，美国地方议会已经制定了许多地方法案，用于监督和督促政府一系列绩效评价活动。英国于1999年通过新的《地方政府法》，该法不仅向地方政府下放了许多权力，规定很多问题将由地方政府和地方议会解决，还规定了对地方政府绩效评价的最佳机制。规定被列入最佳系列的政府机构（包括诸如县议会、区议会等一般地方机构，也包括像伦敦开发局、伦敦教育局等特殊地方机构）必须履行绩效评估的义务；在监督绩效评价活动方面，国务大臣拥有相当灵活的权利；被列入最佳系列政府当局必须咨询纳税人代表的意见以及有关利害关系人的意见；此外，引入审计制度，审计官须对当局的财政年度绩效规划进行审计。①

由此可见,国外实践表明,议会的介入可以推动绩效评价活动的深入开展;通过立法,课以政府相关部门不得不对相关政策、活动进行绩效评价的义务,使得绩效评价实践得以持续和发展。议会对相关绩效进行评价和监督等手段的实施,不仅加强了议会对政府的制约作用,也进一步改进了政府的工作。

在我国,政府绩效评价活动刚刚起步,科学的政策绩效评价机制更是尚未建立,国家权力机关对政府相关绩效的途径和评价活动的参与尚在探索之中。但作为国家权力机关,对政府的监督乃法定职权和义务,目前对政策绩效的监督尚包含于对政府工作的监督之中,是日常工作职责之所在。

综上所述,来自于权力机关的动机主要有两个方面:一是通过立法,推进和保障绩效评价活动的顺利开展;二是通过直接参与相关绩效评价互动,对政策的制定和执行行为及结果进行监督。

2. 社会

在政策绩效评价的实践中,社会公众是一支不可忽视的力量,来自社会促使政策绩效评价工作开展并发展的动力表现在多个方面,这是因为公民扮演角色的复杂,既是纳税人,又是政府服务的直接作用对象(直接或间接的利益相关者),还是公权力的被代表者。纳税人有权监督税费的使用情况,政策的直接或间接利益相关者因与自己的利益挂钩最有权发表意见和评论,而在公民—政府的代理关系中,作为权力的被代理人,有权对代理人进行监督,并通过利益的表达途径参与决策。因此,公民往往通过直接参与或自己主动组织评估来投入政策绩效评价实践的过程中。以美国为例,有一种观点认为美国的绩效评价是由民间机构率先发起——坎贝尔研究组织的大规模的政府绩效评估,正是此评估引起社会强烈的反响进而将绩效评价的重要性推倒峰巅,然后政府才开始建立起评价制度。持该观点的学者认为美国民间发起考评活动的动力在于美国特殊的先有州后有联邦政府的历史,美国民众建立联邦政府的目的是希望他管理好社会、保护好人权,但事实上这个政府成立后的多数时间并不被民众所满意和认可,行政过程封闭、信誉极低,以致形成民众与政府间的对立情绪,鉴于这种状况,为了让政府行政过程尽可能透明,增进民众和政府之间的相互理解,由此发动了评价活动。② 近几年,我国民间评价政府的实例也在逐渐增多,如零点公司1993年发动的公众生

---

① 杜钢建. 英国地方政府绩效评估的改革[J]. 小城镇建设,2000:76.
② 母天学. 对美国政府绩效考评活动的考察[J]. 行政论坛.2001:79.

活状况满意度调研、2003年发动的对央行新房贷政策看法的调研。

由于社会公众与政策绩效之间存在较大利益相关性，因此具有较强的评价动力，具体而言有如下几种。

第一，是"纳税人"和"消费者"角度的动机。或由于政策制定和执行者的价值观与公众向左，或者由于利益相关群体"寻租"行为存在等原因致使公共利益被排除在政策过程之外，又由于公共资源的稀缺，政策资金来源于纳税人，公共权力来源于公众，故作为纳税人和利益相关者的公民有权利也有义务参与或发起政策评价，以监督政府行为，确保税收和公共资源被合理有效的使用。

第二，是利益群体为争取自己利益的动机。由于公共问题的复杂性，公共政策往往是多方利益博弈的结果，同样都是公民，但由于所处的社会层次、社会地位、社会群体的不同，利益之间也存在相异之处，甚至由于公共资源的稀缺，利益相异或变成此消彼长的利益矛盾。故参与或发动政策评价变成各群体表达自己意愿、与其他群体争夺资源的途径，甚至可成为下一步政策博弈的凭借。

第三，由专业评估机构（市场调研公司、学术机构）等其他组织发起评价活动的动机。除了自上而下的评价活动（自下而上的评价活动近年来在民间愈演愈烈）。由市场调研公司发起政策评价情况较为复杂。分民间机构以公众代言人自诩（如NGO组织），认为发起评价活动是替公众说话，向政府施压，或增进政府与民众之间的沟通和了解；部分私企发展到一定程度之后开始强化企业社会责任的建设；不可排除的是部分私企有提升自身信誉、公众形象，即作为公关手段的动机。作为学术机构，发起评价活动，一方面是履行社会责任，另一方面评价实践和结果可用于进一步的研究工作，成为可贵的一手资料。作为媒体，有时也会通过媒介（通常是网络、报纸等）发动相关满意度调查，同样除履行社会责任的动机外，或还存在引起更多关注、获取噱头的私利的动机。不管是出于怎样的动机，不可否认的是这些因素对评价活动本身，以及对政策过程的发展都起到相当重要的作用。政府行为作为被评价对象，政府本身势必会多少产生一定的抵触心理和行为，此种情况下，外部动力就扮演了重要的角色，使评价活动能够顺利实施及持续下去。

第二节　政府公共政策绩效评估需求分析法

公共政策理论和方法，对于建立公共政策绩效评价，具有十分重要的现实意义。公共政策绩效评价，也是通过各种分析的工具，对公共政策设计的科学性、执行的准确性和执行效果的绩效程度进行的评价。它与公共政策分析的唯一区别在于：公共政策分析体现在公共政策体系之中，是一种内在的、贯彻于公共政策体系全过程中的方法。而公共政策绩效评价，则是一种外在的、直接反映和影响公共政策的方法。它们在公共政策体系中的地位不同，但很多方面是相通的。而且，只有使公共政策绩效评价的方法和公共政策制定、执行的方法一致，绩效评价的结果才能真正体现公共政策的绩效。

20世纪90年代以来，伴随各国政府改革的推进，公共政策的绩效评估日益受到各国的重视，部分国家相继展开了相关研究工作。例如，美国以定量为主、定性为辅，定量与定性相结合的方式展开，通过成本效益分析为决策者选择产生最大社会净收益的方案，对于不能以货币计算损益的情况，则进行定性分析，明确指出不能量化但重要的价值，以利于决策者将它与量化损益进行比较，其政策规定绩效分析有清晰的步骤，且整个过程公开、透明；法国开展公共政策绩效评估有明确的法律保障，以保证公共政策评估的有效性，此外，专门设置评估师培训学校，大学毕业生要经过专门的学习，通过严格的考核才能成为评估师[①]；韩国早在20世纪60年代早期，就已开始对政策和项目进行评估，当时主要集中于投入和产出的测量，尚未成为一种综合的成果测量，经过多次改革，韩国逐步探索出以公共政策绩效评估为重点的新评估体制——制度评估；日本将政策绩效评价作为行政改革的核心，非常注重公众参与，将公众意见纳入或反映到政府机关内部评估，其主要的目的还是提升政府行政的公共性和公共治理内涵。上述各国的方法都对我国公共政策的绩效评估工作有借鉴价值，经过多次与时俱进的改革，我国也形成了行之有效的公共政策绩效评价方法，内容比较丰富，也可以按不同的标准进行分类。本节对当前公共政策绩效评价中常用的一些方法，进行简单的解释。

---

① 李志军.国外公共政策评估情况和主要做法以及对我国的启示[N].中国经济时报，2013-5-8.

一、公共政策绩效评价组织方法

正如政策可以分为程序性政策、非程序性政策一样，在公共政策绩效评价的方法中，也存在着程序性方法和非程序性方法。程序性方法实际上就是组织方法。这是公共政策绩效评价过程中必须首先确定的方法。这种方法是不是适当，将直接影响着公共政策绩效评价的全过程。

根据组织学原理，参考公共政策分析方法，公共政策绩效评价的组织方法，主要可以概括为如下几大类。

（一）对比评价法

对比评价法是将政策执行前后的有关情况进行对比，然后评价政策效果和政策价值的一种定量分析方法。这种组织方法，主要地应用于一些比较简单的公共政策绩效评价项目中。

对比评价法，具有四种基本的表现方式。

1. 简单对比分析

将政策对象在接受政策作用后产生的某种变化值减去此前得到的值，两者之差就是政策效果。

2. 投射对比分析

将政策执行前的倾向线投射到政策执行后的某一时点上，以此确定在没有该政策实施的情况下此点发生的情况，然后与政策执行后的实际情况进行对比，以确定政策的实际效果。这种方式在一定程度上考虑了一些非政策因素的影响，因而从结果来看它相对简单。

3. "有-无"对比分析

在政策执行前和政策执行后两个时点上，分别就有政策和无政策两种情况进行对比，然后再比较两次对比的结果。这种方式实际上是投射对比分析的拓展，包括政策执行前的倾向线投射和政策执行后的倾向线投射两个方面。

4. 实验性对比分析

在政策执行之前就将绩效评价对象分为两组，一组为实验组，另一组为控制组。前者被施加政策影响，后者不施加政策影响，然后比较这两组在政策执行后的情况，并对政策效果做出绩效评价。这种方式实际上是社会实验法在公共政策绩效评价领域的具体运用，对比方式前进了一步。

（二）目标群体评价法

目标群体绩效评价法，是指由政策目标群体以自己的亲身感受和对政策的个人理解来评价政策执行效果。这种方法组织的难度较大，涉及面较广，往往很难作为一个单独的组织方法来实施，一般和其他方法结合起来运用。

由于一项公共政策涉及的目标群体可能很广，因此，在使用目标群体绩效评价法时，往往需要运用统计学的概念，通过抽样的形式进行，并根据具体情况确定调查的规模和程度。

（三）专家评价法

专家评价法是一种比较常用的组织方法。它通过绩效评价主体组织有关方面的专家，对公共政策进行综合绩效评价，并通过撰写绩效评价报告的方式，对公共政策体系的绩效进行评估，提出相关的政策建议。

目前，我国的公共政策绩效评价，主要采取的就是这种专家评价法。在绩效预算框架下，这一办法将成为公共政策绩效评价的主要组织方式。

（四）组织群体评价法

与目标群体评价法相反，组织群体评价法主要是以政策的设计者、决策者或者执行者为评价组织，对政策影响和目标实现程度进行绩效评价。因为政策执行人员对政策内容、政策环境、政策对象和政策过程比较了解，并掌握相对充分的政策信息，因而在公共政策绩效评价活动中是最有发言权的群体。

组织群体绩效评价法目前在公共部门已经大量地进行了应用，已经成为公共部门提高工作效能的一项重要的工具。但是，组织群体绩效评价法相当于一种"自评估"体系，因此，在公正性、客观性上存在着一定的制度缺陷。它只能作为公共政策体系内部的一项制度，而很难纳入绩效预算框架下公共政策绩效评价的范围之内。

二、定性分析方法

在我国的公共政策绩效评价中，定性分析是最常用的、也是最有争议的一种方法。由于我们在政策的定性分析中，没有很好掌握定性分析的一些基本要素和方法，因此，往往导致定性分析空泛，影响了公共政策绩效评价的质量。实际上，如果严格按科学的定性分析方法对公共政策进行绩效评价，我们同样也能得出科学的结论。

（一）价值分析方法

价值分析方法，是从价值观的角度对公共政策进行定性的绩效评价。价值分析在于确认某种目的是否值得为之争取，采取的手段是否能被接受以及改进系统的结果是否良好，它要回答的问题包括：因为什么，为了什么目的，为谁，许诺什么，多大风险，应优先考虑什么，等等。

在公共政策绩效评价中，价值分析的作用主要是评价公共政策所体现的政策价值观与政策选择是不是符合公众的价值判断，以及这种价值判断与国家利益、执政党的价值取向是不是一致，因此，价值分析的中心问题是用什么标准证明政策行为的正确、有益或公正。

依照不同情况，常见的价值分析方法一般有以下几种。

1. 规范性和经验性探索

麦克雷在《会计科学的社会功能》（1976）中详述了一种价值分析的方法论。这种方法的一个中心概念是"价值假说"，即政策行为正确、良好或价值的规范假设体系。为了研究相互对立的价值假说，麦克雷提出三条规则：

第一，详述价值假设。由两个以上倡议者提出的伦理假说体系应预先书面详述，这种详述是为了维护明晰的准则。

第二，应用通用的评定标准。相互对立的价值假说体系的建议者应采用通用标准评定规范争论，通用的评定标准包括普遍性（应用的范围）、内部一致性（一个价值假说体系内部没有矛盾）、外部一致性（一个价值假说体系同其他对于正当道德行为的信念之间没有矛盾）。

第三，评定情节程度恰当。相互对立的价值假说体系的倡议者应提出各种旨在从对立的论点中引出矛盾的"冲突情节"。摆出冲突情节之后，处于鉴定中的价值体系的倡导者需要决定是否希望改变其价值体系或做出其体系所规定的抉择。

2. 价值分析常用的方法与技术

在政策研究中，价值分析的方法及技术主要有：对各种价值表征（基本信念、系统选择、资源分配优先顺序、奖励、目标、系统意向、领导和管理风格、出台政策及未出台政策等等）加以分析；对作为规范性的价值系统即社会政治意识形态进行分析；决策分析；预算分析；面谈；利用德尔菲法进行调查；识别出目标个人或团体的价值观的基本含义和范围；等等。价值分析中着重研究的特殊内容包括：政策的价值含义、系统中价值的一致性、绝对价值和相对价值、明确价值观的可行性的限制、价值组合、价值观的加强和改变以及进一步假定的价值内容。

最后需要说明的是，价值分析方法在使用过程中应注意以下三点问题：

第一，要正确理解和把握价值的真实性。在现实社会中，各个阶级、各个阶层、各集团的价值观往往不同，而且这些不同的价值并不总是以真实的形式反映出来，因此应深入研究分析。

第二，要注意价值表达的区别。在一般情况下，要求价值表达以准确、全面、清晰为标准，但在某种特定情况下，价值表达却需要有一定的模糊度。

第三，要确认和把握有关政策价值范畴。在公共政策绩效评价过程中，政策价值的范畴，一般包括政策价值的含义，即政策性质、政策目的、政策受益者；政策价值认同的程度；绝对价值和相对价值；价值组合与价值对抗；等等。

（二）可行性分析方法

可行性分析，是在正常情况下公共政策制定过程中必须经过的一道程序，其含义是指政策制定人员对某项要制定的政策，在社会实践中是否切实可行和是否行之有效所做的各种论证。

可行性分析方法，既可应用在制定政策过程中，也可应用在对公共政策的绩效评价中。在制定政策的过程中，可行性分析方法要求提出两个以上政策方案，便于决策者为选择最佳方案而进行探讨研究、分析论证，从而为政策制定提供更丰富更全面可靠的依据。而在公共政策绩效评价的过程中，可行性分析方法则是在现有政策的基础上，用可替代的政策，来比照现行政策的绩效。特别是在绩效评价的建议阶段，这种可行性分析方法，就显得更有效果。

可行性分析方法因政策类别不同而有所差异，但从共性上看，主要包括了如下几种方法。

1. 政治可行性分析

公共政策本身就是一种政治行为，具有强烈的政治性。因此，政治可行性理所当然地成为可行性分析的第一个重要内容。

政治可行性分析是指某项政策在政治上是否与国家的性质、政治制度、政治思想和发展方向保持一致，是否符合国家利益、人民群众利益、能否被社会和人民群众所拥护和接受。在公共政策绩效评价体系下，政治的可行性分析，更着重于公共政策目标与公众利益、国家意志、执政党纲领的耦合程度。

作为一项典型的定性分析方法，政治可行性分析中涉及了很多不定量的内容。因此，政治可行性评价，既需要一定的方法，更需要评价者具有强烈的政治觉悟。如：评价一项政策在政治上是否行得通，这是在公共政策事先评价中必须首先要回答的问题。而这种评价，关键取决于评价主体的政治敏锐性。

2. 社会可行性分析

从广义上说，所有可行性分析都可以包容在社会可行性研究中。但一般而言，在公共政策绩效评价过程中的社会可行性分析，主要是从社会意识形态、文化传统、伦理道德、风俗习惯、民族心理、国民素质、宗教信仰和社会发展水平等方面来分析政策的可行性问题。

社会可行性分析是指某个涉及人民群众的社会层面的政策能否取得广大群众的理解、认同、接受、拥护和支持的问题。

社会可行性分析的一个重要方面，是评价某项政策是否有群众基础，如果有就可行；如果没有，其可行性就值得怀疑。而在分析这一问题时，又要通过其他的计量方法（如调查统计法等），确定"群众基础"的真实含义，以防止公共政策制定部门以"群众"的名义，制定一些不符合群众要求的公共政策。

3. 行政可行性分析

行政可行性分析也称行政或管理的可操作性，它在公共政策绩效评价中，是作为一项程序的可行性出现的：假如一项政策方案或项目在技术、经济和政治上都是可行的，但不能符合现行的行政管理框架，那么这项方案或项目的优点就会大打折扣，甚至是毫无用处的。

进行行政可行性分析，一般是按如下标准实施的：一是权威性标准，即政策执行集团或代理人必须获得进行改革、要求其他集团合作、确定优先权的权威，以保证政策得以贯彻实施，避免困于一个没有人能够予以执行的方案，又可以使潜在的更优越的方案得到执行。二是制度约定。它要求所有的工作都必须为政策执行承担责任。三是能力标准，包括财政能力和工作人员的个人能力，其要求执行集团拥有执行某项政策的财政资源，工作人员具备将政策付诸实践的技能。四是组织支持标准。组织支持是指一项政策方案或项目能否获得充足的装备、物资设备和其他的支持设施，以及获得这些支持条件的可能性有多大。

4. 经济可行性分析

经济可行性分析主要是分析政策方案在经济上是否合理，包括政策运行涉及的所有经济方面，诸如政策运行成本是否低廉，完成的经济效果是否显著，产生的社会效益是否良好，各方的利益是否都兼顾到等等。

经济可行性分析是公共政策中最核心的内容。它基本上是通过定量分析的方，只能对某个要素的可行性进行判断。在此基础上，要确定整个公共政策的可行性，还需要在定量分析的基础上进行定性分析。

5.技术可行性分析

技术可行性分析是从技术角度衡量政策是否能够达到预期的目标。在公共政策绩效评价过程中，技术可行性分析包括了如下几方面的内容：一是要评价公共政策是否具备实施的技术手段，使政策目标的实现成为可能。二是要评价在现有的技术水平或方法论上达到目标的可能性有多大，即能在多大程度上实现政策目标。

技术可行性分析的一个重要标准是效力或效能，现实生活中的变化是政策行为本身引起的，还有可能是其他因素作用的结果。目前，我国公共部门开展的效能革命，实际上就是一种比较好的技术可行性分析在具体行政工作中的应用。

最后需要说明的是，可行性分析方法在使用过程中应注意以下四点问题：

第一，坚持实事求是，尊重和确认可行性分析的各种结果。

第二，防止出于某种政治目的或特殊利益需要，有意回避或掩盖事实真相，使政策制定或修改朝着有利于某个团体、组织、行业或利益集团的方向发展。

第三，正确看待可行性分析的适用条件。任何可行性方法都有其合理性和局限性，因此，认清各种不同可行性分析方法的优劣、长短和适用条件，对于准确估计可行性分析结果的可信度具有重要意义。

第四，注意防止以主观的价值偏好去代替客观事实。

（三）主观预测方法

主观预测方法也称定性预测方法，其含义是指依靠人的主观判断能力，对政策对象的未来状况进行判断，这种判断主要是对预测对象未来状况作性质上的预测，而不是着重考虑其量的变化。

主观预测方法有许多种，比较常用的有专家预测法、德尔菲法、主观概率法、博弈法等。

1.专家预测法

专家预测法亦称头脑风暴法，现在流行的说法叫智囊团预测法或思想库预测法，其主要含义是政策制定机关组织各领域各方面的专家学者，运用他们专业方面的知识和经验，根据预测对象的政策环境，通过直观归纳，对预测对象过去、现在的发展变化状况进行综合分析与研究，找出预测对象运动、变化、发展的规律，进而对预测对象未来的发展状况及趋势做出判断。

专家会议预测法的优点是：能发挥集体智能结构效应；相比单个专家而言，它占有信息量较大，考虑的因素较多，提供的方案较具体、全面。其缺点包括：有时参加会议的专家们心理压力较大，容易屈从权威和多数人意见，忽视少数人意见，容易受他人劝说性影响而轻易改变自己的意见。

2. 德尔菲预测法

德尔菲预测法是一种直觉预测技术，它是由兰德公司的研究人员首先发明的，以古希腊神话中的神谕之地，可预卜未来的阿波罗神庙庙址"德尔菲"命名。

德尔菲预测法具有匿名性、有利于信息反馈和思想沟通、预测结果易于统计等特点，它采用匿名通信和反复征求意见的形式，向与所预测的问题有关领域的专家分别提出问题，是专家们在互不知晓、彼此隔离的情况下交换意见，而后将他们回答的意见综合、整理、归纳匿名反馈给各个专家，再次征求意见，然后再加以综合反馈，这样经过多次反复循环、技术处理，最后得到一个比较一致且可靠性较大的预测结果。

3. 主观概率法

概率是关于未来事物、事件、情形出现的概率或可能性的大小的一种数理概念。

主观概率就是根据过去的经验数据和相关信息，人为预测和估计而得的概率。从政策制定的角度来讲，它是政策制定人员和有关专家依据个人经验、智慧、胆识凭主观判断来确定的概率值。例如，需要预测某一事件发生的可能性，可以通过请一组专家进行主观概率预测，然后把其预测的百分数求出平均值，就是该事件发生的主观预测概率。

4. 社会调查法

社会调查就是人们有意识、有目的地通过对社会现象的考察、了解和分析，来认识社会生活的本质及其发展规律的实践活动和认识活动。

社会调查一般遵循如下三大原则。一是客观性原则。其核心是实事求是，这是社会调查的立足点和出发点。二是实证性原则。它要求社会调查的结论以及与此相关的各种观点，都必须有真实、可靠的资料作为支持，不能在缺乏数据和资料的情况下得出某些结论。三是系统性原则。它要求对社会现象要进行系统、综合的分析和研究。

社会调查方法有多种划分形式，一般说来，社会调查方法可以按照调查对象范围和选取对象方式上的不同而划分为五种基本方法，即普遍调查方法、重点调查方法、典型调查方法、抽样调查方法和个案调查方法。

5.博弈方法

博弈，也称为竞赛方法、运筹方法、对策论等，其是指利害关系相反的各方，按照一定的规则行动，每一方都为自己能在竞争中获胜，根据对方所采取的策略和手段来决定和选择自己的最佳的应付方法。

博弈方法突出了政策分析活动中多个利益主体的行为所产生的相互作用和影响，并有可能得到社会系统中个人与团体行为的较为准确的预测。它大大开阔了我们的眼界，为公共政策事先绩效评价提供了一个有趣的思路。

但是，博弈分析也存在着一些制度上的缺陷。例如，博弈分析通常只被社会科学家视为一种分析思路或研究工具，而非政府官员进行决策的行动指南。博弈分析所强调的条件与现实生活还有着很大的距离，决策方案的选择很少像博弈局势那样简单。决策者很难清楚地知道或真正了解他们从可选方案中所能得到的确切收益以及他们的对手可能做出的行动选择。局中人在选择策略做出理性决策时存在着许多障碍，博弈论排斥政策参与者的情感、意志、经验等心理因素的影响，是在纯理性的假设前提下分析人的策略行为的。这显然难以真实、全面的描述、解释人们的动机行为，容易由于形式化的偏差而导致决策失误。

三、定量分析方法

定量分析方法是与定性方法相对称的方法，是对事物进行数量分析方法的总称。它是指在公共政策绩效评价过程中对各种有关的资料数据、信息等能够用确切的数字量化表示出来，并通过数学的方法，来对评价对象的一些基础价值进行判断。

定量分析的方法很多。这里仅仅介绍几项主要的定量分析方法。

（一）定量预测分析方法

定量预测方法是指根据对已经认识和掌握的某事物的历史和现状发展的规律，再加上对该事物未来发展可能产生的各种变数来推断其未来发展的状况，从而为某项政策制定提供数量参考依据。

目前，常用的定量预测方法，包括平均预测法、概率预测法等。

1.平均预测法

平均预测法是应用比较广泛的一种预测方法，当我们获得一组数据或观测值后，就可以利用平均预测法来计算其平均数，在统计中常用平均数表示事物或现象的一般水平。在政策制定中常根据某事物或现象的历史和现实的一般水平，预测该事物或现象在未来一定时期或一定范围的一般水平。

2. 概率预测法

概率预测法又叫马尔科夫预测法。马尔科夫是俄国数学家，他在20世纪初经过多次实验和观测发现在一个系统中某些因素的概率的转换过程中，某一次转换所获得的结果决定于前一次实验的结果。对于一个系统来说，由一种状态转换到另一种状态的过程中存在着转移概率，这种转移概率可以依据转移的前一种状态推算出来，而与这个系统的这次转移以前的所有转移次数无关。系统的这种由一种状态转移为另一种状态的过程叫作马尔科夫过程。系统的这一系列转移过程的整体称为马尔科夫链。

（二）成本—效能分析方法

公共政策的效益，大多数并不是经济效益，而是社会效益，因此，很多项目不能以货币为尺度度量，如对国防、太空研究，对外援助，公安和司法裁决等方面的效益用货币很难表示。同样，像教育、住宅建设和公路建设虽然被认为可以提供巨大的货币效益，但迄今为止也没有可靠的测量方法。因此，成本—效益分析方法，在公共政策绩效评价中，使用的范围受到一定的限制。因此，需要通过成本—效能法来弥补。

成本—效能法在公共政策绩效评价中，同样具有很强的应用性。从我国的实践看，我国很多公共政策，是由特定的公共部门制定的。在部门利益的驱动下，这些公共政策，带有很强的部门特色。因此，在前评价的过程中，就需要通过成本—效能分析来解决公共政策中的部门利益问题。而在后评价阶段，成本—效能法能更好地测算公共部门执行政策的效益与效率，从而为我国政府部门的效能革命提供强大的科学武器。

第三节 我国公共政策绩效评估需求的影响因素

能够被实现的需求才是有效需求，才能将"潜在需求"转化为"现实需求"，进而带来预期的效益。需求的实现依赖于一定的现实条件，经济学中，诸如顾客有购买能力、存在购买意愿、地理位置和交通条件允许等都是需求实现的条件，同样在公共领域，公共政策绩效评价需求的实现亦依赖于必要的政治、体制环境、社会环境、技术环境等因素。下面将从制度与体制环境、政策自身发展、公民社会的发展、评价技术的发展、评价主体多元化等方面展开论述。

一、制度和体制环境

我国正处在一个社会主义市场经济建设的转型过程中，这个转型包括制度的、体系的，包括经济的、政治的、行政的等，其中，最重要的转型内容之一是我国行政模式正在发生的根本性变化。过去计划经济体制下主导政策与经济的是一个"管制型政府"，其基本特征在于：命令行政；一统行政；人情行政；经验行政；弱责行政。此种行政模式生存的环境是长期的封建传统，以及长期的战时计划经济与阶级斗争的延续，在此种行政模式下政府主导一切，群众或把政府当"救世主"或已经习惯"被安排好"来生活，政府更是享有专权，职能无限大。在这种背景下，人们并不"需要"对公共政策进行绩效评价，一来在管制下"麻痹"的群众更多地选择"理所当然"地接受政府的安排，而没有"维权""监督"之概念；二来在普遍高压、法律秩序缺乏的背景下，光有意愿或评论，亦无表达之道，不仅"无用"，而且可能会因"过激"言论惹来横祸；三者政府为了维护自身的权威，又缺乏有效的监督机制，往往趋向宣扬好的、优的成果，对于失败的政策，或归为他因，或试图掩盖事实。在这样的行政背景下，"需求"几乎不存在。随着行政理念的转变、经济的发展、教育的普及等因素，"管制型政府"被证实不符合经济发展，正在逐渐被抛弃，政府向着"服务型政府""开放型政府"的方向转变。所谓"服务型政府"，即一改过去把公民看作"管制对象"的传统，当作"服务对象"来对待，政府的任务从制定更多的限制条令转向提供更多的服务，既然是提供服务，目标群体的意见和利益必须被摆在一个不可忽视的重要位置，公共政策绩效评价的需求便产生了。具体说来服务型政府具有如下特征：以民主为前提；以法治为行政的基本手段和发展趋向；重视政府信用的建设；政府是一个"有限"的政府，只把握关键领域，更多地"放权"，行使引导、监督和服务的只能；合理分权、运转有序、行政体系目标统一。而"开放型政府"建设则旨在把政府建设成一个被监督的、信息透明的、公开公正的政府，行政方式更为灵活、弹性，与政府外环境进行充分的信息交流，并能及时应对外界的变化。

同时，我们又必须清醒地看到由于仍然处于改革的探索过程中，无论是体制上还是制度上仍然存在许多与改革新理念和总愿景不相符的缺陷,已暴露出来成为改革的阻碍。诸如行政管理体制改革与行政法制建设不相适应,政府、国企等的"特权"仍然存在且给我国经济和社会带来极大危害。例如,近几年被炒得火热的房价问题,多数地方政府在其中扮演着一个很尴尬的角色,房产政策始终不能如老百姓之意;法制化的不足也影响到了决策的科学化和民主化问题;民主参政机制尚不健全,目前我国公民参政意识越来越强,参政有效途径却十分有限,虽然随着目前舆论和网络的发展,公民的呼声能够被迅速"放大",但总体上显得有序性不足,且多为非正式途径;政府信息公开制度近几年随着2008年《政府信息公开条例》的实施、社会舆论监督的发展已经初步建立,全国各地有关政府信息公开的规定也纷纷出台,诸如引入政府采购制度、政府上网工程制度,再如广东省"阳光政府"建设迈出预算公开的步伐,这些措施一改过去政府的"神秘"形象,加大了与民众之间的相互沟通和了解,但总体上仍然处在起步和探索的阶段,相关内容和款项都有待完善,也待进一步的法制化发展;行政审批权限仍存在设置不够明晰,程序不够简易、透明、严谨等问题。

一方面,正是由于上述改革过程中所暴露的体制和制度的缺陷催生了评价活动的兴起,使评价作为完善相关制度和体制的途径,成为改革中的"必然"的一部分。科学的政策绩效评价制度的确立能够完善决策程序,从而使决策更科学更严谨;能够充当政府与民众之间的"传声筒",成为民众法定的、正式的参政途径;"阳光政府"的构建亦需要建立在充分收集民意的基础之上;等等,即引入竞争、增强监督、拓宽公民参政途径、加强成本效益分析等这些解决当前改革困境的直接手段,完全可以被纳入绩效评价系统来统一规划。另一方面,改革使评价"需求"由理论上的制度构想变为能够实现的现实,为评价制度能够建立和发挥有效作用提供土壤。首先,新的服务理念是评价需求产生的先导和评价能发挥作用的保障,政府活动的透明化所提供的更多的信息有利于评价数据的收集。

总之,评价需求的产生是改革引发的内在需求,同时反过来推动改革的进程。

二、评价技术的开发与完善

评价技术是实现评价过程、得到评价结果的手段和依托,包括评价工具和手段的选择以及技术条件的支撑,直接关系着评价的取向、评价指标的可测量程度、评价成本,以及评价结果的科学性和有效性。评价技术的开发与完善在评价需求与评价结果之间架起现实的桥梁，从而预想的测评能够得以实现。

首先评价工具和手段的发展为不同的评价目的提供了更多的评价途径的选择。公共领域绩效评价工具多借鉴于私领域，评价指标从发展初期简单的重投入—产出、成本—效益，到注重"3E（经济、效率、效果）"标准，再到以"4E（经济、效率、效果、公平）"标准来评价，评价越来越注重引入除经济以外的其他层面的社会价值观。随着绩效评价所持价值观的变化，许多新的工具也不断被创造，包括平衡计分卡、目标管理法、标杆管理等，这些起初用于企业绩效评估的系统方法逐渐被引入到公领域，由于企业绩效衡量与政府绩效衡量在某种程度某些方面的契合性，事实证明，这些工具在公领域也发挥了重要的作用。

此外，除评价模式、评价工具本身的发展外，信息技术、统计技术、调研技术、监测技术等的发展大大方便了数据、信息的收集和处理。以最为人所熟知的信息技术为例，计算机和互联网普及以来，海量的信息被快速、可靠、安全地传递，而信息识别、处理和再生技术能够实现大量信息短时间的模式化处理，节约了大量人力、物力和时间，数据处理结果也更为精准，人性化的操作界面大大拓宽了使用人群。这是计算机和互联网发展初期所无法比拟的，为绩效评价提供了极大的便利。再如监测技术的发展（包括采样技术、测试技术和数据处理技术等），以环境监测中污染物测试技术为例，许多新技术在监测过程中得到应用，如利用遥测技术对整条河流的污染分布情况进行监测，这是以往监测方法很难完成的；再如对于区域的监测和管理，监测网络及点位研究、监测分析方法的标准化等也有很大的发展；除大型、自动、连续监测系统得到发展同时，小型便携式、简单快速的监测技术也有很大进步。这些监测技术的发展，使得之前因无法收集数据而不可测量的指标变得可测量，使评价需要收集到的信息更为精准，亦大大推动了评价实践的发展。

无论是评价技术本身还是评价所依附的技术的发展，使许多以往设想却无法测量或测量成本过高的指标变得可以测量，许多需要评价却又无法实现的评价变得现实而可实现，且评价主体能从众多的选择中根据自己的需求、资金限制和政策本身性质来做出适当的评价工具和技术的选择。总之，评价技术的开发与完善推动了评价需求有理想变成现实的发展。

三、公众参政

1978年改革开放后中国经济与政治环境的变化为我国公民社会的兴起创造了

基本的环境，使之成为时代与历史变迁的必然。首先，改革后的经济体制下企业的自主权极大地增加，同时由于市场风险的增大强化了企业的自我保护意识，催生企业（特别是非国有企业）为了增强市场竞争力，必须在行业中实行合作和互助，在这样的背景下各种行业性的利益团体迅速成长起来；其次，不同于高度政治化的时代，市场经济拓展了公民的活动空间，个性、权利、自由在这样的场所得以展望，政治权利所直接支配的范围日益萎缩；最后，崇尚公平与竞争的市场经济塑造了公民个体和组织的自主意识，民主观、利益观、自由观、法治观、平等观等不断强化；企业和个人在经济发展背景下可支配利润和收入的增加为自治组织的独立运作提供了坚实的经济基础；而法制的完善提供了可靠的制度环境。

巨大的需求以及对现状的不满是寻求改变的强大动力。公民社会壮大与发展的趋势必然是打破一元统治、单向治理、全能政府的桎梏，要求社会治理主体的多元化，要求政府治理路径由单向变为双向，要求无论从体制上还是制度上都要彰显公民的主体地位。所以，单向的政策过程、模糊的政府回应、不了了之的质询，都是公民社会所不能容忍的。

《半月谈》记者伍晓阳曾写道："当前，一种新的社会现象正在逐渐浮现：一些公民出于公共利益目的，以个人身份自发调查相关社会事件，然后通过网络等自发性媒体发表调查成果，以影响社会舆论或改变事实结果。这些现象被社会学研究者冠之为'公民报道'或'公民记者'现象。显然，在中国的民主政治建设、和谐社会建设不断完善，公民有序参与政治表达、参与社会治理的热情不断高涨的大背景下，这样的现象还会越来越多。"[1]作者在文中列举了网友自发调查杭州交通肇事案、云南看守所"躲猫猫"案件等例子，展示了公民对"特权"和对官方模糊的解释的有力回击。公共政策作为政府应用最广泛的管理工具，又关乎公民切身利益，影响到社会生活的方方面面，公民当然最为关注。公民要成为社会治理的主体就必须介入政策过程，要介入政策过程就必须了解政策，了解政策执行效果，并通过自己的声音影响到评价结果的公正、真实。但现实是，政府目前所公开使用的评价指标并不能反应相关政策的执行效果，也没有体现作为利益直接相关者的公民的意见。以政府门户网站统计数据和分析报告为例，教育部门户网站统计数据显示了各级各类学校教职工数、各级各类学历教育学生数、民办高校毕业生人数、各类高等教育毕业生人数等状况，但这些摆在我们面前巨大的数

---

[1] 伍晓阳. 政府对公民自发调查不必大惊小怪[J]. 半月谈，2009:6.

字并不能真正反映出我国教育政策目前的实施效果,指标数据在增加,而我国教育政策不合理带来的教育困境,诸如教育腐败、美德教育缺乏、应试教育、教育资源分配不公等。进入民政部门网站、财政部门网站,我们看到的是同样不能一目了然反映出政策绩效的数据和报告,更不用说反映公民的声音。这显然不合公民社会的诉求,公民要成为治理社会的主体,要主张双向的行政模式,就需要通过参与政策绩效评价指标的讨论、满意度的参评来督促形成有效的绩效报告,并通过绩效报告来了解政策的执行效果,并以公众的力量影响政府的选择。

四、多元评价主体培育

所谓评价主体是指具备一定评价知识技能,能够实际参加评价活动的人或组织。

传统模式下的政府作为单一的评价主体所组织的评价工作最终或流于形式,或由于"对上不对下"造成评级价值观扭曲,最终绩效评价成了增添"政绩"的工具,致使公共政策"公共性"的弱化,政策的制定缺乏市场自动力,引来公众的不满。政策制定者的"理性选择"根本上是"非理性":政策制定的方向指着"政绩",指着更多的财政拨款和政策优惠;政策的执行侧重能量化的评价指标所涉及的方面,以此来造就一分"好看"的评价报告。好在改革开放后,随着市场经济体制的不断完善、公民社会的发展社会治理主体呈现多元化的发展趋势,民众、公司以及其他组织早已不能忍受被动地等待政府渐进地改革,或是天真地期许在没有任何外在压力的情况下,政府会自主地组织和改进绩效评价活动,并公布真实的评价结果,以此来鞭策自己的工作,更不能相信政府在组织评价过程中所持价值观即是符合公众利益的价值观,与其等待不如"靠自己"。

市场经济和放松的管制一方面造就了社会分层复杂化,另一方面赋予了公民和组织更大的自由自主的空间,从而为评价主体的多元化提供了现实的政治和经济的土壤;多余的可支配资金为除政府外的评价主体的存在提供了必要的经济条件。近几年,私企、非营利组织、学术团队、媒体等都凭借着自己的优势充当起政策评价的主体。例如,2019年端午节期间,《法制日报》记者就垃圾分类现状走访了北京多个居民小区等。

不同的评价主体有其自身的优劣势,例如高校内小的调研团队往往从更专业的视角探讨政策的科学与否,并从调研结果来分析出本次政策过程的成功之处和失败缘由,但在人力、物力和专业调研工具方面有所欠缺;专业的调研公司不仅有学术方面的人才，更有专项的财和物的配备，用于评价的工具完善，不足之处在于以营利为目的的公司所主导的调研可能是为"雇主"服务，以得到出资人想要的调研结果，而忽视客观的现实，或者将调研报告以不菲的价钱售出，并不是所有想要了解的人都能看到，评价结果的"公共性"不足。但近年来兴起的非营利性质的学术研究机构（诸如以高校为依托设立的研究所、评价基地等）较好地平衡了以上两种评价主体的优劣势，学术研究机构往往既有人才又有专项基金，不需要迎合"雇主"，能够站在"独立第三方"的角度和"学术"的角度能够排除各种压力更为客观地呈现评价结果。此外，舆论的力量不可小觑，当一项政策取得较为显著的成效或由于"失误"带给民众不利影响之时，民众往往自发地凭借各种舆论媒介，如互联网、报纸等，对政策进行评价，或有人一旦组织讨论或满意度投票，便会"一呼百应"。这种非正式的、粗放的评价虽然不能算真正意义上的政策绩效评价，但一定会在短时间内把政策推向人们视线的最前沿，进而使当局政府、专家团队等不得不关注。

多元的评价主体在政策绩效评价需求由"需求"到实现这一"需求"的过程中起着非常重要的作用。与其被动地等着政府来维护我们的权益，不如主动地通过各种方式来宣扬我们在社会治理中的主体地位。政府外的评价主体的存在不仅形成压力推动政府组织评价工作或加大对政策本身的关注，也不同程度地弥补了政府一元主体评价的不足。包括价值观上的差异、评价途径和手段的单一、趋利避害只向着"政绩"而忽略事实的倾向，以及政府工作人员亲自去收集民意往往得不到最真实的结果等会影响到评价结果的缺陷，也解决了仅靠政府评价资源不足的问题。综上所述，多元评价主体为评价需求的实现提供了更多的选择路径。

第九章 我国公共政策绩效评估机制的构建

第一节 我国公共政策绩效评估的各主体及运行模式

政府公共政策绩效评价是一个多种关联主体组成的系统,其中包括评价主体、参与主体、利益主体、执行主体等,这些关联主体的地位及其关系构成政府公共政策绩效评价机制的基本元素,协调它们之间的关系是评价机制得以运行的前提。

一、四大主体

(一)参与主体

1. 公民

公民是政策主体的一个重要组成部分,是一种最广泛的非官方政策主体。在现代民主社会,公民有权让自己的声音或意见被政府官员听到,因此他们通过各种政治途径参与到政策的制定、执行和评价过程中来。

公众参与政府公共政策绩效评价,对于监督党和政府体察民情、了解民意,保证公共政策符合人民的根本利益都能起到积极作用。近年来,虽然我国政府公共政策绩效评价的公民参与取得了明显的进展,但总体上仍处于"有限参与阶段",包括参与范围或程度的有限性、角色或参与方式的单一性以及影响力总体上还相当有限等[①],需要在以后的工作中进一步加强。

2. 大众传媒

大众传媒是指在传播路线上用机器作为媒介以传达信息的报纸、书籍、杂

---

① 周志忍.政府绩效评估中的公民参与:我国的实践历程与前景[J].中国行政管理,2008(1).

志、电影、广播、电视、因特网等诸形式。① 大众传媒是现代社会最为普遍的信息传播载体,其对世界的政治、经济、文化正产生着越来越大、越来越广泛的影响。在西方,有学者将大众传媒称为与立法、行政、司法并列的"第四种权力"。

世界范围内,如美国 The Nation,The National Republic 等著名期刊,经常对政府公共政策进行绩效评价。② 在政府公共政策绩效评价系统中,由于大众传媒的直接性、迅速性和广泛性,它能为政策评价创造良好的公众支持环境,从而扩大政策诉求群体,提高政策问题的认知程度。大众传媒的"焦点效应",可以形成强烈的政策舆论压力,社会舆论的压力虽然不是正式的权力,却对政策过程有着重大的影响,能对政府行为构成直接的"舆论之约",促使决策系统接受来自公众的意愿和要求,如我国的"焦点访谈"常常能起到意想不到的作用。大众传媒是连接政府与社会的桥梁和中介,可以扩大公众对政策制定的参与程度,使分散的公众公开表达自己的诉求,是实现政策评价科学化和民主化的重要载体。

(二)评价主体

1. 立法机关

在广泛的意义上,法律其实是一种规约性更强的政策。立法机关行使国家的立法权,其基本职能是制定法律,确立政府与公民的行为准则,因此是公共政策绩效中最重要的关联主体之一。政策立法是立法机关制定公共政策的基本形式。在不同的国家,立法机关分别被称为"国会""议会""代表会议",在我国则是指最高国家权力机关——全国人民代表大会及其常务委员会,然而在此我们赋予立法机关更广泛的外延——所有政府公共政策的制定主体。当前的公共政策绩效评价往往聚焦于政策执行过程是否到位,却忽略了对政策本身是否合理的评判。事实上,公共政策本身是否合理可能是比执行是否到位更加关键的因素,目前我国政府公共政策的制定在程序上缺乏必要的严谨性,政策内涵中的领导个人喜好反而多于公共意愿。立法机关作为政策的制定者,相对于政策执行者而言,处于较高的位置,因此理应是政策绩效评价工作的发起者和组织者。

2. 行政机关

行政机关及其官员是政策主体的一个重要组成部分。当今社会,公共政策的广泛性和复杂性日益突显,法律几乎没有可能对所有的政策领域进行预先规定,因此需要行政机关通过法律之外的政策来弥补法律条文的不足。以美国为例,国

---

① 沙莲香.传播学[M].北京:中国人民大学出版社,1990:115.
② 张国庆.公共政策分析[M].上海:复旦大学出版社,2004:407-408.

会每年通过的法案约有数百部,但各部门的行政法规每年就有近 5 000 项之多。①美国学者德罗尔指出,在发展中国家,行政部门在政策制定中所拥有的权力和影响要比发达国家更大,这是因为发展中国家并未形成专业的文官制度,韦伯意义上的官僚制还不成熟,导致行政部门具有更加集中的决策权。在我国,各级政府在制定政策过程中的权力比各级人大显然要大。行政部门制定的政策有两个特征:(1)具体性——行政机关制定的政策绝大部分是党和国家权力机关政策的具体化,它们要体现党和国家权力机关所指定的政策的基本精神;(2)补充性——对党和国家权力机关政策所没有涉及的领域,行政机关有权制定出一些补充性的政策规定,以防止政策空白。

3. 司法机关

司法机关在一定类型的政治体制中属于公共政策的直接主体。在西方一些国家,特别是实行"三权分立"的美国,法院在政策过程中具有举足轻重的地位,它不仅参与公共政策的制定,而且在其中扮演重要角色,不仅规定政府不能做什么,而且规定政府应该采取何种行动才是符合宪法和法律的规定。在我国,司法机关主要是指各级人民法院和人民检察院,我国的司法机关对公共政策的影响程度相对要小一些,但是诸如最高法院出台的司法解释以及各级法院对于行政诉讼案件的判决等,对于公共政策的制定和执行也会产生较为明显的作用。司法机关在政策绩效评价系统中承担监督职责,监督政策绩效评价过程是否公正、合理等等。

4. 第三方机构

第三方机构并不是公共政策的直接参与主体,其与政府并无隶属关系和利害关系。传统的政府公共政策评价只有单一的评价主体,即上级组织人事部门,评价自上而下,造成部分地方政府官员和领导班子在制定政策时,只对上负责,不对下负责,大搞"政绩工程""形象工程",政策评价也往往流于形式,成为炫耀工作业绩、歌功颂德、掩盖不足的手段。在我国,一般意义上的第三方主要是指专业机构,包括大学院校和研究机构等,第三方机构具有非营利性、非强制性、民间性、独立性和组织性的特点,使得其在政策绩效评价的过程中天生具有超然地位,评价结论更为客观和公正。

另外,第三方作为独立的外部力量介入,在一定程度上也对政府部门施加压

---

① 张国庆. 公共政策分析[M]. 上海:复旦大学出版社,2004:117.

力，督促其对自身的评价体系进行整改。事实上，整个社会都越来越相信第三方的"证据"力量，而不太愿意接受利益主体的"诉苦"和政治家们的"说教"。①

（三）利益主体

政策制定本质上是一种资源的分配，因为国家和政府的资源有限，无法满足所有利益群体的要求，一个群体利益的增加必然导致另一群体利益的减少。所以国家和政府在制定政策时，必然涉及各种利益群体的价值和利益。

政策绩效评价的结果直接决定政策是延续、变更还是终结，决定了政策资源的重新分配，在调整和重新分配的过程中，往往使原有的利益群体之间的利益平衡遭到破坏，从而直接引发它们之间的利益冲突。在某项政策对某群体有利，对另一群体可能不利甚至有害时，会引起不同的反应。受益者会采取某些行动去维护、支持对自己有利的政策；受损者则会以某种方式去反对或改变对自己不利的政策。

（四）执行主体

政策执行主体按照政策有关规定，有权约束和规范其负责的对象，实施公共政策，完成政策目标，并承担相应责任。在我国目前的结构体制中，政策执行主体主要是各级政府部门及行政人员。政府部门行使国家的行政管理权力，具体贯彻实施公共政策，处于政策活动的最关键位置，其掌握政策运行的第一手资料，对政策效果有着详尽、透彻的了解，同时更靠近基层，对社会民众的诉求也深有体会，因此提出的政策建议往往能切中要害，而更易被政策有关部门所采纳。另外，在实施政策绩效评价的过程中，往往需要政策执行主体的配合。

二、四大主体的关系

在整个政府公共政策评价的大系统中，立法机关和行政机关作为政策的制定者，是绩效评价的组织者和推动者；司法机关是绩效评价的监督者，监督政策绩效评价过程是否公正、合理；第三方机构虽不是公共政策的直接参与主体，但是在绩效评价时作为独立的外部力量介入，能在一定程度上对政府部门施加压力，督促其对自身的评价体系进行整改；公民作为公共政策的直接受众，是最广泛的非官方政策主体，正越来越多地参与到绩效评价中来；大众传媒是连接政府与社会的桥梁和中介，可以扩大公众对政策制定的参与程度，使分散的公众公开表达

---

① 周建国.政策评估中独立第三方的逻辑、困境与出路[J].江海学刊，2009（6）.

自己的诉求，是实现政策评价科学化和民主化的重要载体；利益主体作为政策评价的直接影响对象，以不同的姿态（或支持、或反对）参与到政策评价中；而执行主体作为政策具体执行者，掌握政策运行的详尽资料，贴近民众诉求，在政策绩效评价系统中负有评价工作支持和政策改进建议的职责。绩效评价是对公共政策的实施经验进行系统的回顾和总结，分析公共政策的运行状况，为改善和提升政策绩效提供意见和建议。上述公共政策利益相关者构成了我国公共政策绩效评价机制的基本元素，在政策评价过程中扮演了不同的角色定位，只有它们各司其职，环环紧扣，公共政策绩效评价机制才能顺利运转。

三、我国公共政策绩效评价的运行模式分析

所谓运行模式，是指公共政策绩效评价得以实现的通行形态。评价模式处于战略层面，决定着评价的思路、方向、内容和价值，不同的评价模式选择直接导致不同的评价效果。结合我国的公共政策绩效评价实践，根据评价主体是政府决策、执行组织自身还是政策决策、执行组织外部主体，该部分将我国的公共政策绩效评价分为自评价、参与式评价和第三方独立评价三种运行模式。三种模式特点各异，有各自不同的适用范围，在开展公共政策绩效评价时应选择适当的评价模式。

（一）自评价模式

自评价顾名思义是指由政策的制定或实施者为评价主体自行实施的政策绩效评价。在我国现行的行政体制下，中国共产党作为唯一的合法执政党，现有的公共政策制定及执行主体一般皆为各级政府部门，所以我国的政策自评价基本可视为各级政府部门对其所发布的公共政策的必要性考量或是对政策执行效果的评价。自评价是目前我国的政策评价实践中应用最为广泛的一种评价模式。

在理想化的情境下，绝大多数的公共政策都应当由政府部门实施自评价。政策自评价的一般流程是，根据总体安排，或以部门为单位，或以系统为一体，通过自下而上的总结报告形式等对本部门或本系统的工作进行的汇总，如各部门的年中、年终总结大会等。在官僚体制下，每一级政府部门其实都处于双面角色，对上级部门而言是下属和受控者，对下属部门而言，它又是领导者和掌控者。这样，自下而上的总结报告一方面是自己对自己的评价，从而使评价背离实事求是的基本原则，流于形式，成为报喜不报忧、炫耀工作业绩、歌功颂德、掩盖不足等的手段；另一方面，下属的工作业绩同样是自己的业绩，下属的工作出现纰

漏，同样是自己的政绩污点，对下属的评价很有可能会被更高部门层视为对自己评价的依据。因此，评价工作竟然成为上下级之间"一荣俱荣、一损俱损"利害关系的联系纽带。而外部监督的缺失，则使这种情况愈演愈烈。

在构建责任型政府的趋势下，公共政策绩效评价应当更贴近那些被政策直接影响的民众，只有不断增进政策回应性和扩大公民参与，才能真正增进行政官员与公共管理者公共责任的牢固确立，保证责任政府各项目标的落实。

（二）参与式评价模式

亚里士多德曾指出，创作者往往并不是最好的评判者，正如舵手比木匠更知舵的好坏，房屋居住者比房屋建筑者更熟悉房屋的舒适程度。参与式评价是指由政策决策、执行部门的代表与利益相关者共同作为评价主体，一起设计和实施评价活动，并一起分析解释评价结果的政策评价模式。

政策参与式评价的基本理念是以政策目标受益群体为核心和主体，通过一系列正在发展和完善的参与式工作方法和工具，使政策利益相关者一起对政策实施所产生的效果、效率、影响进行评价，并充分吸纳各方的意见，从而实现政策评价的科学性和民主性，促进政策绩效的提高。相比于政策自评价，政策参与式评价的本质区别是引进了外部压力机制，打破了政府机关自评价的封闭性，使政策评价真正走向客观和理性，而不再是官僚间的游戏。目前，政策参与式评价常见的模式有"听证会""公民调查"等，但是这些都仅仅是形式上的参与，且大多都流于形式，如每年全国各地都有大量的"水电费涨价听证会""景区门票涨价听证会"，打着政策参与的幌子，却从没有真正的考虑过民意，显然这些都是伪参与，而此处所要探讨的是更具科学性和实用性的政策参与式评价模式：由政府部门发起组织，独立的第三方评价机构具体执行，政策目标群体广泛受访。

在这一过程中，政府工作是评价过程的开始和前提，政府部门是评价过程的发起者和组织者，由其来制定评价目标，组织第三方评价机构来实施评价，并在评价工作中提供经费和资料支持；第三方评价机构是评价的具体执行者，在政府部门的支持下，通过问卷调查了解政策的真正运行效果。第三方评价机构在调查结束后，根据调查结果，撰写政策评价报告，提交至政策主管部门；政策目标群体不再游离于政策评价过程之外，而是评价过程的参与者和建议者，由他们根据自身的感受对政策的实施效果进行评价，并可提交政策改进的建议。

（三）第三方独立评价模式

第三方独立评价是指由政策决策、执行部门以外的组织或个人独立进行的评价。从被评价政策的选取,到具体评价工作的实施,都由第三方来独立完成,而不受其他任何对象责任人的影响和控制。

一般意义上的第三方包括专业机构、社会组织和公众、舆论界、中介组织等,其非营利性、非强制性、民间性、独立性和组织性的特点,使第三方在政策评价的过程中天生具有超然地位,评价结论较为客观、公正,而有些评价机构在评价中的专业表现,使其更受民众的推崇,如美国的兰德公司、布鲁金斯学院、英国的伦敦国际战略研究所等。事实上,整个社会越来越相信第三方的"证据"力量,而不太愿意接受利益主体的"诉苦"和政治家们的"说教"。①

(四)三种评价模式简要评析

三种模式中,自评价虽然存在着封闭性和自利性等诸多缺点,但是其利于获取评价资料,评价结果能直接反馈政策决策层等天然优势,加之公共政策的庞大数量,使其在短期内将仍然是我国的政府公共政策绩效评价工作的主要运行模式。为使评价工作趋于合理,政府部门应积极完善政策自评价的运行机制,在政府部门内部建立专门的政策绩效评价部门,同时积极引进体制内和体制外双重监督压力等,这样才能克服政策自评价自闭性的弊端,提升评价结果的公信力。

第三方独立评价在选择被评价政策和评价工作时间开展上的自主性,使评价工作开展较为灵活。但是第三方独立评价在获取政策运行的第一手资料时难度较大,评价工作资金需自筹也极大限制了评价工作的开展,同时其在评价时可能更强调评价的"学术气质"而忽略实用性,更重要的是政府部门出于自利的角度,对第三方独立评价怀有本能的抗拒心理,这样第三方独立评价的结果运用必然要有一个说服政策决策者的过程,这些都限制了第三方独立评价的进一步发展。需要注意的是,第三方独立评价只能是作为政策评价工作的有益补充,其评价结果作为研究成果进行发布,对政策主管部门形成一定压力,以督促政策的改进。参与式评价由政府部门发起组织,并提供资料和资金支持,第三方机构具体执行。这样一方面继承了自评价在获取资金、资料方面的便利和评价结果直接反馈决策层等优势,另一方面又保持了第三方独立评价在评价工作时的客观表现。综合来看,这样的参与式评价在方法论上相较前两种模式有着巨大的优势,应该作为我国以后政策评价工作中大力发展的一种模式。然而,参与式评价由于要动用大量的人力和财力,因此不适宜广泛运用,在某些重要政策上可以采用这种模式。

---

① 周建国.政策评估中独立第三方的逻辑、困境与出路[J].江海学刊,2009(6).

第二节　设定我国公共政策绩效评估的规范化路径

以公共政策绩效评估的各主体及运行模式为基础，循着科学、有效、合理的原则，本节将尝试设定出一条规范的公共政策绩效评价路径。

一、确定公共政策的可评价性

理论上而言，所有的公共政策都可以而且应该进行绩效评价，但是在实际的操作过程中，并不是所有的公共政策都适合被科学地评价，那么在对一项公共政策实施绩效评价时，首先要确定该公共政策的"确定可评价性"，或称"评价能力确定"。[1]

什么样的公共政策能够成为绩效评价的对象？它们应该具备哪些特征？这些都需要我们进一步对公共政策本身进行更深层次的把握和研究。公共政策的"评价能力确定"，即分析、明确能否或应否对一项公共政策进行评价。

1975年，尼尔森在《评价为什么无法改善政策效能》一文中首次提出了这一问题。[2]胡雷进一步指出，评价者必须先对政策进行"可评价性分析"，并通过"可评价性确定报告"实现与决策者和执行机构的沟通，在得到评价结果使用者的反馈信息后，再确定政策绩效评价的步骤。[3]

胡雷的这一看法对后来的政策绩效评价活动产生了极其深远的影响，美国著名政策分析家威廉·邓恩在《公共政策分析导论》中指出："如果政策评价者不仔细考虑评价结论的使用目的，不去怀疑评价结果对个人、团体或整个社会的价值，而贸然以评价者的主观标准进行评价，即使采用科学方法对政策效果进行可靠、有效的评价，仍然是一种没有实际意义的'伪评价'（Pseudo Evaluation）。"[4]

在确定政策的可评价性上，波兹曼和马瑟提出了十一项指导原则：

---

[1]　[美]尼古拉斯·亨利.公共行政与公共事务[M].北京：中国人民大学出版社，2002:325页.
[2]　V.G.Nielsonl: "Why Evaluation Does Not Improve Program Effectiveness", Policy Studies Journal, Vol.34, No.4, 1975, 第385—390页
[3]　Joseph S.Wholey:: Evaluability Assessment, InL. Rutmaned: Evaluation Research Methods:: A Basic Guide, London, saga, 1977, p.48
[4]　[美]威廉·N.邓恩.公共政策分析导论[M].北京：中国人民大学出版社，2002:438.

（1）选择政策执行与社会变化存在明显因果关系的政策；

（2）选择政策直接影响比间接影响更为主要也更为显著的政策；

（3）选择短期效益具有价值的政策，长期项目受多种因素的影响，难以精确衡量；

（4）选择具有代表性的政策，这样评价结果可以推广；

（5）选择运作充分，执行信息资料丰富的政策；

（6）选择高成本，高效益的政策；

（7）选择政策绩效产生的原因明显且易说明的政策；

（8）政策执行中所做的工作不能明确判定时，要避免进行绩效评价；

（9）选择有关人员支持的评价，主要是政府决策者和政策执行者的支持与配合；

（10）选择由经费资助的评价；

（11）借助社会力量进行评价，这样一来可以节省评价费用，还能促进理论研究与社会实践的沟通。[①]

波兹曼和马瑟提出的指导原则虽然有一定的价值，但是在实际应用上却存在一定偏差，只能从微观层面上提供政策评价的策略指导。结合我国公共政策绩效评价的实践，应该遵循有效性、必要性和可行性相结合的原则来确定政策可评价性。有效性是指所选择的评价对象必须确实有价值，能够通过评价，达到一定的目的；必要性是指有没有需要对政策进行绩效评价；可行性是指所选择的评价对象必须是可以进行评价的，即评价的时机、评价所需的人力、物力、财力均能满足评价的需要。

具体说来，确定公共政策的可评价性时应主要考虑以下几种情况。

（1）法定评价项目，制度或法律规定某项政策应进行评价，则必须将其确定为评价项目，而无须考虑政策评价的难度；

（2）问题较大的政策，如果政策在执行过程中出现了较大问题，则应该及时进行评价，以求尽快修正或终结，避免更大损失；

（3）效果显著的政策，如果一项政策效果明显，则应通过评价总结经验，以便推广和借鉴；

（4）应要求评价，如果社会各界均对某项政策提出评价的要求，则应进行评

[①] B.Bozeman &J.Massey: "Investing in Policy Evaluation: Some Guidelines for Skeptical Management", PAR, Vol.142, No3, 1982, P.266

价，一方面满足需求，另一方面也对政策进行系统检验；

（5）长期项目的阶段评价，长期项目虽然在总体上难以把握，但阶段性评价可通过对政策效能、效率、执行过程、综合影响及阶段性目标的实际情况进行衡量和评判，以达到对总体目标实现的保障作用。因此，长期项目应根据阶段性要求确定是否进行评价。[①]

二、明确公共政策的评价目的

目的是向导，公共政策的评价目的决定了评价的内容和方法。公共政策绩效评价的基本目的和主要功能，就是确定公共政策朝着既定目标前进，充分发挥公共政策应有的功效，顺利实现政策目标。大体上看，政策评价的目的可分解为以下几个方面。

（一）科学地检验政策效果

一项政策的正确与否，只能是以实践作为唯一的检验标准。一项政策投入运行的实际效果如何，往往并不是一目了然的，只有通过政策绩效评价实践才能作出正确的判断。这个效果包含两方面的信息：第一是评价政策方案制定的效果，即评价政策方案是否科学合理；第二是评价政策执行的效果，即评价政策执行中各资源的配置是否有效。

（二）优化政策资源配置

在实际工作中，政府部门往往同时执行多项政策。而由于政策资源的有限性，政策决策者和政策执行者必须考虑如何以有限的资源投入来获得更大的效益。通过政策绩效评价，能确定每项公共政策的价值，以确定资源投入的优先顺序和相关比例，寻求有效的资源配置。一方面，它可以使决策者从整体和全局角度出发，使有限的资源产生更大的效益；另一方面，它可以防止过多考虑局部利益所带来的资源过度投入。

（三）决定政策走向

政策的运行是一个多层次多方面的连续的动态过程，任何政策在执行一段时间之后，政策决策者都必须根据实际情况，决定该项政策是延续、调整或是终结。政策绩效评价的结果为这种决定提供了现实的依据，从而引导政策运行趋于正确、科学。

[①] 贠杰，杨诚虎.公共政策评估：理论与方法[M].北京：中国社会科学出版社，2006:85-86.

(四) 推进政策科学化和民主化

现代社会由于信息的急剧膨胀，公共政策制定组织活动日益复杂化。公共政策绩效评价可以有效判明每项政策的价值、效益和效率，了解政策存在的问题，改进政策，从而大大提高政策的效益。政策实施对象亦可以根据自己的感受积极参与公共政策评价活动，推动政策的民主化，而政策的民主化反过来有助于提高政策的科学化。

(五) 提高政策水平

政策绩效评价不仅由专业人员完成，还要吸纳政策制定者、政策执行者的参与。通过政策绩效评价活动，政策的制定者、决策者能够对该政策在整个社会环境与政治系统中的影响形成一个较为完整与理性的认识，在以后的政策制定中，能更全面地进行通盘考虑，使政策制定的水平得以提高。而对于政策执行者而言，政策评价活动提供了一个检讨其执行活动是否是在对政策进行了充分理解的情况下做出的，执行过程是否出现了偏差，以及为何出现偏差。更重要的是，政策人员可以意识到要对政策后果负责，从而加强学习，努力提高自身的能力，促进整体政策水平的提高。

(六) 提高行政效率

政策执行不力与行政效率不高一直是困扰我国政府的两大难题，缺少有效的政策绩效评价机制是历次政府机构改革不理想的重要原因之一。对政策执行过程的评价，能够及时发现执行中存在的问题，迅速加以纠正，可以有效监督、预防执行机关怠于执行、执行走样，保证政策能被正确贯彻实施，从而促进行政效率的提高。[①]

三、确定公共政策的评价内容

明确政策评价目的之后，应依据目标确定政策评价的具体内容，即确定公共政策的哪些内容应该被纳入绩效评价的范围。在此基础上，才能设计出相应的指标体系，对政策评价的具体内容进行考评。

郑方辉认为，从逻辑上审视，公共政策绩效评价可视为基于绩效导向的公共政策评价。与公共政策评价不同，公共政策绩效评价是指对公共政策行为，对目标群体需要、价值与机会的满足程度的评价。相对于政策评价，公共政策绩效评

---

① 朱水成.中国地方公共政策评估现状与对策[J].理论探讨，2001，(12).

价更加强调结果导向，更加关注政策目标群体的满意程度。[①]基于此概念，公共政策绩效评价的内容应从以下几个方面着手。

（一）公共政策的公共性评价

公共性是公共政策的本质属性，即作为国家意志体现的公共政策在根本上应当体现最广大人民群众的意愿，代表人民的利益。然而，公共政策的过程是一个社会各界力量博弈的过程，尽管政府应当选择那些与社会整体利益保持一致的方案，但是当社会强势群体与社会弱势群体存在不同的价值偏好时，政府往往会更倾向于社会强势群体的偏好，而且政府本身有自己的特殊利益，并寻求自身利益的最大化，这样政府利益与公众利益又存在着博弈，在两个博弈的过程中，公共政策往往偏离了公共性这一本质属性，公共政策的利益与代价分配存在着严重的不对等性，如湖南凤凰的入城收费政策等。

因此，公共政策绩效评价应先关注其公共性，即政策出台是否以民众诉求为导向，政策实施所带来的利益或所造成的伤害在相关群体中的分配是否公正，政策在执行过程中是否体现了和谐、正义、平等的社会价值取向。具体而言，在实施公共政策绩效评价时，应重点关注政策受众群体的满意度。公共性是公共政策的内在属性，民众满意则体现了政策的真正价值，是政策实施的最终目标，政策受众群体是否满意决定着公共政策的生命力和延续力。

（二）公共政策的效果评价

任何一项公共政策都有自己特定的目标和方向，公共政策是否达到预期的政策效果应是公共政策绩效评价的核心内容。

政策效果，也可称之为政策影响，是指公共政策实施后对政策目标群体状态的改变程度。与之对应的，公共政策的效果评价即对公共政策在达成其目标效果及其程度方面的考评。政策效果是政策价值的外在表现，公共政策效果评价的目的是通过某些方法确定某项政策是否发挥了其预定作用，并且在多大程度上发挥了作用，进一步深入了解影响政策效果的因素，为以后的政策优化改进提供依据。

如上所述，公共政策的效果评价一般包含两方面的内容：一方面是政策实际效果与理想效果间的差距，另一方面是政策实施前后的状态差距，前者衡量的是政策目标效果的达成程度，后者衡量的是政策的实际效果。政策效果包含政治、

---

① 郑方辉，毕紫薇.取水许可与水资源费征收政策执行绩效评价[J].华南农业大学学报（社会科学版），2010,（1）.

社会、经济、技术等多个层面的内容，是政策成败的关键因素，故而公共政策绩效评价的主要任务就是对公共政策的运行效果进行评价。

（三）公共政策的效率评价

在具体的公共政策绩效评价实践中，我们不仅要关注政策实施的效果如何，也要关心政策投入的成本高低，以及达成政策效果所需要的时间或者达成政策效果的速度快慢。公共政策的效率评价同样包含两方面的内容：一方面，政策实施必然消耗政府资源，效率评价表现为政策产出与政策投入之间的比例关系，这是从成本与受益的角度来衡量；另一方面，我们也必须要考虑到时间因素，将政策效率视为某项公共政策在实现其目标或对政策客体产生作用并达成政策效果在时间上的反映，这是从时间与速度的角度来衡量。基本而言，这两个层面的评价能充分评价出政策的效率高低。事实上，政策效果评价与政策效率评价是两个既互相区别又紧密相连的概念，效果评价是效率评价的基础，而效率评价则是效果评价在投入产出比以及时间变化上的反映。在二者的关系上，政策效果好，政策效率可能并不高；而政策效率高，也可能政策效果并不好。但是，对于高质量的公共政策而言，政策效果评价与政策效率评价的评价结果应该是一致的。

四、选择适当的政策绩效评价模式

一般意义上，模式（Pattern）是解决某一类问题的方法论，把解决类别问题的方法上升到理论的高度，即构成模式。政府公共政策绩效评价模式是解决政府公共政策绩效评估问题的方法论。评价模式处于战略层面，决定着评价的思路、方向、内容和价值，不同的评价模式选择直接导致不同的评价效果。

评价模式特点各异，有各自不同的适用范围，在开展公共政策绩效评价时，应注意结合政策本身特征选择适当的评价模式。

五、撰写评价报告及评价结果应用

政策绩效评价的具体评价执行环节完结后，评价人员需整理、分析搜集到的政策相关信息和资料，并据此撰写政策评价报告，政策评价报告是整个评价活动的结晶，更是评价成果的集中表现。

一份完整、规范的书面政策评价报告至少应包括以下几方面的内容：

1. 政策评价活动的背景说明

使用简单明了的语言，来描述政策绩效评价的大致背景和轮廓，具体应有：

①阐述所评价的是什么政策，为使阅读者清晰、完整地了解该政策的历史和运作，有时还需简要、完整地描述被评价政策的主要特征；②说明评价该政策的价值和意义；③介绍参与政策评价的主要评价主体；④介绍为收集和分析资料所采用的技术方法和程序。

2. 政策评价结果说明

政策评价结果是政策评价报告的核心内容和主体部分，评价结果应紧扣政策评价的具体内容，对公共政策的公共性评价、效果评价、效率评价等方面作分别阐述。另外，评价结果中应注意政策效果与政策预期目标的区分、政策效果与非政策效果的区分、政策成本投入与政策效果的联系等问题，并对这些问题作详尽阐述说明。

3. 评价建议

在说明评价结果的基础上，得出政策评价结论，并提出相应的政策评价建议。政策建议应与所依据的政策事实相联系，从而使阅读者清楚政策建议是如何提出的，最好是佐证以政策评价具体数据，增强政策建议的可操性。

4. 相关附录

附录包括详细的图表和统计分析、实地调查问卷、调查程序、支持文件证明和其他对于一个全面的评价报告中必不可少的信息。

政策评价报告的完成绝不意味着评价工作的终结，评价结果唯有应用到政策系统的改进上，政策绩效评价才能发挥其真正的效能。政策主管部门应根据评价报告，同政策具体者一起商议政策绩效改进计划。当前我国的政策评价实践中，评价结果应用是相对被忽视的环节，政策评价往往以给政策贴标签为终结点，评价结果对政策改进所起的作用有限，因此，必须加强我国的政策评价结果运用保障建设。

第三节　构建我国公共政策绩效评估的保障机制

本节探讨的是建立一种保障机制，使我国公共政策绩效评价工作能够循着规范路径，正式化、常态化地开展。我国公共政策绩效评价保障机制应涵括四个方面的内容，分别是评价法制保障、评价模式保障、评价过程控制保障和评价结果应用保障。

一、评价法制保障

我国的政府公共政策绩效评价活动之所以在现实生活中开展不畅,其首要原因就是缺乏政策绩效评价的法制保障,而法制又具体分为政策法律和政府制度两个层面的内容。构建我国公共政策绩效评价保障机制的首要任务就是为政策绩效评价活动寻求相关的法律和政府制度保障。

(一)政策法律层面

政策法律层面,将我国的政府公共政策绩效评价与发达国家相比可以发现,在政策评价开展得较为规范的国家,一般都有专门性的政策法律。在这方面,我国的相关法律、法规建设严重滞后,不仅没有类似上面的统领政策评价全局的专门性政策法律,在其他法律、法规中也很少涉及政策评价问题,缺乏政策法律的保障。这样,在评价目的、评价范畴、评价主体、评价方式、评价结果应用等方面便缺少一个明确的标杆,若由开展政策评价活动的政府部门或机构自由掌控,极易引发评价主体权威性不够、评价经费缺乏保障、评价结果不被重视等一系列后果。可见,缺乏权威性政策法律的保障是一切不规范评价活动的根源。因此,建设一部专门性政策法律是推进我国政策评价发展工作的重中之重。

(二)政府制度层面

横向比较政策评价活动开展规范的国家,在中央层面上,美国有"国家绩效评议委员会",韩国有政策分析和政策评价委员会,日本有行政评价局,这些机构总领了各国的政策评价全局,政策评价主管部门的存在增强了政策绩效评价的组织保障,避免了政策评价成为政府部门运动式或阶段式的活动,使政策评价工作趋于连续,并保障了评价工作的权威性。在地方政府层面,在政策评价主管部门的督促下,各级行政部门都设有专门的政策评价机构,如法国在各行政层级上分设有大区评价委员会(大区)、省评价处(省)、评价专员(中小城市,一般界定为5万人以上),各级评价机构的广泛分布,使政策评价工作能得到更充分的开展,中央的纲领性文件能更透彻地得到执行,保证了政策评价工作的普适性。这些专门性评价机构的存在,一方面使政府政策绩效评价走向了专业性和职业性的轨道,另一方面培训出大量的专业政策评价人员,促使政策绩效评价能力的能力与水平得到提升。

而我国从中央到地方政府都没有专门的政策绩效评价机构,一些地方政府虽设有类似于政策调研室这样的单位,但水平参差不齐,且其功能局限于调查研究、分析预测和指导政策执行，较少有能力对一项政策实施全面、系统和规范的正式评价。这样的制度安排，缺乏专门的政策评价部门，必然导致专业政策评价人员的匮乏，这样评价工作要么开展不起来，要么不定地由政策执行部门或一些非专业性的政府研究组织或学术研究机构承担，其评价结果缺乏必要的可信度，而且难以保证评价结果的客观与公正，致使政策评价逐渐功能化和形式化，极大地影响了政策评价的实际效能。因此，应加强我国政策评价的组织制度建设，形成一个从中央到政府职能分工不同、各部门和地区信息共享、专业化人才储备丰富的多层次的政策绩效评价组织制度。

二、评价模式保障

在政策绩效评价得到了相关法律和政府制度两方面的保障后，如何依据法律、法规的规定，选择相关评价主体并有效实施政策评价活动，就是我们要重点考虑的事情。评价主体的保障可依靠三大评价模式。

（一）规范政府内部自评价

基于政府公共政策数量的庞大基数，政府内部自评价在可预见的相当长时期内，都将仍然是我国政府政策绩效评价工作的最主要应用模式。自评价如果能够规范发展的话，其在政策绩效评价中能起到的作用是其他模式所不可比拟的。目前我国的政策自评价主要由政府决策部门承担，其实质是一种政策执行情况的检查，主要有两个方面的缺陷：①不愿意承担政策失败，难以公正地评价政策效果；②缺乏政策评价的专业知识和技能。

针对于此，除了在制度上保持独立，更重要的是指其评价行为应具有独立性，不受决策层、政策执行部门或其他相关利益主体的影响，只有评价机构获得独立性，才能保证其评价行为的独立性。目前我国各级党政部门存在着不少类似于政策调研室这样的政策研究组织，可以考虑加强这些机构的评价功能，改进现有的政策制定与评价或政策执行与评价两者合一的体制结构，把政策制定、政策执行和政策评价职能交由相互独立的机构分别履行，使其各司其职、各负其责、增强独立性，这样能最大幅度地保证评价的客观和公正。

（二）大力发展参与式评价

参与式评价在技术方法上继承了政府部门自评价和第三方独立评价的大部分优点，同时最大限度地避免了两种方法的不足，应该是我国以后政策绩效评价工作中所要大力发展的评价模式。规范政府公共政策绩效评价中的参与式评价，应该主要关注以下几方面的内容：

（1）参与式评价因为要消耗大量的人力、财力等政府资源，使得其现阶段确实不适宜广泛运用，但是只要官僚制政府体制依然存在，就不可能完全杜绝行政因素对评价独立性的影响，所以在一些重大政策评价上，政府必须采用参与式评价，可以通过法律条文规定，如规定涉及经费在多少以上的政策如若实施绩效评价就应该要强制使用参与式评价。

（2）规范参与式评价中第三方机构的选取。参与式评价中的第三方机构负责具体评价实施，但是第三方机构的选择权仍掌握在政府手中。目前的第三方机构鱼龙混杂，并不是所有的第三方机构都有能力去实施或执行重大政策的绩效评价工作。为了避免这一问题，可以选用公开竞标的方式来选择第三方机构，务必保证参与评价的第三方机构有足够的专业能力去完成政策绩效评价。

（3）评价机构应时刻牢记自己的第三方独立性质，不致被压力压垮或被利益引诱，保证评价工作的公正与客观。

（三）积极倡导第三方独立评价

第三方机构非营利性、非强制性、民间性、独立性和组织性的特点，使第三方在政策评价的过程中天生具有超然地位，评价结论较为客观、公正。积极倡导第三方独立评价，可以从以下几方面着手。

1. 国家应大力扶持、发展第三方机构

目前我国的第三方机构主要是高校和研究所等，其经费来源有限，与政策决策部门相隔较远，自发发展使得大多数机构都规模较小，在政策实践中真正能起到的作用十分有限，因此，应从国家层面对第三方机构予以强力支持，可以考虑成立政府表面、第三方实质的评价机构，不仅有利于降低行政成本，而且能在一定程度上提高评价的质量和效率。

2. 破解经费、资料难题

目前，我国第三方机构独立实施评价的最大难题就是评价资金需自筹和难以获取政策运行的第一手资料。由于经费和资料的欠缺，我国的第三方独立评价往往只能是对政策运行的大体效果进行评价，评价结果不够细致。因此，为破解此难题，政策主管部门应明文要求，如果第三方机构独立进行政策绩效评价，可以向政策主管部门申请一定的评价经费，以促进第三方机构独立评价的积极发展。

3. 积极对待第三方评价结果

政策决策部门应畅通第三方独立评价结果上行的渠道，使评价结果能第一时间到达政策决策部门，对评价结果更应积极对待，切中实际，对政策运行改进有效的提议应予以采纳，并给予评价机构奖励。

总而言之，第三方机构是政府体系之外的重要评价主体，因此应注重引导和发挥它们的作用，共同为我国的政策绩效评价工作做出贡献。

三、评价过程控制保障

无论执行的是哪种评价模式，政策评价的过程都大体一致。评价是一项系统工程，过程调整和优化控制是提高评价质量的关键因素。公共政策评价流程包括确定政策可评价性—明确评价目的—确定评价内容—采用具体评价模式执行评价过程—撰写评价报告—评价结果应用等阶段，总体上，控制流程与评价流程具有一致性。

（一）多角度控制模型构建

对公共政策绩效评价过程及其质量进行控制可以从以下三个角度进行分析：

1. 控制对象角度

公共政策绩效评价过程及其质量控制是基于评价过程中的具体评价对象进行的。控制论理论表明，无论何种控制，其实质都是针对某一过程的控制。对于公共政策绩效评价而言，其控制对象就是绩效评价的整个过程。

2. 控制过程阶段角度

根据被控系统全过程的不同阶段，控制可以分为事前控制、过程控制和事后控制三种类型。

3. 控制动态角度

公共政策绩效评价过程是一个动态过程。如政策开始实施，当实际进度与计划进度不一致时，就会产生偏差，控制指向修正原有计划。这一过程是一个动态上升的循环方式，从而推动了控制工作。

（二）过程纠错机制

公共政策绩效评价是一个由诸多环节紧密衔接而成的系统过程，一旦其中的某一个环节出现问题，就会出现连锁反应，并对最终的评价结果产生影响。而当发生问题时，又往往很难判断是在哪个环节上出了差错。为此，应该对评价过程实施全程监控，这也是公共政策绩效评价质量控制的一个显著特点。在这种情况下，可尝试将全面质量管理中的 PDCA 循环法（又称"戴明环"）引入公共政策绩效评价过程的控制中。

基于评价流程，以科学发展观为指导，区分政策类别，面向评价目标，选择合适方法，构建科学指标体系对评价过程实施控制，继而采用PDCA循环法对评价过程逐步进行检查纠错，强化评价质量。这一过程贯穿评价质量控制体系始终。

（三）绩效评价过程误差

公共政策绩效评价是一个收集、整理和分析信息，并据以做出专业判断的过程。从本质上看，这一过程是由感知、注意、学习、记忆、表象、推理、问题解决等构成的心理活动过程或认知过程。而公共政策绩效评价主体是由不同心理特点和心理活动的个人所组成，评价主体的感情或心理因素必然会影响和干扰评价结果，产生评价误差。主要原因包括评价的标准不明确，没有建立起政策的整体和个体关键绩效指标，评价者友善倾向、完美倾向或随意化倾向，晕轮效应，暗示效应以及第一印象效应。

四、评价结果运用保障

评价实施结束后，评价主体提交评价结果给政策主管部门，但是政策评价结果的提交并不意味着整个评价活动的终结。从某种意义上说，政策评价报告仅仅为解决政策运行中的问题、改进权力机构和公共政策系统提供了潜在的可能性，而要将这种可能性转化为现实，使政策绩效评价真正发挥效用，必须要有一个对评价结果消化和采纳的过程，若评价结果没有被运用到政府政策系统的改进上，则无论评价如何科学、合理，都将毫无意义。

事实上，评价结果的内涵意义绝不仅仅是一个对政策执行情况的考量报告，它对政策运行或改进、政府资源的分配，乃至政府部门的激励管理都有着重要作用。

（一）政策评价结果的运用使政策运行趋于合理

政策的运行是一个多层次、多方面的连续的动态过程，任何政策在执行一段时间之后，政策决策者都必须根据实际情况，决定该项政策是延续、调整还是终结，政策绩效评价的结果为这种决定提供了现实依据，保障了政策的良性运行，引导政策运行趋于正确、科学。

（二）政策评价结果的采纳能优化政府资源配置

在实际工作中，政府部门往往同时执行多项政策。而由于政策资源的有限性，政策决策者和政策执行者必须考虑如何以有限的资源投入来获得更大的效益。政策绩效评价能确定每项公共政策的价值，以确定资源投入的优先顺序和相关比例，寻求有效的资源配置。

（三）政策结果的运用为激励政策主体提供客观依据

在责任制政府体制下，政府部门和官员需要为自己制定或执行的政策负责，无论他们在主观上是否愿意，都必须采用各种手段以尽可能地去追求良好的政策效果，否则就必须为此付出代价，包括经济惩罚、地位降低和职位丧失等。政策结果为这种激励体制提供客观依据，将政策绩效评价的结果与政策主体的薪金、职务挂钩，能有效激发政府部门或官员的积极性，使其能全身心地投入政策制定、政策执行和政策评价中。

（四）政策评价结果的运用能优化政府组织机构

政策绩效评价对政府部门或官员而言，实质上起着一块"试金石"的作用，通过政策绩效评价，哪些部门或官员在政策过程中积极进取，哪些部门或官员庸庸碌碌，都将一目了然。这样通过评价来"去劣存优"，对政府部门或官员不断的筛选、淘汰，使政府组织架构得到优化。

当前，我国的政府政策绩效评价实践存在着"政策评价是否有效"被"是否进行了政策评价"所代替的怪象，而当政策的制定者或执行者将政策评价仅看成政策过程回避不了的环节，而不是检验政策的必要手段时，这种替代更容易发生。为避免这种政策评价以给政策贴标签为终结点的情况发生，必须加强我国政策评价结果运用机制的建设。

总之，本节所阐述的评价法制保障、评价模式保障、评价过程控制保障和评价结果应用保障四大保障制度，构成保障体系，全面进行，多重开展，事半功倍。

参考文献

一、著作类：

[1] 查尔斯·林德布洛姆. 竺决策过程 [M]. 乾威, 胡君芳, 译. 上海：上海译文出版社. 1988.

[2] 东尼·奥罗姆. 政治社会学—主体政治的社会分析 [M]. 张华青, 孙嘉明, 译. 上海：上海人民出版社, 1989.

[3] 缪尔·P·亨廷顿. 变化社会中的政治秩序 [M]. 王冠华, 刘为译. 北京：生活·读书·新知三联书店, 1989.

[4] 缪尔·P·亨廷顿、琼·纳尔逊. 难以抉择—发展中国家的政治参与 [M]. 王晓寿, 吴志华, 译. 北京：华夏出版社, 1989.

[5] 詹姆斯.E. 安德森. 公共决策 [M]. 唐亮译. 北京. 华夏出版社, 1990.

[6] 叶海尔·德罗尔. 逆境中的政策制定 [M]. 上海：上海远东出版社, 1996.

[7] 沙莲香. 传播学 [M]. 北京：中国人民大学出版社, 1990.

[8] 张隆栋. 大众传播学总论 [M]. 北京：中国人民大学出版社, 1995.

[9] 张国庆. 现代公共政策导论 [M]. 北京：北京大学出版社, 1997.

[10] 胡宁生. 现代公公政策研究. [M] 北京：中国社会科学出版社, 1999.

[11] 胡宁生. 现代公共政策研究 [M]. 北京：高教育出版社. 2000.

[12] 宁骚. 公共政策 [M]. 北京：高教育出版社, 2000.

[13] 摩·马丁·利普赛特. 对民主政治的社会条件的比较分析——民主的再思考 [M]. 北京：社会科学文献出版社, 2000.

[14] 刘华蓉. 大众传媒与政治 [M]. 北京：北京大学出版社, 2001.

[15] 拉雷·格斯顿. 公共政策的制定 [M]. 重庆：重庆出版社, 2001.

[16] 托马斯·戴伊. 自上而下的政策制定 [M]. 北京：中国人民大学出版社, 2001.

[17] 尼古拉斯·亨利. 公共行政与公共事务 [M]. 北京：中国人民大学出版社, 2002.

[18] 王传宏, 李燕凌. 公共政策行为.[M] 北京：中国国际广播出版社, 2002.

[19] 威廉·N. 邓恩. 公共政策分析导论[M]. 北京：中国人民大学出版社, 2002.

[20] 让·马克·夸克. 合法性与政治[M], 北京：中央编译出版社, 2002.

[21] 严强, 王强. 公共政策学[M]. 南京：南京大学出版社, 2002.

[22] 俞可平. 中国公民社会兴起与治理的变迁[M]. 北京：社会科学文献出版社, 2002.

[23] 周汉华. 中美政府公开制度异同[M]. 北京：商务印书馆, 2002.

[24] 陈振明. 政策科学——公共政策分析导论[M]. 北京：中国人民大学出版社, 2003.

[25] 弗兰克·费希尔. 公共政策评估[M]. 北京：中国人民大学出版社, 2003.

[26] 刘熙瑞. 公共管理中的决策与执行[M]. 北京：中共中央党校出版社, 2003.

[27] 谢明. 公共政策导论[M]. 北京：中国人民大学出版社, 2004.

[28] 张金马. 公共政策分析：概念·过程·方法[M]. 北京：人民出版社, 2004.

[29] 张国庆. 行政管理学概论(第二版)[M]. 北京：北京大学出版社, 2004.

[30] 保罗.A.萨巴蒂尔著.彭宗超.政策过程理论[M].钟开斌.译.北京: 生活·读书·新知三联书店, 2004.

[31] 财政部财政科学研究所《绩效预算》课题组. 美国政府绩效评价体系[M]. 北京：经济管理出版社, 2004.

[32] 张国庆. 公共政策分析[M]. 上海：复旦大学出版社, 2004.

[33] 负杰, 杨诚虎. 公共政策评估：理论与方法[M]. 北京：中国社会科学出版社, 2006.

[34] 王林生, 张汉林. 发达国家规制改革与绩效[M]. 上海：上海财经大学出版社, 2006.

[35] 周亚越. 行政问责制研究[M]. 北京：中国检察出版社, 2006.

[36] 林语堂. 中国人[M]. 上海：学林出版社, 2008.

[37] 周凯. 政府绩效评估导论[M]. 北京：中国人民大学出版社, 2006.

[38] 迪林·罗杰斯. 传播概念 Agenda-Setting[M]. 上海：复旦大学出版社, 2009.

[39] 詹姆斯·E·安德森. 公共政策制定.[M] 北京：中国人民大学出版社, 2009.

[40] 宁骚. 公共政策学(第二版)[M]. 北京：高等教育出版社, 2011.

[41] 汝鹏. 科技专家与科技决策："863"计划决策中的科技专家影响力[M]. 北京：清华大学出版社, 2012.

二、期刊、论文类：

[1] GARRY.D.BREWER. The policy sciences emerge： to nurture and structure discipline[J]. Policy Sciences,1974,3,23.

[2] EUGENE BARDACH. Policy termination and political process[J]. Journal of Policy Sciences,1976,2,123-131.

[3] DELEON, P. Policy evaluation and program termination[J].Policy Studies Review,1983,2,32-35.

[4] 杜刚建．公民参与在重塑政府中的作用[J]．新东方,1999(1)：64-68．

[5] 李汪洋．论政策运行机制[J]．辽宁青年管理干部学院学报．2000(2)：1-2．

[6] 杨小云．当前中国政策执行的障碍及其克服[J]．地方政府管理,2000(2)：8-10．

[7] 杜钢建．英国地方政府绩效评估的改革[J]．小城镇建设,2000(4)：76-77．

[8] 母天学．对美国政府绩效考评活动的考察[J]．行政论坛．2001(5)：79-81．

[9] 朱水成．中国地方公共政策评估现状与对策[J]．理论探讨,2001(3)：11-13．

[10] 魏姝．政策过程阶段论[J]．南京社会科学,2002(3)：64-69．

[11] 唐旭斌，余二亮．公共政策执行阻力分析就对策[J]．行政与法,2003(8)：15-17．

[12] 曹永胜．科学家在政府决策中的参与及作用[J]．科学技术与辩证法．2003(2)：71-74．

[13] 奚长兴．对法国公共政策评估的初步探讨[J]．国家行政学院学报,2005(6)：85-87．

[14] 蔡双根，张光辉．"三个代表"与社会主义政治文明的内在逻辑学理分析——以政党和公民为探讨的理论视角[J]．苏南科技开发,2006(3)：39-41．

[15] 周志忍．政府绩效评估中的公民参与：我国的实践历程与前景[J]．中国行政管理,2008(1)：111-118．

[16] 张康之，范绍庆．从公共政策运动到公共政策终结问题研究[J]．东南学,2009(1)：99-105．

[17] 徐飞，汪士．杰出科学家行政任职对科研创新的影响——以诺贝尔奖获得者与中国科学院院士比例为例[J]．科学学研究,2010(7)：987-985．

[18] 李晓宇．浅谈完善我国公共政策评估主体体系[J]．理论导刊,2011,(3)：23-24．

[19] 庞宇，崔玉亭．日本的政策评估体系和实践及其对中国科技评估的启示[J]．中国科技论坛,2012(3)：148-155．

[20] 李晓航．微博在公共政策制定中参与的作用研究[J]．佳木斯职业学院学报,2015(9)：455．

[21] 周建国．政策评估中独立第三方的逻辑、困境与出路[J]．江海学刊,2009(6)：117-121．

[22] 郑方辉, 毕紫薇. 取水许可与水资源费征收政策执行绩效评价 [J]. 华南农业大学学报 (社会科学版),2010(1)：57-63.

[23] 李朝祥. 国家政治意识形态与公民政治意识的互制性及其契合的条件性 [J]. 理论月刊,2010(5)：81-83.

[24] 干咏昕. 政策学习：理解政策变迁的新视角 [J]. 东岳论坛,2010(9)：153-156.

[25] PETER DELEON.JOSE MARIO HERNANDEZ QUEZADA. The case of the national solidarity program in Mexico：A study in comparative policy termination[J]. International Journal of Public Administration, 2001,24(3)289-309.

[26] 范绍庆. 论公共政策终结的启动原因 [J]. 云南行政学院学报,2013(3)：97-101.

[27] 张康之. 在后工业进程中构想合作治理 [J]. 哈尔滨工业大学学报 (社会科学版),2013,15(1)：51-60.

[28] 程广鑫, 贺菲. 论微博问政对公共政策制定的影响 [J]. 内蒙古财经大学学报,2013(3)：149-153.

[29] 高小泉. 我国公共政策评估存在的问题及其完善措施 [J]. 人才资源开发,2014(14)：25-27.

[30] 曲纵翔. 政策终结：基于正反联盟的利益冲突及其协调策略 [J]. 中国行政管理,2016(12)：94-99.

[31] 陈振明. 公共政策分析 [M]. 北京：中国人民大学出版社,2003.

[32] 刘长木. 论美国政府绩效评估制度 [D]. 长春：吉林大学,2004.

[33] 汪潇. 我国公共政策过程中的公民参与的限制因素与突破策略 [D]. 长沙：湖南大学,2006.

[34] 毕紫薇. 政府公共政策绩效评价需求：动因、测量及影响因素 [D]. 广州：华南理工大学,2010.

[35] 韩军. 大众传媒在公共政策制定中的作用研究 [D]. 郑州：河南大学,2011.

[36] 何景怡. 转型时期我国公共政策终结研究 [D]. 沈阳：东北大学,2011.

[37] 广亿仙. 公共政策执行过程中公众参与的困境与对策研究 [D]. 湛江：广东海洋大学,2012.

[38] 尹娜娜. 我国公共政策评估存在的问题及其完善研究 [D]. 湘潭：湘潭大学,2012.

[39] 陈登. 我国公共政策绩效评价机制研究 [D]. 广州：华南理工大学,2013.

[40] 金远. 关于县级政府公共政策评估体系建设的思考 [D]. 上海：复旦大学,2013.

[41] 李情国. 人民政协参与公共政策过程研究 [D]. 昆明：云南大学,2013.

[42] 刘杰. 我国公共政策评估规范化研究 [D]. 保定：河北大学,2014.

[43] 杨曦. 媒体对公共政策制定的作用研究 [D]. 长沙：湖南农业大学,2014.

[44] 程宇翔. 我国科学家参与公共政策制定的方式研究 [D]. 武汉：武汉科技大学,2014.

[45] 贾燕杰. 我国检察机关参与公共政策过程研究 [D]. 呼和浩特：内蒙古大学,2014.

[46] 赵龙. 新时期网络舆论对公共政策制定的影响 [D]. 呼和浩特：内蒙古师范大学,2016.

[47] 白磊. 网络环境下地方政府公共政策执行中的公民参与研究 [D]. 西安：西北大学,2016.

[48] 岳婷婷. 过程视角下当前我国公共政策终结研究 [D]. 太原：山西大学,2018.